垂钓全攻略

——钓鱼篇

蒋青海 编著

上海科学技术文献出版社
Shanghai Scientific and Technological Literature Press

图书在版编目（CIP）数据

垂钓全攻略——钓鱼篇 / 蒋青海编著．—上海：上海科学技术文献出版社，2015.1
ISBN 978-7-5439-6253-8

Ⅰ．①垂… Ⅱ．①蒋… Ⅲ．①钓鱼（文娱活动）—基本知识 Ⅳ．① G897

中国版本图书馆 CIP 数据核字（2014）第 115268 号

责任编辑：梅雪林　胡德仁
封面设计：钱　祯
插　　图：裴进义　隋秉涛

垂钓全攻略——钓鱼篇
蒋青海　编著
出版发行：上海科学技术文献出版社
地　　址：上海市长乐路 746 号
邮政编码：200040
经　　销：全国新华书店
印　　刷：常熟市人民印刷厂
开　　本：650×900　1/16
印　　张：16.25
字　　数：210 000
版　　次：2015 年 1 月第 1 版　2015 年 1 月第 1 次印刷
书　　号：ISBN 978-7-5439-6253-8
定　　价：25.00 元
http://www.sstlp.com

前　言

垂钓，原先作为一种古代先民的生产劳动，如今随着物质水平的极大提高，已逐渐成为一种充满情趣、智慧、活力，高雅又有益于身心健康的文体活动。现代社会的竞争激烈使生活节奏加快，都市人压力剧增，越来越多的人开始向往走向河边、湖畔，享受生机盎然的野外生活情趣，领略赏心悦目的湖光山色的生活，而垂钓恰恰可以让乡野的清风吹走城市的喧嚣。“一竿在手，万事不再忧”，相信热爱垂钓的朋友一定会有这样美好的感受。

向往垂钓的人，拿起钓竿时却发现，想尽情享受垂钓之乐，体验鱼儿上钩那一刹那的快意和喜悦是需要技巧和经验的。其实，垂钓并不是一种一根钓竿、一把饵料、一池塘水的简单活动，它是融水文、气象、地表地貌、生物等多种知识于一体的综合性体育活动。如果希望尽享垂钓之乐，那么补充相关专业知识毋庸置疑是必要的。

《垂钓全攻略——钓鱼篇》一书为《垂钓全攻略》系列，是上海科学技术文献出版社2014年强力打造的丛书，全方位地指导垂钓爱好者如何进行垂钓活动。《垂钓全攻略——钓鱼篇》一书内容指向分明，精选了目前城市乡野等生态环境中常见鱼种进行分述解析，包括鲫鱼、鲤鱼、鳊鱼、草鱼、青鱼、鲢鱼、黑鱼、甲鱼、鲶鱼等。每种鱼种逐个介绍，并提供相应的垂钓技巧及方法，对每个鱼种的生活习性、钓饵配置、垂钓用具、钓点选择、适宜钓法、季节气候影响、注意事项等都做了详解。书中内容针对性极强且丰富翔实，语言通俗易懂。笔者作为一名资深垂钓爱好者，曾出版过《钓鱼方法大全》、《钓鱼技巧图说》等多本垂钓指导书籍，愿将自己多年垂钓经验毫无保留地与广大垂钓爱好者分享。在本书编纂过程中得到蒋婕、裴进义、高敏、蒋来运、蒋志伟、郭维正、林云秀、隋秉涛、蒋良贵、李淑君等大力支持与帮助，在此一并表示衷心的感谢。

朋友们，您是否还为衣食琐事、功名利禄奔走，是否深感身不由己、心力交瘁的无奈与疲惫？那就请放慢追逐世俗的脚步，捧上一册《垂钓全攻略——钓鱼篇》，与我们一起投身于青山绿水的怀抱，漫步山河湖畔之间，与大自然共呼吸。手持钓竿——钓出悠闲，钓出惬意，钓出彻彻底底的放松！

蒋青海

目　　录

垂钓多情趣

一、怎样钓鲫鱼

（一）鲫鱼的生活习性

鲫鱼在我国古代叫作鲋鱼，属于鲤科，这种鱼在东南沿海有些地区老百姓习惯叫它“河鲫鱼”，在我国北方有些地区又称为“鲫瓜子”。该鱼形状不一，体色也有深有浅，胆子较小，性情温顺，游动的范围不大，常常沉在水底。由于胆小，当听到大的响声时，就伏在水底不动，容易被捉鱼者逮住。

该鱼繁殖能力很强，一次产卵数万粒，产卵期可历时半年以上。它有较强的抗病能力，较能耐低温，水温在10℃以下仍有摄食能力。鲫鱼属于杂食性鱼类，蚯蚓、虾、小虫、面饭等以及水草、藻类都爱吃，尤其喜欢吃水草的茎、叶、芽和果实；所以，用来钓鲫鱼的饵料比较容易获得。

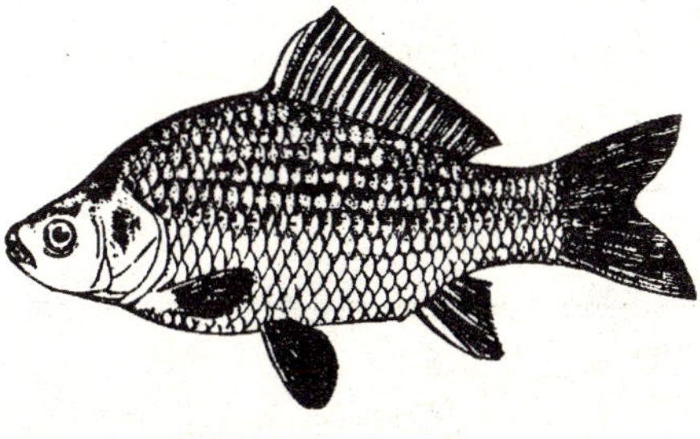

图1　鲫鱼

鲫鱼在各个季节的采食是比较有规律的，一般是：春季是它的采食旺季，它几乎昼夜不断地采食；夏季在早上和晚上采食；秋季，差不多全天都在进行采食；冬季只有中午比较暖和时才采食。

鲫鱼还有一种癖好:很爱洁净,对有泥浆污浊的水域它会避而远之,若把它放入污水臭水中去,它就不能生存。

此外,不同水体中的鲫鱼食性也有差异,河道中的鲫鱼喜食粮食性饵料,湖泊中的鲫鱼习惯吃腥饵,而池塘中的鲫鱼两种饵料都吃。

鲫鱼对环境的适应能力很强,它鳞片上的保护色可随着水色的变化而变化,可变成灰色、银灰色、灰褐色、黄色、银白色和金黄色。它的体形也能随着生活环境的改变而作适当的改变:若生活在流动的活水中,水体的面积大,活动的范围大,其体形偏长形;若生活在较狭小水塘的静水中,活动范围很小时,它的体形又会变得较短、偏宽且肥厚。

(二) 垂钓鲫鱼的用具

鲫鱼生性胆小多疑,因此钓鲫鱼的钓具应软、细、小。一般大多用手竿钓,钓竿要轻巧、细长,弹性好,玻璃钢竿或碳素竿均可,长度在6～8米;钓线要细,直径一般在0.15毫米以下;浮子可用10～12毫米的羽梗散子浮,这种浮子看起来不吃力,目标明显,浮子之间的间隔约6厘米;钓钩可用朝天钩,钩型应采用较小型的。如果鲫鱼小于200克,一般采用0.08～0.10毫米细线、3号以下的小钩;如果鲫鱼大于200克,一般钓线也不应粗于0.15毫米,钓钩不宜大于5号。手竿短线配浮漂的单钩组合见图示。

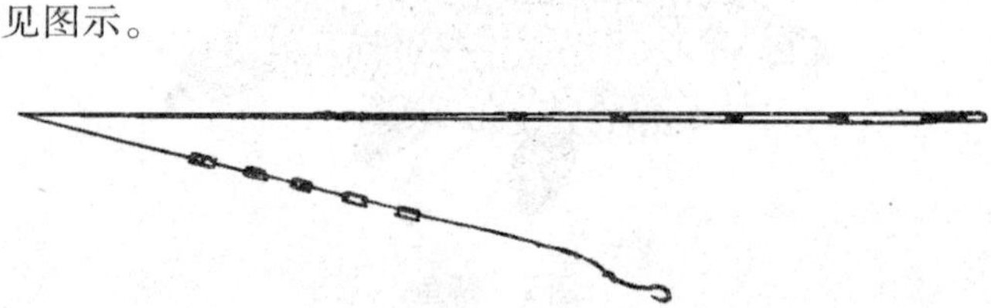

图2 钓具

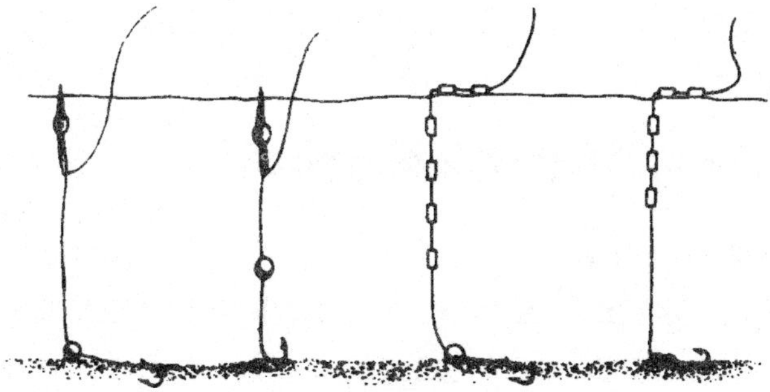

图3 浮漂、单钩组合

（三）垂钓鲫鱼的饵料

鲫鱼是杂食性鱼类，荤素均吃。常用的荤饵是蚯蚓、蝇蛆和小虾，还有孑孓、蜻蜓等活性饵料。粮食性饵料以面粉、玉米粉为主料，加上些花生粉、黄豆粉，最好加入一些炒熟的米粉和芝麻粉，以增加饵料的香味，把上述各种粮食粉加热煮熟，揉捏成条、团状即成。现在市场上有一种袋装的鲫鱼饵，它是以马铃薯粉为主料，再加入麦粉和一些天然香料配制而成。这种饵料具有广谱的特点，对各种鲫鱼都能适用，如果觉得自制饵料太麻烦，可买这种袋装饵料来垂钓。

面饵是用得最多的素饵，它辅以曲酒、蚕虫粉、黄豆粉、芝麻粉、蚕蛹粉、鱼粉等增味料，揉搓成软硬适中的面团即成。现在市场上有很多鱼饵出售，如“龙王恨”、“魔力”等鱼饵，它们配方独特，垂钓效果相当好，并可避开小鱼的干扰，钓者们不妨一试。

值得提醒的是，鲫鱼特别喜爱吃带有香甜味的饵料，所以民间钓鲫高手都很讲究使用香饵。据《说苑》记载：姜太公在渭水钓鱼时，曾三天三夜无鱼上钩，当这位老人家生气准备弃竿而去时，有一位农夫告诉他：“子姑复钓，必细其纶，芳香饵……”姜太公听后把饵做得香香的，果不其然钓上了鲫鱼。所以现在市场销售袋装的鲫鱼饵料中，大多都带有香甜味。不仅如此，饵料的颜色也有讲究，以在水中最醒目的黄、白色为最佳。

（四）季节、天气对钓鲫鱼的影响

1. 春季垂钓鲫鱼

春季，由于水温已经逐渐接近鱼儿的要求，所以不论是晴天、阴天还是有小雨、中雨以及梅雨的天气，也不论是早晨、中午、下午或夜晚，都适宜垂钓鲫鱼。但值得注意的是：早春二月，仍是春寒未消，气温尚未开始回暖，在这时外出垂钓，收获将会很差，最好等气温有所转暖时再开始垂钓。

在春季起东北风、东风和东南风时，全天都适宜垂钓；但在吹西南风或南风时，早晚适宜垂钓，中午和下午则不适宜。

春季若遇天气突变，气温骤然上升时，只适宜早晨和傍晚垂钓，中午和下午都不宜垂钓；若天气突变，气温骤然下降时，只有中午可以垂钓，早晚都不适宜垂钓。

2. 夏季垂钓鲫鱼

初夏的气温不高也不低，最适宜鱼类生活，鱼儿活动积极，食欲也较旺盛，是钓鱼的最佳时期。初夏的5～6月份，气温平和，水温也正适合鱼类的要求，不论是晴天、阴天，还是小雨、中雨和大雨，也不分日夜，全天候都适宜钓鱼，而且能收到较好的钓鱼效果。这段时间，可以说是钓鱼的黄金时期。

不过到了夏季末期，即7月底至8月初，天气开始热起来了，只有早晚还可钓鱼，白天就不适宜下钩了，尤其在闷热无风时更不宜钓鱼。在下中雨或大雨以及有台风时都不宜垂钓，只有在雨后一段较凉爽的时间，还可以钓鱼。

另外，这个时期若想垂钓，应测一下风向：若是刮东风、东北风或东南风，在注意防晒情况下，全天都可以垂钓；若是刮西南风和南风，只有在早晚可以下钩，中午和下午都不适宜垂钓。

3. 秋季垂钓鲫鱼

进入秋季，炎热逐渐消退，气温逐渐转凉，水温趋于正常，适于鱼类正常生活的要求，鱼类又开始活跃起来，到处游动寻觅食物，这又是一个钓鱼的大好季节。

在秋季，晴天、阴天或下小雨的天气，不论早晨、中午、下午或晚上都适宜垂钓；下中雨或大雨之后，早晨、上午和晚上不宜钓鱼，但下午还是可以垂钓的。当然，若遇上连续几天阴雨或是刮台风的天气是不适宜钓鱼的。

这时要注意一下风向：若吹的是东风、东北风或东南风，那么，早晨、中午、下午和晚上都可钓鱼；若起西南风、南风，只有中午不适宜钓鱼，其他时间都可以钓鱼。但当吹起西风、西北风或北风时，除了中午可以钓鱼外，早晨、下午和晚上都不适宜钓鱼。

秋季容易起雾，到深秋还常常下霜，在起雾和下霜的天气，除中午和下午可以钓鱼外，早晚都不适宜垂钓。至于寒流到来的秋末，天气急剧变冷，也不适宜钓鱼。

4. 冬季垂钓鲫鱼

到了冬季，大部分的日子都比较寒冷，气温一般在 -10～5℃之间，鱼儿大都躲藏到较深的水域中，潜伏着不活动，也不进食；但有时一连几天天气晴好，有较长时间的日照时，气温和水温有所上升，这时，除早晚不适宜钓鱼外，白天还是可以钓鱼的。

冬季若吹起西北风或北风，气候极为寒冷，显然不适宜钓鱼。若转西南风或南风，说明气温已有所上升。若明显感觉气温已提高了不少，除早晚不适宜垂钓外，白天可以到较深的水域钓鱼。

冬季的下雨天是不适宜钓鱼的；在下雪之前，有时白天较为暖和，尚能垂钓，但早晚肯定不行。至于下雪天或下雪后的化雪天，气温极低，显然不适宜钓鱼。但在冰封水面之后，敲开冰层钓鱼却是可以的，因为冰层下面的水中并不太冷，鱼儿尚能活动和摄食，善于冰钓者有时能钓到不少的鱼呢。

（五）钓点选择的秘籍

1. 在有鱼食处寻鱼踪

鲫鱼是杂食性鱼类，凡有浮游生物、残花败叶、昆虫草屑等物之处，都是它们喜欢停留的地方。另外，鲫鱼也喜欢在水底有水草和其他水生植物，以及有乱石和杂物堆砌的场所栖身。其他如池塘进水口的附近、桥墩的后面、河塘边有回流的地方等也是它经常栖息之场所。

2. 在适温处寻鱼踪

鱼类既怕冷又怕热，鲫鱼也不例外。尽管鲫鱼是比较能够适应水温变化的鱼种，但它仍然要避开过冷过热的水温，而趋于它最感到舒适的温度之处。在天气炎热时，钓点应选在荫凉处和有阵阵微风吹到的地方以及水深的水域。在天气寒冷的季节，钓点应选在有阳光晒透的浅水区和有建筑物挡风的水区，以及背风的桥头和岸边。若在春季垂钓，宜选择水较浅些的水域，最好是在有大岩石的旁边和离岸不远、有水草处作为钓点。

3. 在溶氧量充足的水域寻鱼踪

在溶氧量充足的水中，鱼感到舒服，行动活跃，食欲旺盛，吞钩的可能性较大。在流动的水域中溶氧量较高，是鱼儿喜欢汇集和活动之处，适合作为钓点。有些池塘，其周边有少量的水流入池塘内，那么，这个入水口的旁边就有微量的回流，也是较好的钓点。在春、秋季温度正常时，有微风吹来的岸边水域中溶氧量比较充足，也可作为钓点。若水中生长着一些水草，那更是理想的钓点。

在池塘中垂钓，宜在池塘的边边角角上寻找钓点。在江河中垂钓，宜在江河的分汊处和有桥墩和木排、木桩处垂钓；若附近有水草或芦苇滋生，其近处便是良好的钓点。

（六）鲫鱼的垂钓秘籍

1. 鲫鱼鱼星的特点

有经验的钓者通过长期实践，可以从鱼星的大小、上升的速度，是否成团、成串或伴有其他物质等方面的特点，区别鱼种与个体的大小。一般鲫鱼鱼星的特点是：鱼星小而少，大小一致，三三两两，如同珠子，比绿豆小，大多数是单个的，悠悠上升，位置不固定。有鱼星，水底必有鱼儿，在鱼星多的位置垂钓，必有收获。

2. 打窝子的要领

打窝用的鱼食有两种：一种是用豆饼、麦麸、酒糟之类的粗杂粮的细粉，加上有香味、有黏性的粉料，用水拌和做成蚕豆般大的颗粒，大的如核桃大小圆球，晒至半干后使用，一般每个窝投放 3～5 颗；另一种是用粳米饭晒成干粒，或直接用碎米，每个窝投撒一小把。

钓鲫鱼打窝，还是用碎米和干饭粒比较合适，因为鲫鱼个体小嘴也小。打窝的数量不拘，可根据情况决定，一般可打 3～5 个，以便轮换垂钓。垂钓过程中，如有的窝中久钓无鱼，应立即放弃；如有的窝中频频上鱼，说明窝点位置正确，就要适时续窝，以便引诱更多的鱼前来就餐。

窝应打在离岸边不太近又不太远的水域中：如果太靠近岸边，鱼会害怕；如离得太远，垂钓起来比较吃力，若有 500 克以上的大鲫鱼吞钩，就不容易提竿。窝最好打在比竿长短 1 米左右处；若用的是 4 米的竿，窝宜打在离岸 3 米左右的水域中比较适宜。

此外，选择钓点打窝的岸边，最好要有些树木遮荫。若在没有遮荫的阳光下垂钓，最好选择位于阳光从左侧或右侧射来的位置，因为若在阳光从正面直射处垂钓，光线会直刺垂钓者眼睛，无法看清鱼漂的起落动静；若阳光从垂钓者背后射来，人走来走去的影子倒映入水中，会把鱼吓得不敢前来吞饵。

最后，打完窝后切不可忘记，一定要在岸边做上记号；否则，等到要

图 4　打窝子图示

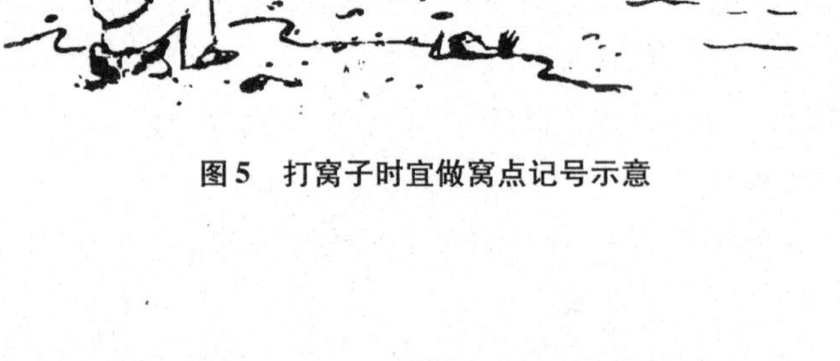

图 5　打窝子时宜做窝点记号示意

垂钓时，就会记不清曾在什么位置打过窝，找不到打窝的地方了。

3. 安装钓饵和观察窝塘的要领

打好窝子之后，过5～20分钟，当一些鲫鱼闻到鱼饵散发出来的香味，就会陆续来到窝点探察究竟。就在这几分钟空隙时间内，要把钓饵安装好。

钓鲫鱼，最好用红色的蚯蚓，蚯蚓的大小，以3～4厘米长最合适。若是卧钩，可将整条蚯蚓装上；若是用朝天钩，用半截稍大的蚯蚓就行了。

图6 窝子发窝示意

装好钓饵后，先要看看窝子内来的鱼多不多：若鱼来得多，水面会泛有许多小气泡（俗称鱼星、发窝），钓鱼界的术语叫作"大醒"；若鱼来得少，叫作"小醒"。不论鱼来得多还是少，这时都应开始下钩垂钓，不可坐失良机。有没有打窝之后，始终没有鱼来的情况呢？有的。若遇到这种情况，这个窝塘就成了"哑窝"，需要到别的窝塘去下钩了。但要注意：窝子有的醒得早，有的醒得迟，快的3～5分钟就醒，迟的需要等上半小时、甚至1小时，必须耐心等待1小时之后，再作出舍弃的决断。

4. 徐徐下钩并注意浮漂动静

当窝塘附近有鱼儿活动时，水面会不断地有小气泡出现，说明下钩的时机已到。先将钓钩放入水中让它下沉，测试一下水有多深，然后考虑饵钩应沉入多深比较适当，将浮漂调整在适当的高度。如果浮漂是用7节羽梗制成的，那么当饵钩下沉后，有半数浮漂沉入水中，水面上还浮着3节就可以了。

在下钩时，要慢慢地让钩下坠，不可猛然一下使水面发出声响，否则会把鱼吓跑。当饵钩沉至水的中层，将要达到水底时，最好略微抖动一下，以引起鱼的注意，诱它前来摄食，然后让饵钩沉到水底。这时，要把水面上多余的渔线轻轻地拨在一边，不让它挡住垂钓者的视线，以便清楚地观察到浮漂的动静。一旦发现有鱼吞钩时，应及时提拎鱼竿，免得措手不及，错过最佳时机。

5. 准确把握拎钩的时机

要准确地把握好拎钩的时机，首先要注意避免拎钩时会遇到的困难和麻烦。值得注意的是要适当控制竿梢下鱼线的长度。水面上多余的活动鱼线最好在0.5～0.8米，否则容易出现以下情况：当发现鱼儿已吞钩，需要举竿提钩时，原来只要把竿举至70～90度就能把鱼提出水面，但由于水面上的线太长，需要举竿至200度左右才能把鱼提拎上岸，这样不仅费时费力，而且常常会使钓饵和鱼一起被缠在水草丛中，甚至不但鱼没能拿到，还弄得竿断线折。

关于拎钩的时机，以下几点可以参考：

a. 当饵钩沉在水中时，若浮漂只略微点了一二下，这并不是鱼儿已经吞钩的迹象，很可能只是鱼儿碰动了饵钩，或是鱼儿试探性尝了一下鱼饵的滋味，这时不可贸然起钩。

b. 如果是挂钩的饵较小，刚能裹住鱼钩，若浮漂出现“捧”或“拖”的迹象时，可以立即起钩。

c. 如果用较长的蚯蚓作饵，鱼钩上只串了半条蚯蚓，还有多余的一小段蚯蚓在钩尖之外蠕动，这一情景最能引鱼扑食。此时若出现浮漂稍有沉或捧的迹象时，这只是饵的多余部分被鱼咬住，而尚未将饵吞入口中，这时不可拎钩；要等到浮漂大捧和反复捧时，才表明鱼儿已将钩吞进口中，这时起钩较有把握。

d. 如果用整条蚯蚓作饵，若见浮漂连续捧、拖几次以后就不见动静了，这是鱼已将钩吞入口的迹象，应立即起钩。

6. 鲫鱼吞钩时的规律

根据多位有经验的垂钓者的观察，鲫鱼在吞钩前是有一定的规律的，可从浮漂的移动上可以清楚地反映出来。鲫鱼吞钩一般有 3 个步骤：

① 品尝。当鲫鱼发现有饵钩时，并不会贸然上前吞食，而是很小心地游近饵钩，很犹豫地咬一咬饵的一部分。这时在浮漂上会出现点一两下，并沉下一颗浮漂，随后又回升至原位的现象。

② 试探。经过第一步品尝之后，鱼儿认为饵食是对胃口的、滋味是不错的，于是就企图将食物拖走，但还没有去吞食饵钩。这时浮漂上会出现轻轻移动的现象。

③ 吞钩。经过一阵拖咬饵物之后，鱼儿没能拖走饵物，但已食欲难熬，开始将饵钩吞入口中，一边将饵料吞入口中，一边游走，这时鱼漂即出现一连下沉；当觉得吞进嘴里的食物有异样时，它会将口中的食物吐出来，接着鱼漂又会出现一连上浮的迹象，这时提竿时机最好，命中率最高。

7. 利用春季浅滩钓鲫鱼

每年的 3～4 月份间，清明节过后，在池塘避风处的水温有所上升，若遇到晴朗的天气，气温将进一步上升，鱼儿开始进入活跃时期。这时水中的溶氧量充足，鱼儿食欲转旺，再加上鲫鱼在整个冬天都处于饥寒交迫的境况之中，比较需要食物，这正是垂钓的好时机。

图 7　鲫鱼吃钩和起竿程序

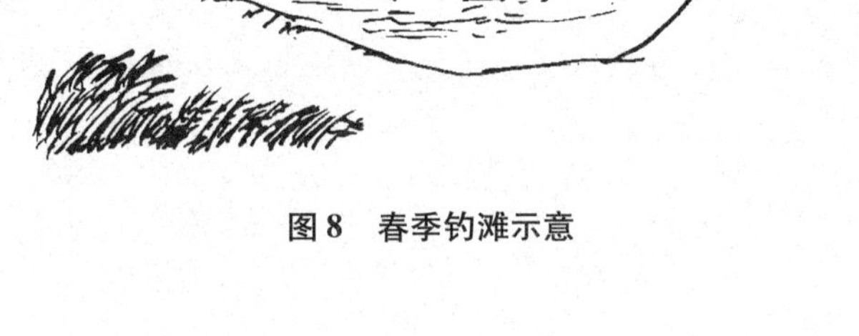

图 8　春季钓滩示意

浅滩钓法需要前一天傍晚先打窝，第二天上午去钓。钓者如果距离水面较近，用短竿钓操作起来比较方便灵活；距离较远的可用长竿。长竿上的鱼钩要用小的，但钩尖必须锋利，鱼线要细而短，可以既不用浮漂，也不用砣。钓饵宜用活的红蚯蚓，让活蚯蚓在钩上持续蠕动，这样最容易招引鲫鱼踊跃前来吞饵。饵钩宜下在鱼群的前方或侧面，一旦有鱼吞饵，可立即提竿收鱼，效果较好。

8. 利用草隙钓鱼法钓鲫鱼

大家都知道，鲫鱼是不会在光照太强的水域栖息的，它喜欢在阴凉、有遮掩、适度稀疏的水生物间游弋、觅食，因为这样的环境不仅水温适中、食物丰富，而且水中的含氧量充足，所以食欲也比较旺盛。此外，这样的环境具有比较隐蔽、水流比较平稳、昼夜温差小等优点，不仅适宜鲫鱼的游弋、觅食，还适宜鲫鱼的交配产卵和孵化。

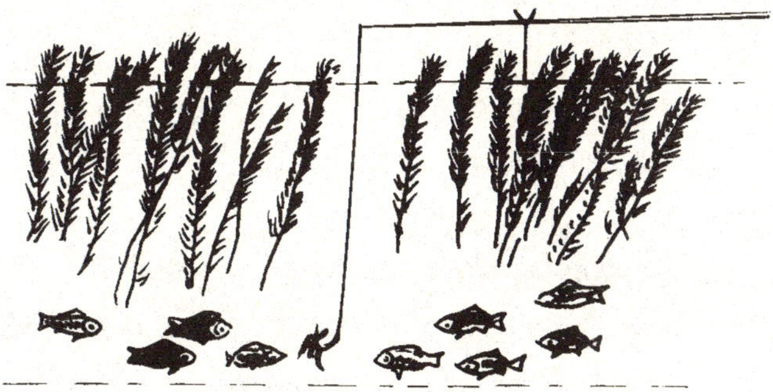

图9　草隙钓鲫鱼示意

在这样的水域中，垂钓者只要选择一处离岸4～5米远、脸盆大小、没有水草的空隙处下钩，一定会收获较好的钓绩。需要注意的是：鱼竿要求长些，最好有5~6米长，竿的尖部要硬些；鱼线宜用比较粗但不宜过长，有4～5米长就足够了；下钩时，钓钩一定要落底。如果能找到3～4处适合的草隙打上窝，轮流看着浮漂，有鱼上钩时及时提拎，钓绩将不会很差。

9. 用跑钓法钓鲫鱼

通常,钓鱼都是把鱼钩装上饵后放到水里,然后坐在岸边等候鱼儿上钩,这叫作“坐钓”。

有一种跑钓法,就是在距岸边 3 米左右的水中打下一排多个窝子,然后沿着各个窝的岸边来回跑动着看浮漂钓鱼,叫作跑钓。跑钓用的是 3 米多长的短竿,系上细渔线、小坠、小浮漂和小钩垂钓,然后测试好水的深度,探好净底。

窝的数量要根据钓的时间长短而定:若准备钓一整天,可打 10～20 个窝;若只钓 2～3 小时,只需打 3～5 个窝。打窝用的诱饵,可用酒浸过的小米粒或碎米。各个窝的深浅不能相差太大。打完窝后要做上记号,避免垂钓时找不着窝。

需要注意的是:在来回跑动时,脚步尽量放轻,千万不可把鱼吓跑。利用这种跑钓的方法,钓绩效果会比坐钓好得多。

10. 利用河道深流钓鲫鱼

垂钓者大多是在溪边或池塘边钓静水中的鲫鱼,在较深且有相当流量的河道中钓鲫鱼并不多见。若周边有较深的河道,也不妨尝试一下用河道深流法钓鲫鱼。

用河道深流法钓鲫鱼,一个人只能观视 1～2 副钓竿。所用的钓竿是 5 米左右长的竿,鱼线的长度为 4～4.5 米,其他如鱼钩、浮漂、坠子都比较大。操作时,要把饵钩甩到河道的中心部位,较大的鲫鱼常在这种水流中逆流而上,若发现鱼饵,就会猛吞饵钩。若有鱼吞钩,应迅速起钩。只要河道水流中有鱼经过,这种钓法是比较有效的。由于这种钓法专钓过路的大鲫鱼,所以不需要撒饵打窝。

11. 用浮钓法钓鲫鱼

当天气闷热、气压低时,水中溶氧量减少,鲫鱼难以承受水中缺氧的状况,便浮到水体的中、上层。这时若还是底钓,收效将会甚微,可改用浮钓。

图 10　河道深流钓示意

图 11　浮钓鲫鱼示意

浮钓法一般采用卧钩，用增加浮漂浮力的办法，让鱼钩漂浮在水中不着底，根据鲫鱼在水中游动的层面，用调整浮漂在钓线上的位置来调整鱼钩的深浅。浮钓时，浮漂在鲫鱼吞饵时的反应，一般都是下沉，这时提竿便可得鱼。

12. 用投竿串钩钓鲫鱼

鱼一般都胆小怕喧闹，相对在远处、深处，尤其是夏天和冬天，因气候原因鱼一般躲在深水处，这时可用投竿，把饵钩甩至远处，不仅可多钓鱼，而且有可能钓到大鲫鱼。钓具以小巧为主，钓饵大多用荤饵，如蚯蚓等。将钓饵装钩后，甩至30～40米以外的水域，支好钓竿，收紧钓线，挂上小铃，即可静候，待铃响或看回线提竿即可中鱼。该钓法钓线、钩、坠的组合见图示。

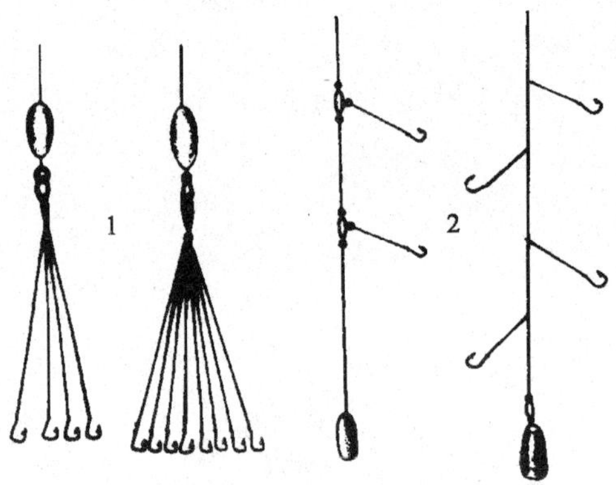

图12　串钩组合图

1. 组钩的组合；2. 串钩的组合

13. 大鲫鱼的垂钓秘籍

① 深水浅窝：大鲫鱼大多都栖身在水体较深的池塘里，所以钓鱼之前，首先要找到水体较深的池塘，而且要有水草及鲫鱼喜欢生活的环境。然后，在距离池塘岸边4～5米、水体不深不浅处打上诱鱼的窝子，

最好多打几处，并逐一做好记号。深水塘中较浅的水域，是大鲫鱼喜欢聚集的地方。

② 物色多年未清过的老池塘：因为鲫鱼长得很慢，500 克的鲫鱼需要 3 年左右才能长成，更大的鲫鱼就需要更长的时间。所以，钓鱼之前必须先做了解，了解、掌握池塘的清理历史，只有多年未清理过的池塘，才是垂钓的目的地。那些每 1～2 年或 2～3 年就清一次底的池塘，就不必浪费时间和诱饵去打窝。

③ 掌握垂钓季节：较大的鲫鱼，并非任何季节都能钓到的，即使能钓到，也不会很多。必须掌握：每年只有春季的后期和秋季的后期，才是鲫鱼开始产卵孵化的时候，鱼儿必须摄入较多的食物、积蓄较多的养分作为生儿育女之需，因而这时垂钓大鲫鱼容易上钩。到了秋季中、后期，将进入寒冬季节，鱼儿必须趁这个时期尽量多摄食，作为度过冬天的需要。

④ 随草打窝：撒饵打窝时，要看清楚池塘什么地方有水草，撒饵打窝一定要靠近水草生长处不远的水域。因为鲫鱼胆子很小，不愿在光照很强的地方停留，总会找有水草或其他比较隐蔽、可以藏身的水域安心生活。

⑤ 排除小杂鱼干扰：在钓鲫鱼时经常会遇到一件事，那就是小杂鱼的干扰，这些小杂鱼经常在钓饵上触触碰碰，使浮漂不断地跟着小浮小沉，害得垂钓者经常分心受扰，非常令人讨厌。一般可采取以下几种方法来对付：

a. 撒窝的诱饵用酒浸过的米粒，小杂鱼对它不感兴趣；

b. 钓饵改用素饵，小杂鱼发现是素饵，一般都不吃，而自行离开；

c. 用螺蛳肉、蚌肉捣碎后投在窝子的附近，可把小杂鱼吸引到旁边去吃食，饵钩可少受干扰；

d. 在较浑的水中垂钓，很少有小杂鱼来干扰；

e. 用最小的鱼钩，装上很小的红色活蚯蚓，可以很快把小杂鱼钓除。

二、怎样钓鲤鱼

（一）鲤鱼的生活习性

鲤鱼属鲤科，又叫赤鲤、鲤拐子、鲤子等。

鲤鱼体长侧扁而厚实，背鳍前稍隆起，嘴边有一对短须；因为生长得较快，因而一般小至1.5～2.5千克、大到20～30千克的大鱼都很常见。鲤鱼体侧的两条侧线特别清晰可见，种类有鲫鲤、湖鲤、野鲤、散鳞镜鲤等。鲤鱼也是我国各地钓鱼者主要垂钓品种之一。

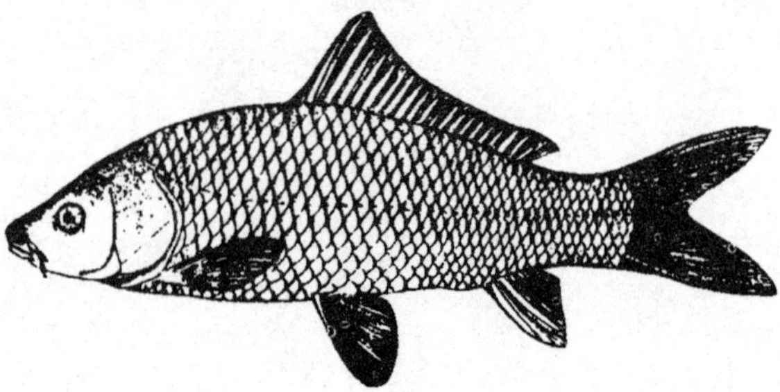

图13　鲤鱼

鲤鱼的食性和鲫鱼有不少相似之处，也是杂食性、底栖，只是对水温的要求比鲫鱼稍高，产卵的环境温度要求在18℃以上；也不太耐寒，冬季水温低于10℃时就不爱活动，所以冬季不易钓到鲤鱼。鲤鱼爱单独生活，不喜群居。

鲤鱼喜栖留在水体的底层，特别喜欢栖息在水底坑洼、陡坎、乱石等隐蔽性较强的水域；平时喜欢在水底淤泥中觅食，觅食时用嘴巴和胸鳍搅动淤泥，使水底产生阵阵成团气泡，这就是所谓鲤鱼“翻筋”。鲤鱼食性较杂，生长很快，生命力强，能耐较高温和污浊的水。

鲤鱼性胆小，怕强光，喜活水和流水，性好动，有溯水而上的习性，好追波逐浪，在静水中也时常跳出水面，民间"鲤鱼跃龙门"之说即是写照。鲤鱼分布极广，目前，世界上几乎所有的国家皆有它的踪影，且被广泛养殖。我国养殖鲤鱼已有两千多年的历史，国内除西部高原地区外，凡水资源丰富的地区皆有养殖。

（二）垂钓鲤鱼的用具

鲤鱼，因其个体大，1 000 克左右者极为普遍，2 000～5 000 克也很常见，最大者可达 50 千克。鲤鱼力量较大，因此钓大鲤鱼需要有较高的技术，也需要有较适宜的钓具。

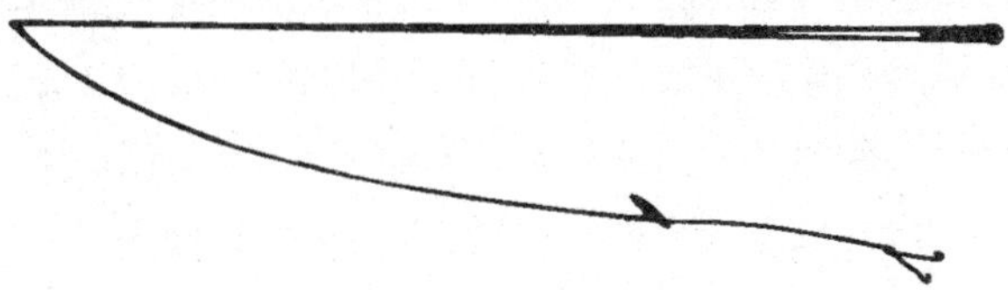

图 14　鲤鱼钓竿

钓鲤鱼用海竿比较合适，因为用海竿钓大鲤鱼有其优越之处：一是可以投得远；二是遛鱼方便、省力。当然，用手竿也能钓，只是对钓具有较高的要求：①手竿要有一定长度，最好能达到 8 米；②手竿宜用较结实的中调竿或硬调竿；③钓线的主线直径宜用 0. 35～0. 45 毫米；④钓钩宜用钩门宽、钩底深的中号或大号短把钩；⑤浮漂宜用稍大的立漂或星漂；⑥坠子应随浮漂浮力的大小来选择。

（三）垂钓鲤鱼的饵料

鲤鱼食性很杂，食谱也较宽，它喜香味和甜味，微酸味次之，诱饵和钓饵应根据上述原则进行配方。

鲤鱼的钓饵可用植物性的，也可用动物性的：植物性钓饵可用玉米（干的需用水浸泡）、面团、米饭、红薯，或酒糟、麦粒拌和面粉；动物性钓饵可用小虾、螺蛳肉、蚯蚓、蟋蟀、蚱蜢、蝼蛄、线虫等。

打窝用的诱饵可用酒糟、菜子饼、鲜牛粪、加入鱼粉的鸡饲料、用曲酒浸泡过的豆饼等。

（四）钓点选择的秘籍

炎热的夏季是钓鲤鱼的黄金季节。选择钓点应因地制宜、因时制宜：在涨水的时候，应将钓点选在河口附近回水之处；在落水的时候，应将钓点选在深水的潭区；在刮风的时候，应将钓点选在逆风的岸边；在刚下过雨的时候，应将钓点选在水浑的水域；在大江中钓鱼，钓点应选在码头旁边；在有排洪闸的地方钓鱼，钓点应选在闸的两边；在瓶口形的江河边钓鱼，钓点应选在瓶口下游的两边；在溪河宽的河段钓鱼，要在河面较窄的河段下钩；在溪河窄的河段钓鱼，应在河面较宽的河段下钩；在不宽不窄的河溪中垂钓，应在河道中间下钩；在河岸平直之处垂钓，应选较为凸出的岸边下钩；在有闸坝的地方，应选闸坝的两侧下钩；在有活水流动的池塘或溪流中垂钓，应在进水口旁边定钓点；在没有活水流动的池塘垂钓，应找有水草的水域下钩；在水色较浑浊的水塘，宜在浑水附近下钩；在人多而声音嘈杂的场合，钓点应选在离人声较远的水域；在早春和冬季垂钓，应选择深水且向阳的水域作钓点；在春末、夏初季节，正是鲤鱼产卵孵化的时期，钓点应选在靠近河岸边；有水生植物的水域，钓点宜选在芦苇、蒲草、浮萍的附近。此外，河沟的两端尽头处，宁静偏僻的河湾，以及涵洞、桥下都是垂钓的好地方。

在夏季炎热的天气里，特别是烈日当头的时刻，在能够遮荫的大树下和有山峰与建筑物挡住阳光的处所，都是鲤鱼避暑的好地方，当然也是钓鱼的好钓点。

7月中下旬，在水库进水口的上游处、入水口边的鱼是最多的；在秋季,有回水旋涡的水域,或是有缓缓流水的水域,是鲤鱼最喜欢聚集的地方;河道下游深水区,水草、树根、卵石多,都是鲤鱼栖息处;养鱼塘的喂食处,也是鲤鱼聚集的地方。选择这样的水域作钓点,都能获得较好的钓绩。

(五) 打窝子的要领

钓鱼界有一句非常切合实际的谚语,叫作"钓鱼打窝,越打越多"。确实,钓点如果选对了,窝也打得好,取得钓鱼的好效果就有了保证。

打窝最主要就是诱饵要对路,也就是说诱饵的品种要合乎鲤鱼的口味。鲤鱼最爱吃的是新鲜的牛粪(牛粪诱饵的做法是:用稻草碎屑碾成粉末状,掺入新鲜牛粪,再加入面粉拌和均匀,揉捏成拳头大小的团块,投入钓点),以及其他粮食粉末和颗粒做成的饵料,这类饵料应有甜味和香味。此外,用豆饼碾成粉末,加入曲酒,再加些面粉拌和并蒸熟制成团块,也是鲤鱼喜欢吃的饵料。

窝子一般可打3～5个。几个窝之间的距离不能太分散,应该靠近一些,这样可以形成一个吸引鱼儿前来的聚集区,有利于鱼儿来上钩。诱饵要多放些,不能太节省。当发现诱饵快吃完或已钓到二三条鱼后,就应及时补饵,以便让鲤鱼能较长时间聚在窝点范围内。

图15 鲤鱼觅食示意

把牛粪诱饵撒入窝点，隔10～20分钟后就可见到草屑泛浮上水面，这时即可抓紧下钩。若经过较长时间仍不见泛出鱼星时，即应考虑换窝，不能长时间等下去。

（六）鲤鱼的垂钓秘籍

1. 鲤鱼鱼星的特点

鲤鱼鱼星的特点是：鱼星细而密，有大有小，成团出现，在水面形成一片，并伴有浊水、杂屑，移动缓慢。

2. 下竿要领

钓鲤鱼下竿有多种办法，使用最为普遍的是喂窝下竿法。这种方法，只要在打窝后隔一会儿，把饵装上钩下竿就行了。需要特别注意的是：如果窝子附近或周围没有水草，鱼线可以用得长些，一般可以超过竿的长度。线长的好处是一旦需要与大鱼周旋时，便于收线和放线，有较大的处理余地；线短了遛鱼时就比较困难和费劲。但是，在窝点附近和周围有较多水草时，钓线就应该短些。因为一旦有大鱼上钩后，大鱼很容易将饵和钩拖入水草丛中，特别是线长了容易被水草缠住，这时鱼若进行挣扎，钓线只得拉紧，很容易把线扯断，鱼也跑掉。

另一种下钩法是：把窝子打好后，就在钩上装上饵料，然后静静地注视着窝点附近的水面，待到水面上出现鱼星时立刻下钩。

值得注意的有3点：①下钩的动作尽量要轻，不可发出任何声音，让饵钩轻轻落到水底，以免使鲤鱼受到惊扰。②下钩的位置要准确，必须下在鱼星移动的前方才有较好的效果。③根据鲤鱼的觅食习性，垂钓应采用“守株待兔”钓法，在选好钓位之后，要坚持固守，耐心静候。过一段时间后可提竿换新饵，有时用荤饵换成素饵（如饭粒）来蒙骗鲤鱼。尤其是在窝子周围出现鱼星时，不能像钓鲫鱼那样经常提竿引逗，否则胆小、机敏、狡猾的鲤鱼会被吓跑的。实践证明：换饵太勤，误提次数多，必然会干扰鲤鱼的吞食，丧失上钩的时机。

3. 提竿要领

提竿是指鲤鱼吞钩之后，把竿提起来、把鱼提上岸的动作。提竿必须掌握时机，提早了或提迟了不但会钓不着鱼，让上钩的鱼跑掉，还会惊动整个窝中的鱼；所以，提竿是钓鱼中一项技术性很强的动作。

鲤鱼虽然体大嘴大，但它对饵钩不是一上来就一口吞下的，而常常要经过多次尝试，对食物先是闻闻碰碰，可能是闻气味，分辨是什么品种，可能是尝尝什么味道，是否对胃口；这时在浮漂上的反映很不稳定，有小幅度的浮浮沉沉。直到鲤鱼觉得饵食确实可口，并且没有危险时才张口吞食，吞入后立刻游走；这时在浮漂上的反映是浮漂徐徐地向下沉，出现“黑漂”，及时提竿准能把鱼提上岸。若看见浮漂一沉一浮就提竿，那时正处在鲤鱼的试探阶段，竿一提，鱼就跑掉了。若太迟了也不行，鲤鱼常常会把吞进去的饵钩再吐出来，要经过2～3 次反复才能最后吞下，若正在吐出的时候去提竿，就会落空。

上面所说的，还只是钓 1 000 克左右的小鲤鱼，若是钓 3 000～5 000 克的鲤鱼，那就要加倍费劲了。当大鲤鱼吞钩之后，就会往深水处逃窜，常会有以下 4 种表现：①窜。鲤鱼在觅食中突然被钓钩钩住，疼痛异常，便负痛狂窜，这时垂钓者要冷静、沉着，充分发挥曳力装置或竿线的柔韧性作用，缓冲鲤鱼的冲力。窜，也是消耗鲤鱼体力最大的时候。②跃。鲤鱼在狂窜中，因疼痛受惊，便跃出水面，这时钓者要有充分准备，切勿绷线过紧，以免拉断钓线。③卧。在窜、跃均未奏效时，它又会猛然沉底，把前半身扎入泥中，卧着不动，任你怎么用力，它也一动不动。这时垂钓者应发挥竿尖弹力作用，时松时紧，引它游动，不给它以喘息之机。④绕。大鲤鱼还有一个“绕”的本领，它会牵着钓线在原地打转，钓线也就一松一紧，有时它还会围绕水底障碍物转圈，这时垂钓者应绷紧钓线，阻止其绕圈。

由于鲤鱼力大，垂钓者事先一定要有思想准备，应该沉着、冷静、耐心。要紧握鱼竿，让鱼竿绷紧成弯弓状，必要时，可缓缓放线；若已无线可放时，可随鱼拖的方向跟上几步，但鱼竿始终不能放松，必须时刻让鱼竿绷紧，实在太紧时可让鱼竿的弯度略微小一些。在相持 10 分钟后，可不时将鱼拉出水面，使鱼呛水，一连呛上几次，鱼的力量就会越来越小。5 000 克左右的鲤鱼，常常会挣扎冲刺 8～10 次，要耐心与它周旋，它跑，就放点线，它一停下，就要收紧线，反复遛鱼直到遛得鱼儿筋疲力尽、肚皮朝天几次后把它拖到近岸处，用抄网罩住拖上岸来。

三、怎样钓鳊鱼

（一）鳊鱼的生活习性

鳊鱼，古人常称为武昌鳊或鲂鱼，因盛产于我国湖北省武汉武昌一带江中而得名。除武昌鳊外，还有长春鳊、辽河鳊、三角鲂、团头鲂等其他品种。

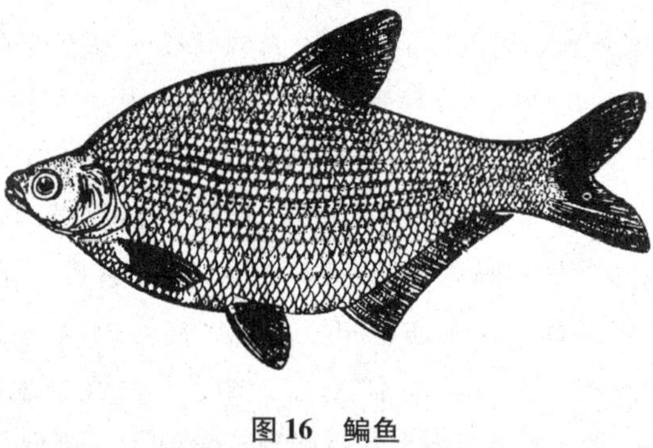

图 16　鳊鱼

鳊鱼属中下层鱼类，游动量大且速度快，集群性强，视力敏锐；喜欢在江河湖泊的活水处和较深的水域中游弋，适宜水温为 20～26℃之间；产卵期为 5～6 月份，产卵的环境要求较高，一般需在水底软泥多沙处或水草茂密、水深2米左右的水底产卵。

鳊鱼属草食性鱼类，但食谱较宽，也吃多种荤饵，如蚯蚓、螺蛳等；食欲强，常成群结队游弋在水中植物繁茂的水区争抢食物，一年四季都能摄食，因此冬天也能钓到。因它们喜群居，多结群游弋，如在一处钓到一条鳊鱼，往往下面还有一群鳊鱼。

鳊鱼属中、小型鱼类，以500克左右最为常见，1 000克的大鱼是很少见到的；但团头鲂最大可达3 000克，三角鲂最大可达5 000克。

（二） 垂钓鳊鱼的用具

因鳊鱼鱼体不是很大，所以钓鳊鱼的钓竿选用中等弹性的竿即可，竿长宜在3.5～5米之间。如果钓点的水草较多，可采用长竿短线的提灯钓法。钓线的长度与竿的长度差不多，可选用0.8～2号尼龙线，也可用2.3～2.7千克负荷的胶丝线。线的颜色最好是草绿色，如是白色的尼龙线，可用绿色水草在线上捋几次，或染成绿色；因鳊鱼的视觉很灵敏，白色线可能会使它产生疑虑而被吓跑。

钓鳊鱼的钓钩应选钩门较窄的小号鱼钩，但钩条的钢丝应当粗些，可用铁锚牌816、817等中型偏小的钩或3～5号HHH万能袖钩等。

浮漂和铅坠用普通的就行，浮漂的浮力与铅坠的重力配比应为1∶1，这样，当鳊鱼咬钩时，浮漂的反应就比较灵敏。

（三） 垂钓鳊鱼的饵料

鳊鱼虽是草食性鱼类，但对香味有偏爱，故诱饵中要突出香味。诱饵的原料是：玉米粉、花生粉、豆饼或麦麸碾细的粉末，芝麻粉（重要原料）、蚕豆粉以及酒糟、曲酒浸泡过的粳米或小米粒，黄豆粉或喂鸡用的成品饲料等。一般多用几种原料混合起来制作，如果取材不方便，少几种也没有太大的影响。另外，还应准备一些干粮、干草的粉末碎屑作水中悬钩时用。

钓饵可用红蚯蚓、小河虾,浸泡过的麦粒、大麦芽,成熟的桑葚、青豆瓣、红薯,水草和面团,以及嫩草叶、菜叶等。

(四) 钓点选择的秘籍

鳊鱼常栖息在水底的中下层,喜群居,觅食时也喜结群进出。鳊鱼嘴馋、贪吃,容易上钩。

1. 选择水流和缓处

在流动水域,鳊鱼喜欢在水底多岩石的地方游动、觅食,因为这种地方比较洁净,水生小动物较多,容易获得食物;所以,钓点可选在水流比较和缓、水底有沙石之处。

2. 选择鳊鱼繁殖处

鳊鱼每年在夏季繁殖。在产卵季节,鳊鱼便要寻找食物丰富、适于受精卵孵化之处产卵,一般在水深适中、有回水的河湾、水底有软泥且水草茂密处繁殖。这样的水域就是较好的钓点。

3. 冬季选择较深水域

若在寒冬季节钓鳊鱼,宜在水体较深的水域进行底钓,因鳊鱼大多在这样的水域避寒。

4. 选择水草丛生处

在静水中钓鳊鱼时,由于鳊鱼喜在池塘、水库、湖泊中水草丛生处游动、觅食,可在这样的地方设钓点。鳊鱼喜欢在这样的环境中游动、觅食的原因有二:一是有可遮挡隐藏的栖身处;二是浮游生物较多,能觅到食物。

5. 选择水底有木桩、石块处

鳊鱼喜欢在水底有木桩、石块的地方徘徊,原因是它十分喜欢舔木桩、石块上的青苔和吃食生活在这里的小鱼、小虾、小螺蛳等;所以在这样的水域可设钓点。

6. 选择水草密集边缘

在有水草密集丛生的水域中，可在大片水草丛边缘处拨开一个小脸盆大小的无草清水洞，在这样的洞口作钓点，可有较好的收获。

7. 选择饵食较多的地方

鳊鱼喜欢带有动物粪便液水的食物，所以在靠近牛、羊、猪、鸡、鸭的饲养场和厕所的水塘、湖泊边沿设钓点是很恰当的。

（五）打窝子的要领

撒饵打窝时要多打几个，且要反复不断地向窝点投放诱饵。因为鳊鱼喜欢群游，而且有较灵敏的听觉，一旦发觉有什么不安全的迹象，就会向同类发出信号而逃遁，所以多准备几个窝点，可以轮流换着试钓，不致落空。

（六）鳊鱼的垂钓秘籍

1. 鳊鱼鱼星特点

鳊鱼的鱼星小而分散，一般呈黄豆大小，陆陆续续冒出水面。

2. 中层水域悬钓法钓鳊鱼

这种钓法先用一些干糠末、干麸皮末、干小麦的细屑、切细的青菜或青草撒在钓窝的水面上，让其漂浮，碎屑逐渐慢慢地下沉，窝内游动的鳊鱼发现后，就会三三两两地游来捕食这些碎屑食物。这时垂钓者便可将钓线上的浮漂推移到距钩 50～60 厘米处，然后在多个钩上安装整条的红蚯蚓、昆虫、小青草球、面饵等，将此钓钩放在漂浮的诱饵下方的中层水体中，并将饵钩上下左右徐徐地提动、移位，像是活物在游动，以招引鳊鱼前来摄食。

鳊鱼吃饵比较缓慢而谨慎，但却比较干脆，咬钩后可见大幅度地向上送漂，然后把浮漂拖入水下。在发现这种反应时垂钓者不能性急，而要冷静，因为鳊鱼嘴较小，要经过多次才能把钓钩吞入口中，所以不要立

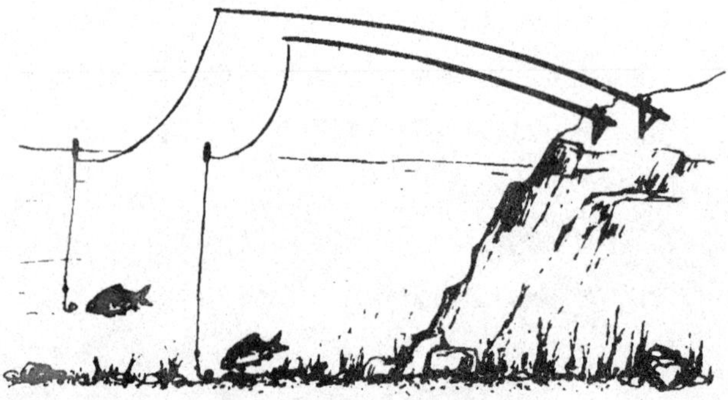

图 17　手竿悬钓、底钓示意

即提钩，应让它多吞一会，要等到浮漂送上来不动或拖走时，才是提竿的好时机，一般不会落空，而且可以继续下钩，有可能连续钓上多条鳊鱼。

3. 游动引钓法钓鳊鱼

这种钓法既不需要有固定的钓点，也不需要撒饵打窝子，只需要一根钓竿、一根不太长的渔线和一对小型的双钩，将浮漂调成半水浮就行。钓饵用鲜活的蚱蜢、蝗虫、蚂蚱、红蚯蚓都可以，也可用素饵，如玉米面、熟麦粒、青草叶或紫红色成熟的桑葚。

图 18　手竿引钓示意

垂钓者在两个钩上安装好钓饵后，将钓钩投入水中，然后沿着江河或池塘岸边缓缓走动，让饵钩在20～30厘米深的水层慢慢游动，特别是在那些可能藏鱼的树根边，岸上长有伸向池塘内的芦苇、蒲草与植物的叶丛下，水草、浮萍等水生植物的枝叶下，以及桥洞、闸坝旁边，进出水口附近，江河池塘的弯角等处。将钓饵缓缓地提动，让其像在水中游动的活物，以招引鳊鱼前来摄食。

当钓到第一条鳊鱼时，说明此处还有一群鱼，可不断下钩，往往可以接连钓上多尾。必须注意的是当把鱼儿拎出水面时，鳊鱼会拼命挣扎，用尾部在水面击出响声。这时要立即将鱼钩提向别处去摘鱼，否则，鱼尾击水的声响会把鱼群吓得纷纷逃散。

4. 悬饵水底钓法钓鳊鱼

在盛夏炎热的天气，水库里有岩石的岸边是鳊鱼最喜栖息的水域。

选用中等长度的鱼竿，中等偏细的钓线和钩门较宽、钩尖锋利的中型鱼钩。钓线的长度与钓竿相等。装上小铅坠和立漂，钓钩上装上红薯粒后就可以垂钓。红薯粒钓饵的制法是：将红心山芋放在锅中蒸至7～8成熟，取出后将皮剥去，晾至半干后切成黄豆大小的方块，再用白糖腌渍，以增加其韧性和甜度且不易脱钩；然后装入小铁盒以防干裂，并便于随时取用。

垂钓前，先用酒糟粒撒入水底打窝，待几分钟后鱼星泛起，即可将钓饵投入窝点中。控制钓饵在水中的深度，让钓饵悬于离水底约20厘米深的水中。若见浮漂连续颤动或突然被捧起，即可及时提竿，有可能连续不断钓获多条。

5. 桑葚诱钓法钓鳊鱼

了解鳊鱼习性者都知道，鳊鱼很喜欢吃桑葚。在桑葚成熟的季节，在长有桑树的河边或池塘边钓鳊鱼很容易得手。

用竹制的长钓竿，装上较短的钓线，将一个成熟的紫红色桑葚掰成两爿，将半个桑葚装上鱼钩放入水中。垂钓者拿着钓竿让钓饵在水中慢

慢悠悠地上上下下轻轻晃动，像是从树上刚刚落下来的桑葚。鳊鱼见了，纷纷前来抢食，吞入口中。垂钓者此时见浮漂送起，接着又停下不动，说明时机已到，可以及时提竿，拎鱼上岸。

6. 酒浸麦粒钓法钓鳊鱼

这是一种在池底有淤泥的池塘中钓鳊鱼的钓法。事先将大麦麦粒置于曲酒中浸泡 24 小时，捞出后装入小玻璃瓶封口，以免干后失去酒味。

用中等长度竹竿作钓竿，钓线长度与钓竿差不多。开始垂钓前，先以麦麸投入水中打窝，打窝的诱饵量宜多些。钓线上装上加重的铅坠，将在曲酒中浸泡得较肥大的大麦粒装上钓钩，让其沉入水底，鳊鱼闻到酒香后就会前来觅食。当鱼将钩吞食后，浮漂即被捧起，垂钓者见漂捧起时便可立即起钩。

7. 冬季钓鳊鱼法

每年冬初，当气温降到 6～12℃之间，鳊鱼便逐渐群居到水深处，摄食欲望下降。此时用海竿炸弹钩钓往往能钓上多条大鳊鱼。钓大鳊鱼的最佳时间是冬季的晴天，有偏北微风，气温在 10℃左右，尤其是下午 3 时至天黑这段时间，是鳊鱼活动觅食最频繁的时间。饵料可用玉米粉、花生粉、菜籽饼或豆饼加麦麸，掺入曲酒浸泡过的粳米或小米粒，用面粉作为黏合剂搓成鸭蛋大的团甩向钓点（事先必须了解清楚垂钓水面的深浅，饵团一定要投入最深处）。饵钩入水后，应绷紧钓线，挂上铃铛。若听到铃铛响并且松线或竿尖出现连续点头或出现回线时，应及时提竿。

在码头、居民洗涮埠头处，用手竿、细线、小钩，使坠子离水底 7～8 厘米深，让钓饵随水流动，容易引得小鳊鱼上钩。一旦出现鱼群后，垂钓者需集中注意力，动作灵敏快捷，不一会，就能钓得多条小鳊鱼。

四、怎样钓罗非鱼

（一）罗非鱼的生活习性

罗非鱼原产于非洲，属热带鱼类，体形很像鲫鱼，但比鲫鱼更扁些，其个体也与鲫鱼的大小相似，有些地方将其称作“非洲鲫鱼”。我国引进此鱼以台湾省为最早，并成功完成了罗非鱼的杂交且培育出一种新的品种，称之为“福寿鱼”。它适应性强，耐低氧，疾病少，由于其生长快、肉味鲜美，现已成为我国池塘养殖中的一个重要鱼种。

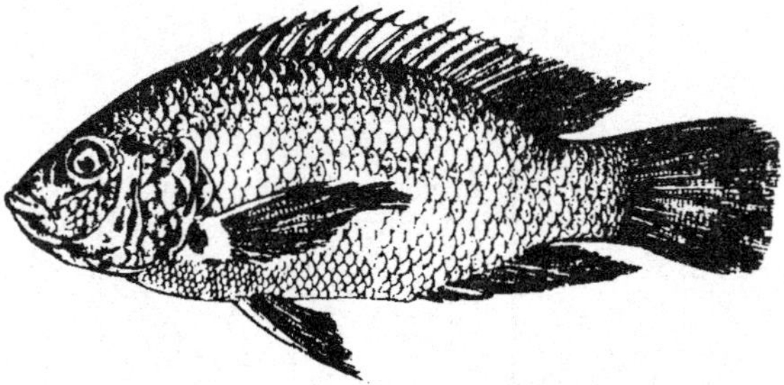

图 19　罗非鱼

罗非鱼食性较杂，耐盐碱与污水，在海水和淡水中都能生长，但不耐寒冷，最适宜水温为 20～35℃，当水温 10℃时停止生长，水温低于 8℃时就会死亡，难以饲养越冬。一般都在冬季室内地热育苗，4 月份投池，9～10 月份即出成鱼，成鱼体重一般可达 500 克左右。我国只有海南、广东、云南等冬季气温较高的地区才能四季养殖，几年以上的成鱼较多，个别的可达 3 000 克重。罗非鱼性情温顺文静，生活在水域中下层，喜水温较高且含氧量高的水域，常栖留在有隐蔽物的水下和有活水流入的池塘、湖泊中,因为这样的地方既隐蔽又安全,还容易得到一些食物。

罗非鱼虽属杂食性鱼,但以植物性食物为主,食谱范围较广:在自然饵料方面可食各种藻类和植物碎片,以及淤泥中的有机质;人工饵料方面可食米糠、菜籽饼、豆饼屑及碎麦粒;也喜吃各种昆虫的幼虫。

(二) 垂钓罗非鱼的用具

钓罗非鱼一般都使用手竿,用鲫鱼竿、溪流竿都可以,竿最好长些,以4～4.5米长的较合适,竿稍的尖子要软些为好。若有条件,用6节、8节的玻璃钢手竿则更好。

若用海竿钓罗非鱼,最好要在竿上安装小型的转轮,收放线可方便些,钓线可选用较细的优质尼龙线。海竿可用60～100米长的储线。

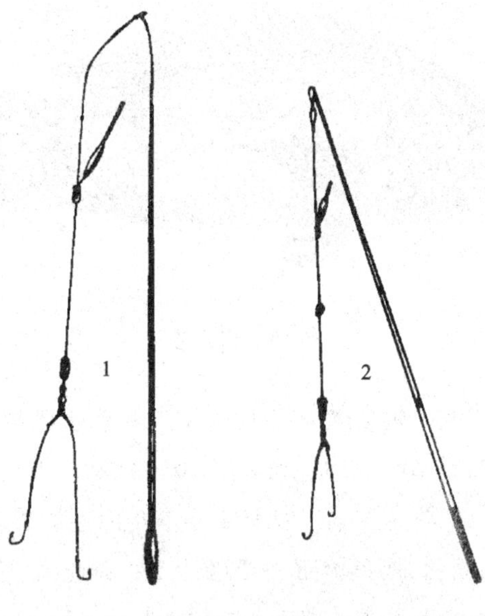

图20 钓具组合图

1. 中、下层双钩底钓法钓具组合示意;2. 流水底钓法钓具组合示意若用手竿，钓线不宜太长，线与竿的长度差不多就行。

钓钩宜选用胡弓形218～220号或3～5号HHH万能袖钩。根据有丰富钓罗非鱼经验的垂钓者推荐，认为用日产千又2号鱼钩最好。

鱼漂宜使用反应灵敏的风漂，漂的浮力应与坠的重力相等，使钓钩入水后能缓缓沉入水底。

（三）垂钓罗非鱼的饵料

钓罗非鱼的诱饵以素饵为主，主要是粮食类饵料，如麦麸、粕饼粉、米糠、窝窝头、酒米等。为适应不同水层罗非鱼的垂钓要求，可做成漂浮性、缓沉性和沉底性3类诱饵。

因罗非鱼荤、素饵皆食，但偏爱荤饵，蚯蚓、各种昆虫、蛆虫、火腿肠块、红虫、虾和螺蛳肉等均是它的好钓饵。素饵有粮食制成的颗粒饵料、面饵类、水浸麦粒、饭粒、半熟的山芋、年糕块、馒头块、成熟的桑葚及各种藻类植物等，其中面饵是变化最大的钓饵，可根据具体情况自行调制。在各种钓饵中，钓罗非鱼上钩率最好的是红虫。

（四）钓点选择的秘籍

1．选择向阳上风处

罗非鱼属于热带鱼，习惯于结群行动，所以常常结集成较大的群体，游弋嬉戏在较暖和的水域中。钓罗非鱼的钓点可选在向阳温度较高的上风区，因为在这样的水域常有比较密集的罗非鱼，在这样的水域下钩，钓获率会比较高。

2．选择水温较高处

由于罗非鱼喜欢较高的水温，所以在一天之中，它会随着水温的升降而改变栖身的水层：当水温由低向高提升时，它会由水深处向水浅处转移；反过来，若水温由高向低下降时，它又会由浅水区向深水层转移。垂钓者应掌握这个规律：在晴天，中午水温最高时，宜在浅水区下钩；早晚水温低,宜在深水区下钩。

3. 选择近水处

罗非鱼胆量较大,不易受惊,常到靠近池塘、湖泊的边沿觅食和游动,所以钓罗非鱼的钓点不需要离岸太远,一般在离岸2～3米处下钩就行。

4. 选择水底凹凸、陡坎较多处

罗非鱼的窝子一般都筑在水底污泥之中,因为它喜欢在有深厚淤泥的水域中生活,特别喜欢生活在水底凹凸、陡坎较多的水域。垂钓者找这样的水域岸边作为钓点,收获较大。

5. 选择投喂处

罗非鱼是人工喂养的鱼类,需要人们定时投喂饲料,长时间的投喂便形成规律和习惯,鱼儿到了喂食时间便会自动群集在经常投食的水域中等候食物的到来。垂钓者若掌握住这样的规律,赶在投喂饲料前1～2小时到投喂处附近下钩,可以得到较好的收获。

(五) 罗非鱼的垂钓秘籍

1. 手竿双钩贴底钓法

垂钓前,先要设法测明下钩水域的深度,因为罗非鱼喜欢栖身水体中下层,因而钩饵要沉入近水底才容易钓到该鱼。测明水深后,将浮漂定在钓线的适当部位,这样可使钓饵正好贴近水底。

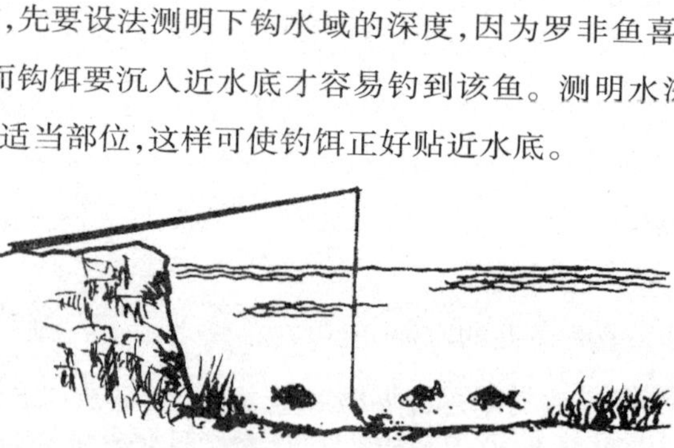

图21 底钓法示意

钓线的顶端先扣上两根略细于主线的支线，支线的线端扣上一个钓钩，在钩上各安装上红虫或蚯蚓等钓饵。在下钩前 15 分钟，将一小把豆饼粒投入钓点打窝，再过一会即可将钓饵投入水中，让其沉至水底。这时，垂钓者可将钓竿向左或向右徐徐移动，使两个钓钩在水底并行推移，让钓饵与鱼尽量贴近，给鱼儿送食上门，使鱼儿不得不被动吞钩。

罗非鱼的摄食方式与其他鱼类不同，它具有轻微、稳重和幅度小的摄食特点，不像其他鱼那样张口猛吞。罗非鱼上钩后，反映在浮漂上的变化有两种可能：一种表现是浮漂缓缓上升 2～3 厘米，即通常所说的“捧漂”；还有一种是出现浮漂急速下沉，即“黑漂”。遇到浮漂这两种变化时，垂钓者应该立即作出反应，稍用腕力将钓竿突然抖动一下，使钓钩钩牢鱼嘴。

如果表现“捧漂”，一般说明上钩的鱼体不大，为 200～300 克；假如有“黑漂”发生，上钩的可能是500 克左右较大的罗非鱼。若估计为 200 克左右的小鱼时，垂钓者应一气呵成，将其直接拎上岸来；若从手感上感觉出是 500 克以上较大的罗非鱼时，则不应贸然提钩，而应该用钓竿将鱼牵引出钓点，在尽可能离岸近些的水域慢慢地遛鱼，待牵引几个来回将鱼拖疲以后，将它拖近岸边，用抄网捕捞上岸。

另外，钓上一条鱼后，不要破坏钓点，不要让水体发出声响惊跑其他鱼。因为罗非鱼有合群的习惯，继续在原钓点下钩，继续用此法逗诱，有可能连续钓上几条罗非鱼来。

2. 手竿高低钩钓法

根据罗非鱼经常生活在水体中下层，且喜欢集群活动，会在池塘中水底软泥处打洞藏身，并活动于池塘四周浅水处的特点，人们设计出一种钓法：在钓线下端将双钩错开，一高一低，低钩沉在水底，高钩高于低钩 10～15 厘米，悬浮在水中，而且一钩用荤饵，另一钩用素饵诱鱼。

垂钓时，在钓钩放入水中后，垂钓者仍将钓钩缓缓移动。这种钓法的优点是：①既能招引藏在软泥中的鱼，又能招引沿水底浮游的罗非鱼上钩；②罗非鱼虽喜欢吃些动物活饵，但毕竟是以素食为主的鱼类，因而有时会吃植物饵，高低钩上的钓饵有荤有素，投其所好，任凭鱼儿各取所需，使其称心地上钩，因而可提高钓获率。

不过，采用高低钩钓法在技术上有一个值得注意的关键要点，那就是浮漂的浮力和铅坠的重量必须配合恰当，才能达到一钩沉底、一钩悬浮在离底10～15厘米处的理想要求。要做到这一点，有两件工作要做：一是先要测知该水域水的深度，这样才能确定浮漂定在钓线的什么位置最适宜；二是最好事先在大水缸中试验，将浮漂的浮力与铅坠的重量调节到均衡的程度，使高低两钩能正好一个沉底，一个悬浮。

另外，还应该注意：罗非鱼唇圈外缘很坚实，具有角质，钩尖很难刺进去，但口腔四周的薄膜却极易被刺穿。罗非鱼摄食时比较斯文迟疑，当咬到饵钩后，常常会停顿一会才会继续吞钩，有时，过一会儿后它会将饵钩吐出来。根据这个特点，当发现浮漂显示出有鱼咬钩信号时，即应及时将饵钩抖动一下，让饵钩刺入其口腔周围的薄膜，使其无法将饵钩吐出而被牢牢钩住。

用这种方法垂钓，常常可以得到一箭双雕的效果，即两钩均能钓上鱼来。

3. 手竿浮钓法

罗非鱼喜温，当中上层水温略高于水底水温时，它会在中上层水域活动，这时应钓浮水，而且还应打大窝子，采用漂浮性、缓沉性饵料的诱饵，能更好地诱集中上层罗非鱼。若窝点处出现水花，很可能是罗非鱼在吞食浮饵。这时，可根据水的深浅，将挂好钓饵的饵钩轻轻下到水花附近。浮钓时，罗非鱼咬钩的反应多为吞食，浮漂的反应大多为横移或黑漂，此时都应及时提竿。

4. 海竿串钩钓法

因罗非鱼个体较小，串钩用4～5枚小号钩拴成，钓饵用蚯蚓、小虾等荤饵，可挂不同钓饵。甩至10～20米以内的水域即可，支好海竿，收紧钓线，挂上小铃，即可静候，待铃响或看回线提竿即可中鱼。由于罗非鱼喜群居且养殖密度较高，所以上鱼频率很高。因此，将串钩甩至钓点后，可采取绷紧钓线，握竿在手的钓法，若手感觉钓线在拽竿，即可提竿。

需要特别提醒的是：罗非鱼的鱼鳍非常坚硬，当受到攻击时，全部会竖起，很易刺伤手掌，应事先准备一块厚布，摘钩时用布将鱼包住，并从头到尾将竖起的鱼鳍按下，再摘钩。

五、怎样钓鳌鲦鱼

（一）鳌鲦鱼的生活习性

鳌鲦鱼是常见的淡水小型鱼类，又名鳌鱼、鳌子鱼、硬头鳌、白条鱼。该鱼可分为普通鳌鲦和贝氏鳌鲦两种。普通鳌鲦较大，最大个体可达20厘米长；贝氏鳌鲦较小，最大个体只有13厘米。该鱼分布广，数量多，繁殖快，各种水体中都有它们的踪迹。

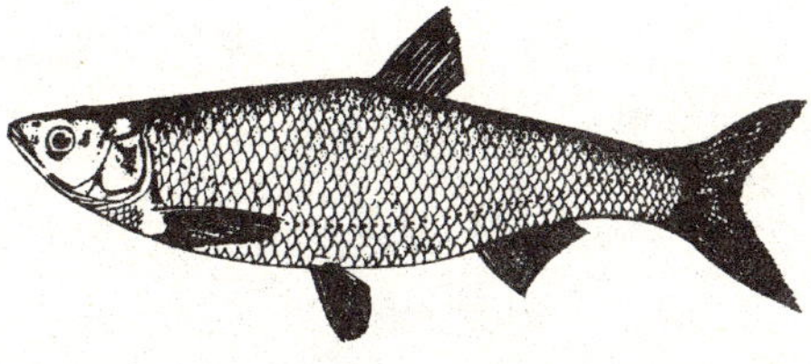

图22 鳌鲦鱼

鳌鲦鱼体修长、侧扁、银白色，腹面全部具肉棱。侧线在胸鳍上方急剧向下弯曲，至臀鳍基底后方，再弯向上方至尾柄中央；背鳍具有硬刺。

鳌鲦鱼性格活泼，到处游窜觅食，春、夏、秋季活动于水体上层，天冷时在深水处越冬。它食性杂，水藻、溪虫、轮虫、水生和陆生昆虫及各种浮游生物都可充当食物。它喜群游于水域中上层，主要分布在我国各大江河、湖泊、池塘或水库中。该鱼游动迅捷，视觉及听觉都较灵敏，对各种声音及倒影的晃动反应极快。这个特点很值得垂钓者注意。

（二）垂钓鳌鲦鱼的用具

选用钓鳌鲦鱼的钓具应掌握轻便灵活的原则。竿体要轻，竿长4.5米左右较为适宜，可用芦苇竿或芦竹竿，也可用玻璃钢竿与竹制的插芦竿，有些地区的垂钓者采用8米长的芦竹竿，据说效果也很好。总之，不论用哪种竿，都应以质轻和有弹性为原则。

钓线的长度应和竿的长度差不多，可选用较细的（直径0.10～0.15毫米）胶丝线。

钓钩宜小，钢丝要细而坚韧的，可选用2～4号HHH细地袖钩或专门钓鳌鲦鱼的拟饵钩（制成苍蝇的形状）。

浮子可用4～5厘米长的一枚羽梗浮，浮子离钓钩的距离为10～15厘米。铅坠也宜用小而灵敏的坠。若是浮钓，可以不用铅坠，甚至连浮子都不用。

（三）垂钓鳌鲦鱼的饵料

鳌鲦鱼食性杂，荤素皆食。垂钓时，素诱饵可选用麦麸、米糠、面粉、食品残屑等，使用前将部分炒香，如能在其中加入蚕豆粉、黄豆粉等，效果将会更好。荤饵可用动物的内脏，使用时将其切碎捣烂。

由于鳌鲦鱼食性杂，钓饵荤素皆可。素钓饵可用饭粒、面团。荤钓饵可用苍蝇、蝇蛆、蚯蚓、菜虫、小蜘蛛、飞蛾、水生昆虫等。除真钓饵外，鳌鲦鱼用小型苍蝇、小蜘蛛、飞蛾、水生昆虫的模拟饵也可以钓到。

（四）钓点选择的秘籍

鳘鲦鱼分布很广，我国各种水域都有它的存在。平时喜欢生活在水域上层，有时也到中层水域觅食，常成小群活动。在天气比较暖和、水温适宜的6～9月份，鳘鲦鱼喜成群结队地游弋于水面，捕食各种浮游小生物，特别喜欢吃产卵的蚊子，有时还会发出嘶嘶声音。它最常聚集的地方是水草的空隙间和洗菜、淘米的岸边附近。

（五）鳘鲦鱼的垂钓秘籍

1. 常规钓法钓鳘鲦鱼

垂钓时，可在上面所说的两种水域中，先撒一把干麸皮屑，使其漂浮在水面上，不久即可见到许多鳘鲦鱼前来摄食，这时即可将安装好饵的钓钩（钓饵可用苍蝇、蛆虫或蛾子等小飞虫）轻轻放在水面有麸皮屑的水域。

由于钓钩较轻，浮子又大，一般钓饵可悬浮在10～20厘米深的水中，正好容易被鱼儿看见并过来吞食。垂钓者若发现浮子被鱼拖走，需立即提竿，可以钓个正着。钓鳘鲦鱼要将鱼篓放在身边，拎钩、摘鱼、装饵、继续下钩等动作都要求快速敏捷。

当麸皮屑已经散开或下沉或被鱼吃掉，水面上已稀少时，应及时补撒一些。钓鳘鲦鱼不需要频繁地更换钓点，可以连续在同一钓点钓上很多鳘鲦鱼。

2. 假饵钓法钓鳘鲦鱼

除了用真饵钓鳘鲦鱼外，还可用假饵钓鳘鲦鱼。其做法是，用黑鸡毛或其他鸟类的羽毛，再用一点透明的薄塑料片，扎成像苍蝇、蚊子的形状，绑扎在钓钩上，不能让钓钩的钩尖露出。在水面上撒些麸皮屑打窝后，若发现鱼群到来，即可将钓钩放入麸窝近旁，使钓钩不断微微移动，以引诱鱼儿上钩。由于该鱼吞食极为迅猛，会一口将饵钩吞下，这时垂钓者只需眼明手快，迅速提竿起钩，即可将鱼钓上来。

3. 无钩钓法钓鳌鲦鱼

用无钩钓法钓鳌鲦鱼，使用普通钓竿和钓线，既不用钓钩，也不用铅坠，只需在离线端15～20厘米处结一段羽毛杆的浮子即可。

垂钓时，在钓线线端打一个结，将蜘蛛丝缠绕在结上，使其成为黄豆大小的圆团，形似苍蝇、蚊子。因蜘蛛丝含有小昆虫似的气味，所以将小圆团抛入水中后不久，即有鲦鱼前来摄食，待其将圆团吞下后，立即起竿，就可将鳌鲦鱼钓上来。

4. 钓鳌鲦鱼注意事项

垂钓鳌有一点很值得注意：听觉、视觉灵敏，岸上切不可发出响声；垂钓者也不可背向太阳，让人影映入水中。若一旦被鱼发觉或受到惊吓，它们就会跑得一条也不剩。当一个钓点的鱼已寥寥无几时，就应换个地方去重新撒诱饵垂钓。还可以在同一钓点的左右两边，离垂钓者3～4米远处各撒一些麸皮屑打窝子，这样可以轮流在两处下钩钓鱼，收获可以更好些。

六、怎样钓草鱼

（一）草鱼的生活习性

草鱼又名浑鱼、鲩鱼、草根、浑子鱼，属鲤科，是一种生长很快、适应性很强、典型的草食性鱼种。以喜食草而得名，贪食，消化能力强，生长快，个体大，在天然水域中，有些草鱼可长到50多千克，5～10千克草鱼是常见的。草鱼主要食物是生长在陆地和水中的草本植物，在水温25～30℃时摄食量最大，它抗温、耐寒，适应能力强，几乎四季皆能进食，但摄食强度不同。它对食物没有苛刻要求，饲养成本较低，容易长大，所以在

图23 草 鱼

我国各地普遍养殖。

草鱼喜在水的中上层巡游觅食，长大后不常进入深水层，但因比较贪食，在水草少的生活环境中，有时不得不到河底觅食。因而在水草供应不足的池塘下钩钓鲫鱼时，比较容易钓到草鱼。

（二） 垂钓草鱼的用具

钓草鱼不必用太大的钩和太粗的渔线，这是因为它吻部圆而厚的关系。在一般情况下，钓钩可选用伊斯尼龙形 515 号，环形 413 号，鹤嘴形 113、114 号；鱼线可选用拉力 2～3 号的优质尼龙线，以软脑线拴钩，钓线以长些为好。钓竿应坚固，韧性好，长度视所钓水域而定。手竿、海竿均可。

（三） 垂钓草鱼的饵料

草鱼以植物性饵料为主食，但对动物性饵料也不拒绝，且对活动在水中的昆虫也较喜食。由于它觅食时一半靠嗅觉，所以钓饵应考虑采用带有浓郁香味的。它的味觉也较灵敏，因而钓饵还应兼顾到有鲜味，带有酒、香油、复合维生素等诸味的钓饵对它特别有吸引力。此外，草鱼的视觉不是很敏锐，所以选用钓饵时，还应选颜色鲜明突出、容易被它看见的。草鱼对白色很敏感，对红色会视为褐色。

根据上述特点，一般多用菜籽饼、酒糟、白酒浸小米、麦麸，酒泡碎米、青草、南瓜叶等作为诱饵。

钓饵一般用红虫、蛆虫、面包虫、蚯蚓、小虾、肥肉条、饭粒和面包，还可用蜻蜓、螳螂、蚱蜢、蝼蛄、飞蛾、蟋蟀，以及嫩玉米粒、熟红薯、麦芽、桑葚、鲜黄瓜、酒糟浸麦粒、嫩苇芯等。根据钓鱼老手的经验，春季宜用动物性荤饵，夏、秋两季则用植物性素饵更为适合。

（四）草鱼钓饵使用秘籍

1. 用粮食类制作钓饵时，不可缺少带香味的原料。若用极细的麦面粉、玉米面和其他粮食类细粉混合制作时，可加适量的水和匀揉成面块，置笼中蒸熟。在 100 克面饼中加入 2 毫升香油、2 克复合维生素 B 和 5 毫升白酒，然后用力揉匀，搓成粗面团，用刀切成小块，再搓成约蚕豆大小的圆球，穿在钩上把钩包住，即可用于垂钓。

2. 用山芋作钓饵时，用法是：将山芋切成约 1 厘米见方的块，上笼蒸至五六成熟（不可蒸得太熟，否则不能穿钩用），取出晾至半干，即可穿在钩上垂钓。

3. 用嫩玉米或嫩青豆作钓饵，应将玉米或青豆先放在水中浸泡 10～20 分钟，让它膨胀后穿在钩上使用，玉米或青豆最好是八成熟左右的。若玉米或青豆较老，应让其在水中浸泡半天后使用；若是晒干后的玉米，需浸泡 24 小时以上才能使用。

4. 用蟑螂、蟋蟀、螳螂、油葫芦等昆虫作钓饵时，应先将其头、脚、须、翅剪掉，只留躯干部，然后从头部穿钩。若能捕捉到青色的蝗虫，也是上佳的钓饵。

5. 用蛆虫作钓饵时，应从尾部向头部穿钩，穿过倒刺再往前拉，把钩尖包裹在内，不能让它露出来。

6. 使用红虫作钓饵时，应先用白色的线捆扎成团。上钩后，再在钩尖上穿一条较粗的红虫将钩尖掩盖住。

7. 使用蚯蚓作钓饵时，钓钩需用长柄的。穿钩时，可把蚯蚓掐断，从断口处穿钩，再将其余半截蚯蚓也穿上一段，留一段在钩外，让其能在水中晃动，使其对鱼有更大的诱惑力。

8. 在没有水草的水域钓草鱼，宜在鱼钩的后弯至钩柄处穿上（捆扎也行）一些苇叶或其他绿色的树叶、菜叶，以招引鱼儿前来就食。此外，在水草较多的水域钓草鱼，宜多用昆虫等动物性饵料；在昆虫、鱼、虾等较多的池塘钓草鱼，宜用植物性饵料。

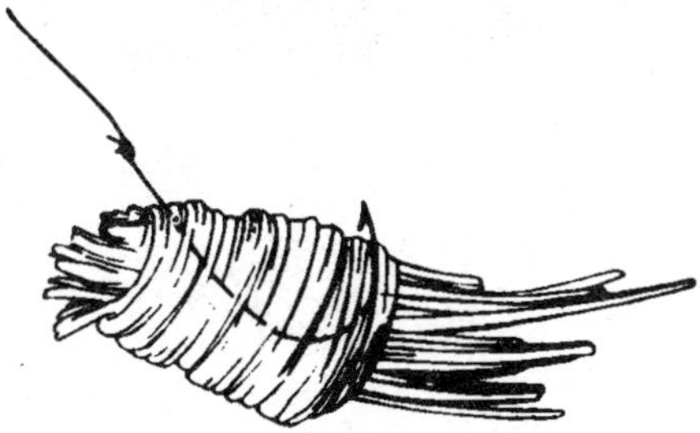

图 24　绿色叶类植物装钩示意

若钓草鱼较长时间不易得手时，应更换钓饵。还可换上一线多钩的钓竿：有的钩装上植物性饵料，有的钩装上动物性饵料，让草鱼去随意选择。

此外，若下钩后多时不见动静，可将钓竿慢慢向上提几厘米，然后再缓缓放入水中，每隔 5～10 分钟提放 1 次，这样反复多次进行，使钓饵在水中常常缓慢移动，可引起游鱼注意，引其进入窝点，增加上钩的机会。

（五） 垂钓草鱼打窝子的要领

钓草鱼也需要打窝，打窝的步骤和钓鲫鱼大致类似。

在打窝的部位，值得注意的事是：在水体深的水域打窝，应打在浅水处，但在水体较浅的水域中打窝，应该打在较深处。

打窝该打多少，要根据水面大小和鱼数量的稀稠以及需要钓多长的时间而定，一般可在4～10个范围内选择。窝有两种：一种是底窝，一种是浮窝。

图25 几种草窝示意

图26 打草窝示意

浮窝可用青草做，让它浮在水面上；沉底的诱饵可用粮食做，但必须使用较多的酒糟，以便有香味散开，引来鱼群。诱饵的备料要尽可能多些，用饵多，在水中的目标就大，可以较快引来较多的鱼吞食饵钩，也可避免饵料很快被吃光再也没有鱼到窝点来的情况。

多备饵料，并非一次下得很多，而是发现饵料快被吃完时，陆续补窝。至于每个窝应该投饵多少，需看水的深浅而定，不能千篇一律，水浅宜少些，水深必须加量。若在1米以内的浅水处打窝，只需用混合饵料的湿料掐成鸡蛋大小的粉团投入水域中即可。若水深超过2米时，需有拳头大的粉团投入，或以数个鸡蛋大的粉团一起投入才够。所以，诱饵的投放既不可太少，也不能过多。太少时诱饵被吃完后，鱼群就散去了；太多了，让鱼吃饱了，它也就不愿留在窝点了。

另外值得注意的是：不能忽略及时补窝。为了使钓窝在较长时间内有较好的效果，及时补撒诱饵是必不可少的。有些人在钓窝“正发”不断上鱼的时候，往往只顾摘鱼抛钩，而没有考虑到水下的诱饵已消耗完毕。等到钓窝的香味没有了，鱼儿走光了，突然显得冷冷清清时，才想起来补窝，可是已经来不及了。所以，钓鱼者必须记住：当钓窝鱼星四起，频频上鱼，表明有群鱼争饵时就应及时补饵，以稳住钓窝里的群鱼。

（六）辨别池塘有无草鱼的方法

1. 从有无鱼粪上辨别

钓鱼前先要在池塘中找找看有没有草鱼的粪便，特别要在下风的一边去找，因为鱼粪浮在水面上，被风一吹，会飘在下风的一边。如果下风的一边都没有草鱼粪，就说明这个池塘里没有草鱼。

草鱼鱼粪的形状是一段段的细圆条状，细的像圆珠笔芯，粗的如圆珠笔的笔竿，如果找到了鱼粪，不仅说明这个池塘里有草鱼，还可从鱼粪分辨出：

① 该池塘中的草鱼多还是少（粪多即鱼多，粪少即鱼少）。

② 该池塘中的草鱼有多大（粪粗即鱼大，粪细即鱼小）。

③ 该池塘中的草鱼是大鱼多于小鱼，还是小鱼多于大鱼（粗粪多于细粪即大鱼多于小鱼，细粪多于粗粪即小鱼多于大鱼）。

④ 该池塘中的草鱼是吃什么食物的（吃草的鱼鱼粪呈墨绿色，吃其他食物的鱼鱼粪呈土灰色）。

2. 察察水草情况

有草鱼的池塘,可以看见鱼吃草,或能看见鱼把草拖入水中,或能看见鱼碰动浮在水面上的草叶,或能看出池塘边上生长的草被咬过的痕迹。

3. 投草辨别

向池塘投入一些嫩草、香花、桑葚或蜻蜓、螳螂、红蚯蚓等半活的动物性饵料等。如塘中有草鱼,鱼就会浮上来吞食;如无鱼来吞食,说明塘中无草鱼或鱼已吃饱,就不用枉费心机去钓它了。

4. 认真观察

钓草鱼的季节主要是在夏天,这时只要站在离池塘稍远处观察(近了会被鱼发现),可以看到经常会有草鱼在水体的中上层游动。

根据以上4点,即可清楚地分辨出有无草鱼在该池塘中生活。

(七) 钓点选择的秘籍

1. 选在水温最合适的地方

不论哪种鱼,它总是喜欢在自己感到舒服的地方栖留。对鱼来说,最重要的是水温适合,它就感到舒适,水温太高太低,它都会感到难受。

适合草鱼生活的水温是5～38℃。草鱼对温度适应的能力是比较强的,并不娇气;但它觉得最舒服的水温是27～30℃。

2. 选在含氧量高的水域

各个水体中的含氧量是不同的,即使同一个池塘内,各处水域的含氧量也有高有低。那么,哪些地方的含氧量比较高呢?

① 池塘的进水口:因为进水口的水是流动着的,凡有水流的水域其含氧量必然高。

② 增氧机旁:这是很明显的,增氧机不断地把水搅得水浪翻滚,有水浪翻滚的水域,其含氧量必然高。

③ 迎风的岸边:风吹到水面,会使水体增加含氧量。另外,迎风岸

边的水必然有或大或小的波浪，这也会使水体增加含氧量。

3. 选择食物多的地方

① 在江河流水处的洄水湾、浅滩处，涨水时被水淹没的草丛处，饵食丰富，均是草鱼的好钓点。

② 在产卵时节的产卵场附近，草鱼群集于此，那里也是较好的钓点。

③ 在静水水域，若是定点喂食区，有流水注入处，水域中水草较多处，岸边树木杂草丛生处，靠近庄稼地、草地等处，这些地方有草鱼喜食的丰富饵食，均可作为草鱼的钓点。

（八）草鱼的垂钓秘籍

1. 草鱼鱼星特点

草鱼的鱼星较大，成串放出，大泡中夹杂小泡，比鲫鱼鱼星大而多，但不及鲤鱼鱼星多。

2. 春天为什么钓草鱼难

“春钓草鱼难”，这句话主要针对水温说的。因为春季的前 1～2 个月，寒意犹存。在早春的 2 月份，刚过完春节，那时的气温为 1～3℃，甚至还常常处于 0℃以下，有些地方还下着春雪，这时水温还不能达到草鱼的最低要求。草鱼要到 10℃才有点短距离游动，15℃时才能少量进食。所以，春季要钓到草鱼是比较困难的。

我国地域辽阔，南部与北部的气温差别很大，南方 3 月份气温已不是很冷了，在南方春钓草鱼不是很难的；但在北方，“春钓草鱼难”这句话仍是合适的。

3. 用浮钓法钓草鱼

钓草鱼除了用传统的钓法外，还可以用浮钓法。浮钓法大多用手竿，在钓线上装配上较大的浮漂，或用浮球来代替。

在夏天或早秋时分，草鱼很喜欢在风口的波浪中游弋，相当活跃，主要是这样的水域中含氧量充足，在这样的地方游弋非常畅快的缘故。

浮钓的钓饵可用菜叶、嫩草叶、嫩芦苇芯等鲜绿叶和茎，直接装在钩上，利用浮漂的浮力，使饵钩悬浮于水体的表层，其深度为15～35厘米。为了引起草鱼的注意，还可在饵钩上部绑扎一两片颜色鲜艳、较大的青菜叶，并不断牵动鱼线或顺风让浮球在水面上漂移晃动，以增强对鱼的吸引力。

也可采一些鲜嫩的青草在顺风的水边撒下，让它顺水漂流。手竿或海竿钩上草饵，轻坠浅漂，将挂上草饵的钩放在浮草中，令其随浮草下流，一旦鱼吃钩（看浮漂）便可及时提竿。

采用这一钓法的要点是：若上述饵料效果不佳时，需及时改换饵料的品种，注意使钓饵具有较好的色、香、味。近年来，有人将白色的泡沫塑料放置在曲酒和菜汁、香油等混合液中浸泡后制成假饵，效果比真饵还好。

4. 用多钩悬钓草鱼方法

每年从仲夏开始，即从6月份开始至9月份这段时间，是钓草鱼的最佳时期。在这期间，除用传统的钓法外，用多钩悬钓法效果甚好。

使用多钩悬钓时，可在饵钩入水后由水底斜着向上，使钩成阶梯状悬于水体的中下层。使用手竿时多钩为垂直状态，一般悬钩为4个。

悬钩的钓饵，可用草汁或青菜汁拌和面粉，反复搓揉后捏成面团，再搓成直径约1厘米的圆球，穿挂在钩上。除上述以粮食和草汁、菜汁混合制成的素饵外，也可直接用菜叶、草叶挂钩，还可以用蟋蟀、油葫芦、蚱蜢、蜻蜓等的昆虫为饵料。

采用这种钓法不必挂漂。因为草鱼口大，咬钩时大多一口吞下饵钩，所以能够直接利用竿梢在水中较大幅度地抖动或不断地斜拉和下沉，感觉出鱼儿是否上钩、是否已吞食，从而及时地掌握扬竿的时机。

5. 沉底草窝钓法钓草鱼

取一根略长于水深的细竹竿或树枝，在竹竿的2/3处捆一把嫩草或菜叶，上面剪整齐，竹竿下部系一根绳子，下面捆以石块，坠入拟垂钓的水里做窝（可在不同地方做 3～4 个）。一旦草窝处有鱼星或碎草浮起或发现竹竿晃动，即说明有鱼进窝，可下竿。钩上可挂菜叶、草叶，也可用面饵或昆虫。钩饵必须悬在高于草尖 5～10 厘米处。

图 27　沉底草窝钓示意

草鱼吃食，浮漂常先点动而后上冒，接着下沉，上冒下沉均可提竿。手腕要先用力一抖，将鱼挂住，而后将其控制，顺势引遛。草鱼耐力持久，引遛时要有耐心，待其翻白肚无力时再用抄网抄起。

6. 怎样钓大草鱼

垂钓体大的草鱼，需要强度比较大的钓具。钓竿，要求竿梢弹性好，受力分布均匀；钓钩，最好用椭圆形截面的，这种钓钩比圆形截面的钓钩强度大；钓线，不能用老陈线和有断股的。这三者所能承受的拉力要比较相近，不能有一个是薄弱环节，否则可能会出现折钩、断竿或断线等现象。

钓鱼时，要注意大鱼触钩摄食时的一些特殊征兆。当窝子旁没有大鱼时，会有小鱼在窝中抢食，浮子会抖动不息，一旦大鱼靠近时，小鱼即四散奔逃，浮子在这时会相对平静下来。当大鱼在窝子内活动时，由于其躯体大，搅动的面积也大，从水面上可以看到竿梢会突然向上一抖，此时钩已戳入大鱼头的骨质部分或圆厚的吻部。若此时不托漂，而是发现浮漂向斜下方沉下去，这就是相当大的鱼儿（超过 3 000 克）上钩的迹象。

七、怎样钓青鱼

（一）青鱼的生活习性

青鱼又名乌青、青鲜、黑头、黑鲩、螺蛳青等，是一种经济价值较高、肉味鲜美、生长很快、对环境的适应性较强的鱼种。它是一种饲养鱼，若饲养环境适宜，食物充足，最大的可长到超过 50 千克。

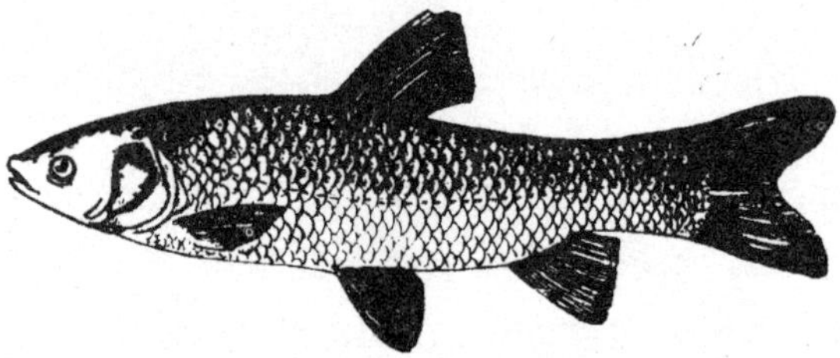

图 28　青鱼

青鱼性格刚强，力气很大，若用网捕捉，它能把网冲破而脱逃。这种鱼，特别是较大的青鱼，需有丰富钓鱼经验的人才能将它钓获。垂钓稍大些的青鱼，必须要有耐性和韧劲，鱼上钩后要拖一阵，再让它回拉一阵，这样反反复复与它周旋，待它精疲力尽之后，才能把它拖近岸边，然后用抄网捞入兜中，提上岸来。

青鱼喜欢在水的底层生活，它常沉伏在江河或池塘的底部，很少到浅水处游动。它常以水底的螺蛳、蛤、蚬和幼蚌为食，也吃些虾和其他水生昆虫。由于它经常伏在水的底层，加上垂钓这种鱼在技术上要求很高，所以很少听到垂钓者钓到了大青鱼。

青鱼一般要长到10～15千克体重，性器官才能成熟，其产卵的数量很大，年产卵量可达到百万粒。

（二）垂钓青鱼的用具

钓青鱼，由于青鱼力大劲猛，最好用3～3.6米长的海竿。如采用传统手竿钓法，要求有很大的强度，长度要在7米以上；鱼线应用4号的粗线，其拉力应达80牛（约8 000克）；鱼钩的钩条要较粗壮，钩门要有相当的宽度，钩尖要锐利。

青鱼的鱼体虽大，胆量却很小，白天不敢到近岸处来觅食，所以采用长竿长线比较有利。浮漂采用大号的立漂。这种浮漂虽迟钝一些，但配以较重的铅坠，能抛投到较远的钓点，而且有较好的稳定性，对江河的风浪也有一定的对抗能力。

（三）垂钓青鱼的饵料

青鱼对腥味，尤其是对螺、蚌、蚬的肉味很感兴趣，因此，这类软体动物是很好的诱饵。可就地捞取，砸碎后投于钓点。由于青鱼食量大，诱饵用量也要多。

图29　螺肉装钩示意

此外，也可将软体动物砸烂后，与糠饼、豆饼、麦麸、米饭等青鱼爱吃的饵料混合后捏成团，大团大团地投入钓点，或把平时经常投放的饵料取来投于钓点，都可取得很好的诱鱼效果。

钓青鱼的最佳钓饵是田螺肉，其次是蚌、蚬肉。装饵的方法有两种：一是去壳取肉装钩，把钩装满；二是将壳稍敲碎,连壳一起装钩。在人工饲养的环境下,青鱼的食性有较大改变,含高蛋白的素饵也成了钓青鱼的好钓饵,可在粮食类饵食中掺入鱼粉、蚕蛹粉等腥味剂,效果也很好。

(四) 钓点选择的秘籍

青鱼和草鱼有许多相同的习性,如生长快、分布广、适应能力强等。它们在体形方面也有相似之处。它们最大的不同之处是:草鱼的主要食物是草类植物,属草食性鱼类,性情比较温顺;而青鱼是肉食性鱼类,以螺蛳、蛤、蚌、蚬等水生贝类动物为主,也吃蚂蚱、蚯蚓、青虫、油葫芦、蜻蜓、蟑螂、蝼蛄等昆虫,以及水中底栖动物的幼虫,性情刚烈,有很大的窜劲。青鱼的胆量很小,一有动静,就潜伏进深水中躲避起来,常在水底的泥土中觅食;它不像草鱼那样好动,喜欢静静地栖息在水底有水生动物生活的泥层上。

根据以上特性,找钓青鱼的钓点,应在有一定水深,螺蛳、蚌等贝类动物较多的池塘、湖泊处去选择合适的钓点。此外,也可在水底有砾石、木桩和其他障碍物,以及有水生植物的水体处去寻找。

夏天和秋天,在比较安静的湖泊、水库等水域的边沿地带,常会有青鱼游动觅食,垂钓者可在早晨和傍晚到这些地方观察,有青鱼游动的地方会泛起泡沫。青鱼泛起泡沫的位置变换没有规律,但这种泡沫是否是青鱼所泛起则很容易分辨,因为青鱼所泛起的泡沫中除小碎泡外,总要冒几个掺杂着一些或长或短的草茎和其他植物碎屑的大气泡,并浮上水面。若发现这样的大气泡,就说明该处有青鱼,可作为钓点。

另外,根据上面所提到的,青鱼胆量较小,一有动静就会钻入水底的特点,在寻觅钓点时,脚步要轻,垂钓时更要小心,避免发出响声使青鱼受惊而逃跑。钓点应到人迹稀少的郊外池塘、湖泊边上去寻找。

（五）青鱼的垂钓秘籍

1. 青鱼鱼星的特点

青鱼的鱼星位置变换没有规律，鱼星中除有小碎星外，总有数个大泡掺杂着长短不齐的植物碎屑同时浮出水面，一般泛起 1～2 片鱼星即消失了。

2. 垂钓方法

将钓饵装钩送入钓点。青鱼摄食时将饵食吸入口中，利用咽齿将食物碾碎后吞咽。浮漂的反应是平稳而缓慢，起伏不大，常表现为慢慢地沉入水中不再浮起来。当持竿的手感觉到钩上有鱼时，不必紧张，因为青鱼一般不会猛然逃窜。常见的情况是鱼拖着钩平稳地游开去，提竿的手会感觉到拖力很大，几乎握不牢钓竿。此时唯一的办法是适当放线，改变站位，人随着鱼拖的方向沿河岸跟着走一小段距离，时紧时松地与之周旋，耐心遛鱼，直至大鱼筋疲力尽后再将它提拉至岸边，用抄网套住拉上岸来。

（六）垂钓大青鱼时应注意些什么

如果是钓 3 000 克以上大青鱼时，要做到：

1. 竿要长

大青鱼虽然鱼体大，但胆量小，不敢到太靠近岸的边上来，竿短就不易钓到大鱼。

2. 钓点离岸要远

理由同第一点。在离岸远的水域下钩，鱼才能放心吞钩。

3. 环境要静

大青鱼胆量小，且听觉灵敏，若岸上说话声或脚步声大，青鱼就会逃之夭夭。

4. 要在较深的水域下钩

除了阳光明媚、水体温暖、食物较多时，大青鱼会游到较浅处来之外，一般都只栖身在深水处。

5. 窝子要大

不要吝惜诱饵，每个窝应用300克以上的诱饵才有利于引鱼上钩。

6. 饵料要大

钓钩上要挂大一些的饵料，目标才能明显，才能引起大青鱼吞食的兴趣。腥味饵料效果较好。若用双钩或多钓钩，在一个钩子上挂一个大虾仁或螺蛳肉，效果最好。

7. 耐心遛鱼

大鱼上钩后，垂钓者要冷静、沉着、耐心地进行遛鱼。鱼越大，遛鱼的时间就越长。

8. 注意避光

遛鱼过程中，切不可急于想把鱼拖出水面来看看有多大，因为鱼怕强光，遇见强光后会以几倍的力量挣扎逃窜。

9. 待青鱼翻白肚再捞抄鱼

未见到大鱼第二次翻白肚（即大鱼无力时肚子朝天）时，不能急于捞抄。

八、怎样钓翘嘴红鲌

（一）翘嘴红鲌的生活习性

翘嘴红鲌又叫翘嘴巴、翘嘴铂、白鱼、翘腰或撅嘴连子，是鲤科鳊舶鱼类中个体最大的一种，因下吻上翘而得名；属广布性鱼类，我国各水系中都有它的踪迹。翘嘴红鲌鱼肉白嫩，味道鲜美。

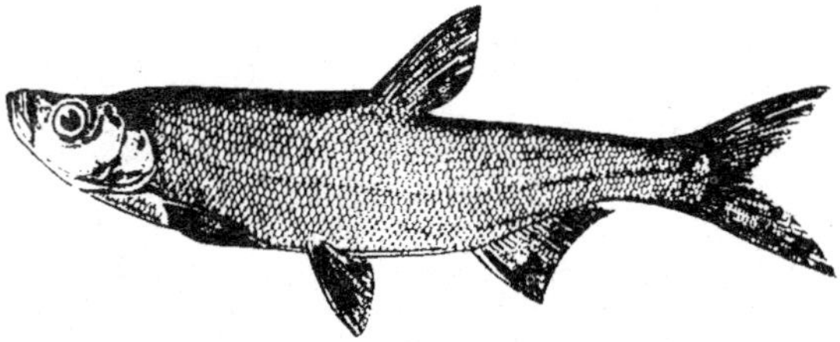

图 30 翘嘴红鲌

翘嘴红鲌是一种偏爱活食的杂食性鱼类，嘴大贪吃，性情凶猛，动作灵敏，吃钩迅速，喜清洁水域，喜在水面追捕虫蛾；常栖息于水域上层，有时也到中层水域活动，游动迅速，一年四季均能摄食；最大个体可达 20 多千克。它消化能力极强，故生长较快，而且繁殖能力强。刮风时异常活跃，有时集群追击小鱼，甚至跃出水面。它们吃小鱼的方式不是突然袭击，而是穷追猛赶，在小杂鱼疲于奔命之中一口咬住。

翘嘴红鲌性子很急，加上动作十分敏捷，可以说是“眼明嘴快”，所以钓这类鱼时，用不着耐心坐等，一般都是钓钩刚刚下水，就会被一口吞下，垂钓者就可以立即起钩，钓个正着。所以，人们又送给这类鱼一个“强盗鱼”的绰号。

（二）垂钓翘嘴红鲌的用具

垂钓翘嘴红鲌要用较粗的钓线，细了钓到大鱼易断线跑鱼，用 10～12 磅的尼龙丝较为理想。鱼竿以硬竿为佳，应使用较长、钓力大、竿梢较粗且弹性好的竿。鱼线宜粗，以 0.4～0.5 毫米尼龙线为宜，线长与竿相等或略长于竿。鱼钩宜选用大号长柄钩，以无锡 114～115，514～515 或伊斯尼 513～515 号鱼钩号为好。铅坠宜用轻而小的，使用 5 粒散浮漂比较适合。

（三）垂钓翘嘴红鲌的饵料

诱饵要有香、臭、酸甜味。可用麦麸末、细糠粉、沤制成酸臭味的豆腐渣、掰成小块的馒头粒子。

钓饵可用蚯蚓、苍蝇、蜘蛛、蜻蜓、蚂蚱、小虾、土鳖虫、蟑螂、皮虫、蚕蛹、蚕蛾、蝗虫、蝼蛄、僵蚕、蛆虫、白菜虫、罗汉绚鱼、小鲦鱼、肉丁等。

垂钓前，可以去渔具商店购买成品模拟饵。这些模拟饵有虾、蝗虫、蚱蜢、小鱼、蝼蛄、蟑螂、油葫芦、蟋蟀、飞蛾等各种各样的小昆虫形状，十分逼真，垂钓效果不亚于真的动物饵。

（四）钓点选择的秘籍

翘嘴红鲌居无定所，哪里有食物就往哪里去，因此，饵食充足的地方必然是它的好钓点。

1. 选择活水流入的地方

不论哪种水域，凡有活水流入的地方，小鱼、小虾及各种水生的小动物都会源源不断地流进来，翘嘴红鲌也一定会到这样的地方来寻觅可口的食物，这样的水域便是好钓点。

2. 选择水浪与静水交接处

翘嘴红鲌有一个重要的习性，就是在它日常摄食的食物中，最喜食小鳌鱼。在河流、湖泊等各种水域中，水面上的波浪总是向水域边沿推进，在水浪与静水交接处会形成一条分界线，这里有较多的小动物尸体和植物的碎屑，是鳌鱼喜爱的食物，常会引来不少鳌鱼摄食，所以又会引来翘嘴红鲌到这条分界线上来捕食鳌鱼。这样的水域也是好钓点。

3. 选择有水草的地方

春季末期，气温渐升，暖和的春风徐徐吹向水面，水温也缓缓升高，此时，在生长有水草的近岸浅滩上，常有很多浮游生物在活动，可引来翘嘴红鲌捕食，形成好钓点。

4. 选择饵食多的地方

在人们洗衣、淘米、洗菜的埠头旁边、码头附近，以及常有污水注入的地方，饵料丰富，小鱼会在此摄食，也会引来成群的翘嘴红鲌，因此也是垂钓翘嘴红鲌的好场所。

5. 选择溪流转弯处等

流水湍急的溪河转弯处、弯曲不整的岸边、水势平缓的回水浅滩与陡岸下的深水区，都是可选的较好钓点。

（五）翘嘴红鲌的垂钓秘籍

1. 翘嘴红鲌鱼星特点

翘嘴红鲌的鱼星为单个小泡，约绿豆般大小。若窝里有多量小气泡不断泛冒，表明窝里有小群翘嘴红鲌在觅食。

2. 打窝浮水钓法

选用轻巧灵便的钓竿，系上细而牢固的钓线和小型的钓钩，用掰成小块的馒头粒子撒在水面上打窝，可引来很多翘嘴红鲌前来摄食。翘嘴红鲌在争抢馒头粒子时，常在水面上激起浪花，这时可用白蛆虫或小蜘蛛装上钩，轻轻地放入窝内，让钓钩沉入10～30厘米深的水中。蛆虫或小蜘蛛如果是活的，引诱的效果将会更佳。

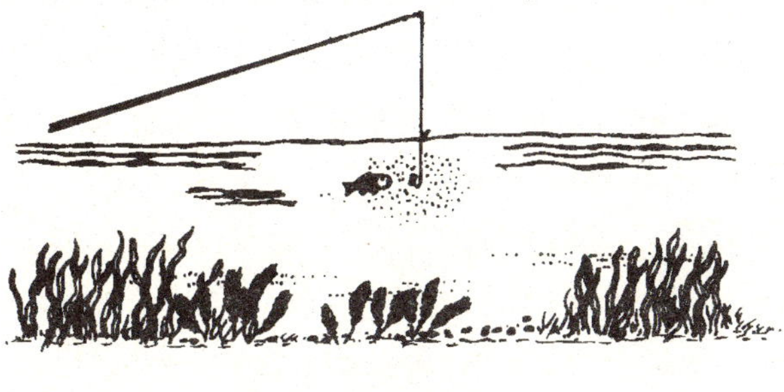

图31　打窝浮水钓法

这时垂钓者可微微点动手中钓竿，让钓饵在水中缓缓移动，并全神贯注盯视着水中浮漂，若见浮漂下沉被拖走，便可立刻提竿起钩。起竿的动作要敏捷麻利但不要太猛，因为翘嘴红鲌的嘴唇较薄，起钩动作太猛会将其嘴唇拉豁，让鱼逃掉；太慢了，翘嘴红鲌会吐出钓钩。

3. 模拟饵钩钓法钓翘嘴红鲌

采用模拟饵钩钓法钓翘嘴红鲌，仍用轻巧的钓竿、细而结实的钓线和小型钓钩，既不用铅坠，也不用浮漂，既不用诱饵打窝，也不需在钓钩上装钓饵；只用黑色的羽毛和透明的塑料片制作成苍蝇和飞蛾的形状，用线绑扎在钓钩上，甩入水面稍远处后慢慢拖回，如此反复不断地甩抛和回收，以迷惑鱼儿来咬钩。若鱼儿见饵冲来，猛然大口吞钩，应及时起钩即可将鱼钓着。

4. 钓鲫鱼时兼钓法钓翘嘴红鲌

所谓兼钓法，就是在钓鲫鱼时兼钓翘嘴红鲌。由于翘嘴红鲌是杂食性鱼类，它们常常会到钓鲫鱼的窝中来摄食，并泛鱼星。250 克重的翘嘴红鲌，能泛出蚕豆大小的鱼星，而且可一泛两颗星。当钓鲫鱼的饵钩入窝中时，也会被翘嘴红鲌吞食。翘嘴红鲌在吞钩时，捧浮子很爽快，常会一次捧上两个浮子，但有时也能把浮子拖跑。发现这种情况时，应立即提钩，将鱼拎出水面。还有一种情况：有些小翘嘴红鲌会等在窝的上方，钓饵尚未到位，中途就被小翘嘴红鲌截住而且吞食了，表现为钓钩下沉到水体中层时，忽然不再往下沉，该沉到水中去的浮子和一部分钓线也停留在水面上不下沉了。碰到这种情况时，应该毫不犹豫地起钩，常常会意外钓到小翘嘴红鲌。

5. 船上钩嘴子钓法钓翘嘴红鲌

采用船上钩嘴子法钓翘嘴红鲌时，可以不用浮子，只要在钓钩上装上小虾或蚱蜢、蝼蛄一类的昆虫，轻轻投入有咂嘴声传出的水草缝隙中间，并将饵钩上下慢慢抖动，即可将翘嘴红鲌招引前来。当有鲫鱼、翘嘴红鲌咬住饵钩时，就会把竿梢往水下拖去，这时垂钓者应故意将竿梢低下，让它拖一段时间，待它继续把饵钩吞进嘴里，才把钓竿提起，使它不能逃脱。

6. 甩钩钓法钓翘嘴红鲌

甩钩钓法适用于水下无稠密的水草和其他水生植物以及无障碍物、不太深的水域，主要是为了钓取水域纵深部位的大翘嘴红鲌。

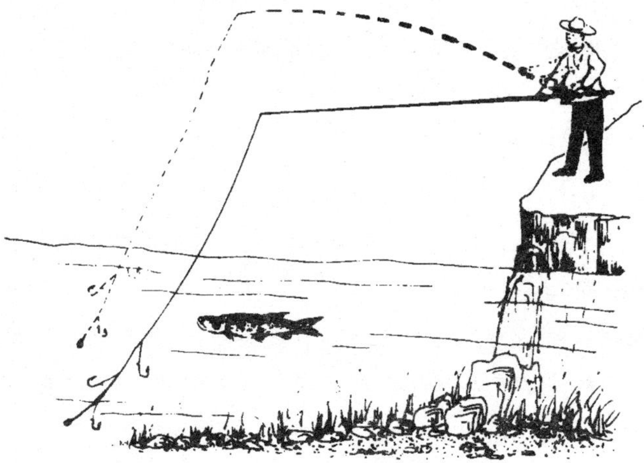

图 32　甩钩钓法

甩钩钓的钓竿竿长为 3.5～4 米，要求竿体通直，梢部硬且有较强弹性，太细或太软的竿梢不利于弹射钓饵。竿柄需装收放线用的转轮，钓线的直径为 0.3～0.5 毫米，不可小于 0.3 毫米，过细会损失钓砣。钓线上不用浮子。钓饵用白蛆、蜻蜓、苍蝇、小虾、蜘蛛等均可，诱饵可用炒面掺以芝麻粉、黄豆粉等有香味的粮食粉。

操作时，垂钓者左手握住甩竿的抓手部位，示指轻轻挡住转轮的括手。右手示指压住自动放线轮，将线压在钓竿上。右手抓住甩竿的中部，竿梢上系牵砣坠和钓具，砣坠距竿梢的钓线长 60～70 厘米。下钩时，挥动甩竿，让竿梢带动砣坠朝着较远的目标水域猛力甩去，同时，右手示指随即松开转轮的括手，砣坠连带着钓具和转轮释放出的钓线向目的地抛出。当砣坠入水时，左手示指应立即挡住括手，停止放线。

需要注意的是：甩竿时双手要一起用力，一手向外甩，另一手要向内收，放线时要掌握好与甩出同步，密切配合。甩投前，要将手腕所用的力度与风向估计在内，才能甩到适当的位置。

钓钩甩出后，垂钓者应绷紧鱼线，把转轮关牢，并密切注意竿梢上的动静。发现有翘嘴红鲌咬钩而拉动钓竿竿梢时，就要立即提竿向上抖，使钓钩把鱼嘴钩牢，然后拖鱼上岸。

7. 戏钓法钓翘嘴红鲌

翘嘴红鲌在春初和冬季都栖息在较深的水底避寒取暖，但到了春暖花开的时节，就开始成群结队地游到河滩或江河池塘的浅水处产卵和觅食，随着风向前行。

采用戏钓法垂钓宜用长竿短线，竿要轻便灵活而有韧性，最好用玻璃钢手竿，其长度约 5 米。钓线要用细而拉力强的，最好选日本生产的 3～5 号“鳞鱼”线，线长一般为竿长的 1/2。钓钩要大。

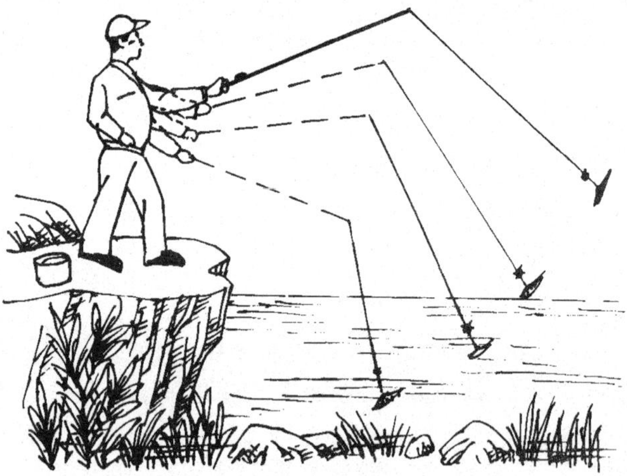

图 33　戏钓法

翘嘴红鲌嘴大且贪食，每年4～9月份时，经常游到水体上层，甚至水面上追食虫、蛾、蝇等为食，尤其到了夜晚更为贪食。这时垂钓者可在预先选好的钓点撒上一层米糠或麦麸来做诱饵，不一会儿，就会引来成群的翘嘴红鲌前来摄食。垂钓者可在钩上装上活的螳螂、蝼蛄或蟋蟀等，把钓饵沉向钓点水下20～30厘米，微微抖动钓竿，在水中做上下或前后左右移动，以吸引鱼儿注意并前来吃钩。

此外，也可以把钓钩甩向较远的水域，然后慢慢往回拖，如此不断反复，一般都有较好的收获。

钓点应选在有荷叶或水草较稀疏的地方，翘嘴红鲌喜在这样的地方游弋，只要它们发现钓饵，就会猛扑过来吞食钓饵。这时垂钓者提竿的手会感到沉重，但不可忙于起钩，先应把竿头放低些，让鱼充分吞进钓钩，把嘴钩牢后，再提竿拎钩，这样就比较可靠。用这种钓法垂钓时间最好是在晚上，因为晚上翘嘴红鲌的食欲更强。

钓翘嘴红鲌要备摘钩器。鲌鱼嘴大，吞食快而猛，一般钓起的鲌鱼饵钩大多被吞入口腔深处。为了快速摘钩，需带上专用摘钩器。

九、怎样钓鲢鱼和鳙鱼

（一）鲢鱼和鳙鱼的生活习性

鲢鱼和鳙鱼是主要的家鱼，生活习性相似。它们同属于中上层鱼类，喜合群，常混游在一起，一般都是放养的，喜温暖，夏季高温时节也是最活跃的时候。鲢鱼，又叫白鲢、白胖头、水鲢等；鳙鱼又叫花鲢、胖头、大头鲢等。

鲢、鳙鱼摄食方式常常是把水中的浮游生物连水一起喝进嘴里，随后靠鳃的过滤作用，把水中的浮游小生物挡住咽进肚里。鲢鱼喜食浮游

图34 鲢 鱼

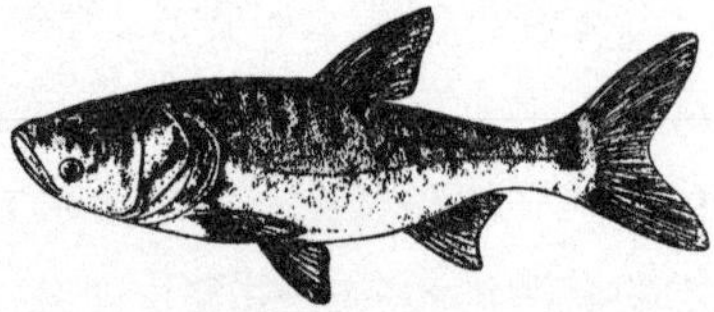

图35 鳙 鱼

植物,鳙鱼喜食浮游动物。从食性来讲,鲢鱼喜酸味,而鳙鱼喜酸臭味。

许多人由于不了解鲢、鳙鱼的食性,认为它们是无法钓到的鱼。当人们摸清鲢、鳙鱼的食性后,采用了它喜食的钓饵,一天可以钓上15～20千克鱼。所以说,钓鱼前了解各种鱼的生活习性是十分重要的。

鲢鱼和鳙鱼生长速度较快,最大个体可达5 000克以上。鲢、鳙鱼均不耐低氧,在天气闷热时,常成群地将头浮出水面,以吸取水中缺乏的氧气。

它们平时游动起来慢条斯理,但一旦听到大的声响或水的晃动,就会大发性子,活蹦乱跳至一二米高。当鱼塘在拉网"起塘"的时候,常可看到百十尾鲢鱼此起彼伏地往上跳窜的场景。

(二) 垂钓鲢鱼和鳙鱼的用具

1. 浮钓用具

若用浮钓,钓竿用手竿和海竿都可以。手竿需用5～6米长,竿体要坚固;海竿可选用有大中型绕线轮、旋压式绕线轮的,收放线比较快捷灵活。由于浮钓并不让饵钩沉入水中,因此不必用砣坠;但浮漂却要用较大的,以能使饵钩和大面团钓饵能浮起来为度。

钓钩要用圆底阔面的大型钩,用单钩、双钩、组合钩(一般是4～6个钩)都可以。

钓线至少要用直径0.3～0.5毫米的线,因为鲢鱼或鳙鱼大的有5 000克,甚至更大,它的气力和冲刺能力很强,而且可以连续猛烈挣扎,所以竿要结实而富有韧性，钩要大而尖锐，线要较粗些。

2. 沉钓用具

上面所介绍的是浮钓钓具，适宜在春、夏、秋季节使用，因为在天气比较暖和的季节，鲢鱼、鳙鱼的鱼群在水体的中上层活动，所以适合浮钓。到了冬季和早春，天气寒冷，水温也随之降低，所有的鱼类包括鲢鱼、鳙鱼，都在水体的中下层活动，因为中下层的水温比较高，所以钓鱼的钓具就应改用沉钓钓具。

沉钓钓具所用的钓线、钓钩和浮钓是相同的，既可以用 2 个、4 个钓钩的组钩，也可以用 6 个钓钩的组钩。沉钓要用砣坠，其重量一般在 30～60 克之间。砣坠的位置应在钓钩上方相距 25～30 厘米处，可用死坠，也可用活坠，只要使饵钩能稳定沉留在水体的下层就行。

（三）垂钓鲢鱼和鳙鱼的饵料

鲢鱼和鳙鱼有其特殊的生理构造，它是利用鳃耙滤食浮游饵食的，很少吞食较大的食物。这类鱼的嗅觉比较灵敏，对食物的气味极为敏感，喜食经发酵后带有酸臭气味的食物，所以钓该鱼者要投其所好，需特意制作出带有酸臭味的钓饵。钓饵的制法有以下几种：

一是，将多种粮食类的粉末，如玉米面、米糠、麸皮面、元麦粉、豆渣、豆饼屑、面粉一起炒至半熟、有强烈的香味为止。另外，再捞一些水蚤、孑孓、小红虫、绿色水藻等，分装在两个塑料袋中。在钓鱼时，取用炒熟的粉料和另一个塑料袋中的浮游生物，以 2∶1的比例掺和，再加入少许水调匀，捏成算盘珠大的饵料。若用多钩组合，需捏成乒乓球般大小。

二是，为迎合鲢鱼、鳙鱼的嗜好，将钓饵制成它们爱吃、带有酸甜味和酸臭气味的钓饵。做法是：用黄豆粉、豆饼末、煮熟的红枣肉、糖，加点臭豆腐干或臭腐乳，再加些发面用的面肥或酵母，掺入些热水拌和均匀，装入罐内，加盖密封，天热时隔 1～2 天、天冷时隔 4～5 天使其发酵。使用时，临时掺点麦面或细米面搓揉成质地较硬实的圆团，能较牢固地装在钓钩上即成。

三是，将上述饵料装入塑料袋内挤出空气密封保存，不时放在烈日下暴晒。如果密封得当，可留至隔年甚至隔多年后使用，效果反而更好。

下面介绍几款钓鲢鱼或鳙鱼效果很好的饵料配制方法：

1. “六合一”酸糟食钓饵

原料：玉米面40%，麦麸末20%，面粉10%，豆饼末20%，麻酱渣5%，红糖5%。

制作：将面粉和玉米面用凉水和匀，蒸成窝窝头，趁热掰开、揉碎；豆饼末炒香，麦麸末也炒香；麻酱渣在2～3天前用温水泡软，装入塑料袋内，置阳光下晒，使其发酵。将6种原料放入容器内拌匀，再用一块鲜酵母（发2 500克面的量，没有鲜酵母可用干酵母或面肥代替），加适量温水与各种原料一起拌和揉匀，按每500克1袋分装在食品袋中。每袋用3层塑料袋装好，扎紧口加以密封，夏季晒10来天，天凉时晒的时间加倍，即可制成这种酸饵。

2. 酸臭味鲢、鳙鱼钓饵

原料：面粉10克，臭豆腐乳两块，少量臭腐乳汁（臭腐乳和汁都不可有辣味）。

制作：将面粉、臭豆腐乳和臭腐乳汁一起调成浓糊，放在小铁勺内用文火拌煮成稠糨糊状，装入瓶内即可。

使用时，在已装在钓钩上乒乓球大小的饵料底部挖个蚕豆大的小洞，用竹片挖一团臭饵塞入洞内填满即可。这种钓饵既有酸饵的酸呛味，又有腐乳的浓臭味，对鲢鱼尤其是鳙鱼有很强的吸引力。

3. 水剂鲢鱼钓饵

原料：豆汁350毫升，蒜泥25克，醋精100毫升，红糖25克，曲酒25毫升。

制法：将豆汁、醋精、曲酒、蒜泥、红糖混合搅拌后，倒入小口瓶内，用力摇匀，即成为具有浓酸、微甜、略有淡臭味的鲢鱼钓饵水剂。

说明：①钓鱼前一天晚上，分别将豆饼、麸皮、玉米面做成窝窝头、揉碎，并将其充分混合。②使用时，500 克粉料用 300 毫升上述水剂拌成软硬适度的半糟食，装上飞钩用于海竿垂钓。③豆汁可用煮沸的豆浆装入容器内，放在阳台上晒几天，待其发酵变酸即成。

4. 水剂鳙鱼钓饵

原料：豆汁 380 毫升，蒜泥 25 克，醋精 100 毫升，红糖 25 克，曲酒 20 毫升，臭豆腐乳 4 块。

制法：将豆汁、醋精、曲酒、蒜泥、红糖、臭豆腐乳混合搅拌后，倒入小口瓶内，用力摇匀，使之成为较酸、微甜、略有臭味的鳙鱼钓饵水剂。

说明：①钓鱼前一天晚上，分别将豆饼、麸皮、玉米面做成窝窝头、揉碎，并将其充分混合。②使用时，500 克粉料用 300 毫升上述水剂拌成软硬适度的半糟食，装上飞钩用于海竿垂钓。③豆汁可用煮沸的豆浆经发酵制成。

5. 酸味鲢鱼钓饵

原料：面粉 250 克，开水适量。

制法：①将面粉用温开水拌和，做成馒头大小，上笼蒸 20 分钟，取出晾凉。②将蒸好的面团装入食品塑料袋内，把口扎紧，以不透气为准，置于阴凉处发酵 3～5 天即可（在气温 25～28℃时）。

说明：这种发酵饵味道纯正，没有其他异味，鲢鱼爱吃。

（四）钓点选择的秘籍

1. 选择水位较浅处

根据鲢、鳙鱼常在水的中上层活动的特点，钓点宜在水位较浅（深 1 米左右）的水域沿岸去寻找，因为在浅水区，当钓钩和钓饵入水时，鲢、鳙鱼较容易闻到钓饵的气味而迅速去咬钩；若鱼在 4 米深的水体中上层游动觅食时，应选在深 1 米左右的边沿浅水区垂钓，使鱼游动的地方和钓饵的距离比较靠近，让它容易就近咬钩，以增加钓获的机会。

2. 选择进水口和迎风的地方

鲢、鳙鱼耐缺氧的能力很差,若水中氧气少,它就要浮出水面吸氧,若水中缺氧严重,它就会立即死亡。根据这样的特点,钓鲢、鳙鱼的钓点应选在池塘、湖泊的进水口和迎风通气的地方,因为这样的水域氧气充足,是鲢、鳙鱼最喜欢栖留的水域。在这样的水域设钓点,可获得最佳的效果。

3. 选择水体呈现黄色的池塘或湖泊沿岸

根据鲢、鳙鱼喜欢栖息于肥水中的特点,钓点应在水体呈现黄色的池塘或湖泊沿岸去选择。水清如镜、一眼能看见水底杂物的水域,鲢、鳙鱼不喜欢停留,若在这样的水域边上设钓点,收获不可能好。

4. 选择饵食多的地方

鲢、鳙鱼爱吃其他动物的粪便,不论是同一个池塘中饲养的草鱼粪便,还是鸡、鸭、牛、羊的粪便,鲢、鳙鱼都爱吃,不仅如此,只要是散发出其他动物腥臭味的环境,它都乐意去接近。因此,如果池塘或湖泊靠近养鸡场、养鸭场或牛、羊圈,鲢鱼就喜欢在靠近这些场所的水域栖息、游弋。选钓点时,可以考虑鲢、鳙鱼的这一喜好。

(五) 鲢鱼和鳙鱼的垂钓秘籍

1. 鲢、鳙鱼鱼星特点

鲢、鳙鱼的鱼星与鲤鱼鱼星有些相似;但它的气泡大小更加不均匀,大者如同乒乓球,且数量较多。

2. 浮钩钓法

用浮钩钓法钓鲢鱼和鳙鱼,春、夏、秋三季气温较高的天气均可垂钓,只有春初和秋末,特别是寒冬季节气温低,才用沉钓法。

夏季的早晨和傍晚,是鲢鱼、鳙鱼最需要摄食的时间,这是最能获得良好钓绩的时间。

采用浮钩钓法,钓钩若是4～6个钩的组合,可用一块乒乓球大的饵料，将钩全部包在里面，钩尖向着四周张开，但不要露出在饵料之外。饵料应做得黏性较强，避免在甩抛时散碎脱钩。

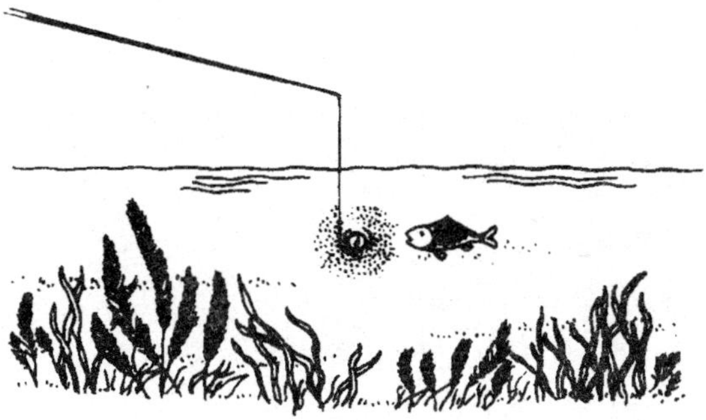

图 36　炸弹钩钓法

垂钓时将钓钩放入水中较浅处，白天垂钓，一般保持在 60～90 厘米深度，若在早、晚垂钓，钓钩入水的深度应该更浅。钓钩与浮漂的距离只需 30～40 厘米即可，让钓钩和钓饵悬浮于水体的上层，因为早、晚鱼儿喜欢聚集在浅水层活动。

在钓钩下沉到水中之后，只需观察水中鱼的动静，不要扯动。钩上的饵料入水浸泡约 10 分钟时，饵料中的糠、麸、豆饼末等由于膨胀而开始松开，纷纷散落在周围水中，像下雪似地慢慢飘沉，很适合用鳃耙滤食的鲢鱼、鳙鱼的胃口，周围鱼群发现和闻到这些食物气味时，就会争先恐后地前来摄食。这时只要发现浮漂被拉跑了，就可以立即起竿扯线，让鱼钩刺入鱼唇，钓个正着。

3. 沉钩钓法

沉钩钓法除适合天寒季节外，也适宜夏季在水深 1 米左右的浅水水域进行垂钓。

沉钩钓法所用的钓饵，应使用带酸臭味、由粮食粉末混合而成的饵料。安装时，用饵料将钩柄、钩弯、钩尖全部包裹住，使钩尖隐藏在饵料四周的表皮下。下钩前，要先测试出水域的深度。在水体不太深且水温不低，可将浮漂定位在离饵钩1米左右的部位；若水体很深且水温很低，可将饵钩沉得更深些。当深水中的鲢鱼、鳙鱼闻到饵料中的酸臭味后，就会追寻过来，接着便张开大嘴将饵料和尖钩摄入口中。当鱼儿拖动钓线，出现上钩信号时，垂钓者只要将钓竿一抖动，组钩的锋利钩尖就会立即钩住鱼嘴，使其无法脱逃。

4. 无饵钩拉钓法

无饵钩拉钓用的是蜈蚣钩或锚钩，不用钓饵，也不用铅坠（组钩的重量大概相当于铅坠的重量），但需选用比较大的浮漂。钓鱼时，将钩甩于水域的中上层，停1～2分钟，拉竿猛地拉抖1次，由远而近，逐次提拉。待到拉近岸边时，再重新将钩甩往远处。如此循环往复，不断提拉，常常会拉钩到鱼。有时钩住鱼的鳃部，有时钩住鱼的背部或腹部，有时还会钩住鱼鳍附近，不论钩住在什么部位，都能把鱼拉上岸来。

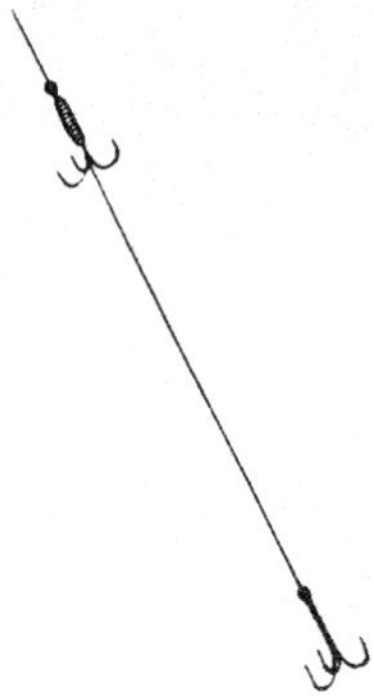

图37 拉钓用的锚钩

5. 飞钩钓法

钓具：3米左右的海竿，选配直径0.4～0.45毫米的钓线，50克左右的通心活坠，大漂。

用直径0.35～0.4毫米的锦纶单丝作脑线，用8只钩拴成脑线，长约15厘米的组钩。由于鲢、鳙鱼嘴大，钩宜大不宜小。

装钓饵时，先取一块略大于乒乓球的饵料，将脑线夹在饵团当中，捏紧后，将钩逐个均匀地排列在饵团四周，钩距饵团3～4厘米，使之成为飞钩。它的优点是：钩在饵外，鱼咬钩时，钩不会被饵团裹住，使鱼没有吐钩的机会，只要鱼咬钩，就不会跑掉，而且钓钩都是被鲢、鳙鱼吸入口中，不会是外搭钩。

飞钩钓法与炸弹钩的原理差不多，只是炸弹钩是隐藏在饵料中，而飞钩是将钩排列在饵外。饵的黏度要大于炸弹钩，入水后不易化开。

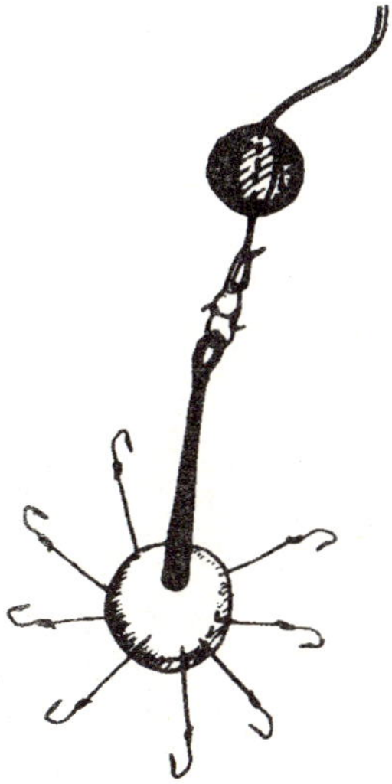

图 38　钓钩露饵外装示意

鲢、鳙鱼闻到味前来吸食饵料时，会先把钩吸入口中。

6. 压钩钓法

钓竿选择前端有小手指粗细的竹竿（因为有时会钓到大鲤鱼），钓线用直径 0.8 毫米左右的胶丝线，钓线上装鹅毛浮 8 粒（每根鹅毛杆选用根部最粗的一段），每粒长约 1.2 厘米。钓钩选用与自行车车条粗细相等的钢丝自己弯制，绑扎并用锡焊制成较大的锚钩，钩尖用砂轮机打磨（注意不要退火），再用油石将钩尖打磨得非常锋利。垂钓前同沉钩钓法穿好浮漂，拴牢钓钩和钓线。

垂钓应选择在夏季最热并有微风的天气，上午 10 时以后至傍晚都可进行。因为这时水体中上层的温度正适合鲢鱼的活动和栖息。钓点宜选择在涵洞口附近。下钩时钓钩无需装饵料。利用鲢鱼、鳙鱼喜欢群集且游动非常缓慢的特点，下钩后垂钓者两眼密切注视浮漂，只要浮漂下沉一粒，或浮漂有隐隐约约的抖动（浮漂下沉，有时是由于鱼向前游动，正好吻部顶住了钓线，锚钩较重，会使浮漂略有下沉；有时是由于鱼向某一方向游动时身体压住了钓线；有时是由于鱼的腹鳍或其他诸鳍在不断划动时碰到了钓线），这时垂钓者应立即使足劲儿向上垂直提竿，常常可以钓到（实际是钩住）大鲢鱼或大鳙鱼。钓钩不是钩住鱼的鳃部，就是钩住腹部，有时会钩到嘴部或尾巴，也有时钩住鱼的各鳍的附近处，不论钩住鱼的什么部位，都要一个劲地将鱼向岸边拉，鱼到岸边后用搭钩直接提上岸，或用抄网将鱼兜上岸。

图 39　压钩钓用的锚钩

十、怎样钓黑鱼

（一）黑鱼的生活习性

黑鱼又名鳢鱼、乌鱼、乌鳢、乌棒、孝鱼等，体形像一个长长的圆筒，背墨褐色，从背鳍到腹鳍有3行不规则的黑斑。乌鳢适应能力、耐低氧性、繁殖能力均很强。冬天，它们潜伏于深水，停食越冬。两冬龄性成熟，产卵期在5月下旬至8月初。乌鳢的繁殖过程比较独特，一般要经历筑窝、产卵、护仔等几个阶段，在从筑窝至小乌鳢独立生活的两个多月时间内，亲鱼总是寸步不离，若受到侵扰，它们会奋不顾身地去保护它的“儿女”们。

图40　黑鱼

黑鱼生性凶猛，常栖息于水底，大多在石缝、水草、乱石中栖息或觅食，是典型的肉食性鱼类，大量捕食小鱼，喜食鱼类、小虾、青蛙等；一旦发现食物，便像闪电般猛扑过去，吞而食之，故有“水中老虎”之称。乌鳢听觉十分敏锐，凭听觉觅食。据有关资料记载：一条500克重的黑鱼，一天能吃掉250克的各种小鱼，对养殖业的危害很大。如果一个池塘里养了几千尾鱼苗，其中只要放进3～4条黑鱼，不消几个月，鱼苗就会被吃得干干净净。

不过中医学认为，黑鱼有很好的营养价值，有些病人重病痊愈后，身体亏虚,据说吃黑鱼很受补益。

（二）垂钓黑鱼的用具

1. 钓竿：钓黑鱼的钓竿应选用坚固且较粗的竹竿,以青绿的鼠尾竹最好,该竹有韧性又有较好的弹性,或者用水竹制成的钓乌鱼的专用竿也可以。钓竿的长度最好是 7～8 米长。

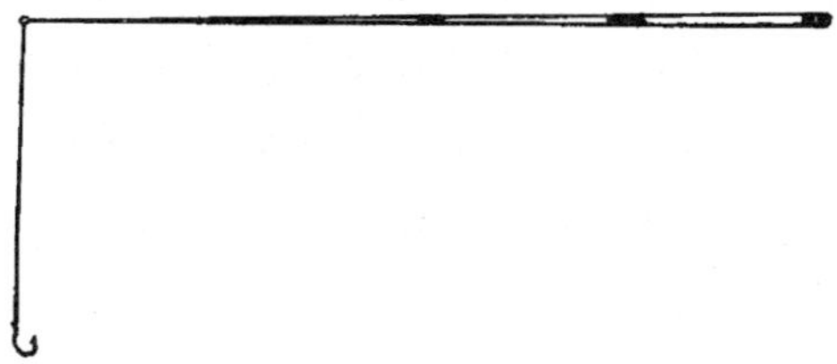

图 41　钓黑鱼用的竿

2. 钓线：钓线可用柔软的锦纶线合搓成约 3.5 米长的细绳,要求能经受得住 9.8 牛(10 千克)以上的拉力。钓黑鱼的钓线上不用浮漂。

3. 钓钩：钓钩用有倒刺的圆形大钩。

（三）垂钓黑鱼的饵料

钓黑鱼一般不打窝子,故不用诱饵。

钓黑鱼的钓饵最好是用小青蛙或泥鳅,如无法得到,也可用小鱼、大蚯蚓、小虾代替。

用小青蛙装钩时,将钩尖从青蛙肛门处钩入,沿脊背直钩至小青蛙上颚嘴尖(不要钩到脊骨,否则会被钩死),使其腹部挺出,脊背弯曲于钩弯里,两前足前伸,两后腿上升并拢,用黑色的细线把后腿扎牢在钩柄上端。

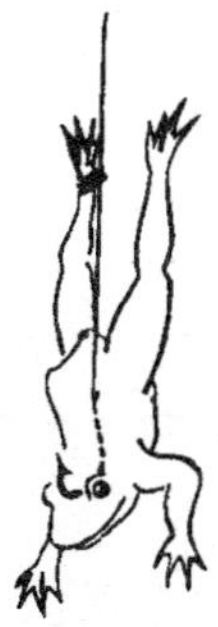

图 42　青蛙装钩示意

如果用活泥鳅作饵,可用钓钩横向钩穿于泥鳅的嘴部。若用小鱼作饵,钓钩可从鱼腹钩至鱼背处。

（四）钓点选择的秘籍

黑鱼冬天极少活动，一般都藏身在石缝中或僻静的杂草丛生处，或茭白根部的枯萎叶片中，只有天气较暖时才出来活动。每年的5～7月份间，它要在水草茂密的水域中产卵做窝，这时是钓黑鱼的最佳时期，钓者应在这段时间内在各处池塘、湖泊、河溪中去寻找黑鱼做窝的水域。若能找到，采取钓窝的方法垂钓，可以十拿九稳地钓到，而且在每个窝子里都能先后将一雌一雄的两条黑鱼一起钓到。

寻找和识别黑鱼的窝子并不困难。黑鱼常常把窝子做在能够避风和向阳的水域。做窝时，它会在茂密的水草丛中，从中间把水草向四面排开，形成一个圆形无草区，小的像大碗碗口大小，大的像小脸盆大小。从岸上朝水面上看去，黑鱼窝的边缘是由密集的草叶和草茎夹杂在一起形成的，中间漂浮着一层松散的草叶和草茎，可以很清楚地看出窝的中心区是一片圆形的明水，这就是黑鱼产卵用的产床。

图43　黑鱼做窝示意图

从黑鱼窝的大小，可以估量出这一对黑鱼亲鱼的个体大约有多大：一般较小的像500～1 000克的亲鱼，所做的窝只有大碗碗口般大；较大的像2 000克左右的亲鱼，所做的窝有小脸盆大小；而更大的像3 000克以上的大黑鱼所做的窝，其明水圆形范围可达直径 1 米，甚至更大。

黑鱼虽然生性凶狠残暴，但对它的子女却十分爱护，在一群幼黑鱼出窝游弋时，亲鱼总是紧跟在小鱼周围，严密地守护着，倘若有其他生活在水中的动物前来侵犯，它就会拼死攻击来犯的敌人，以保护幼黑鱼。垂钓者可以利用黑鱼的这一天性，将青蛙装上钓钩，放进小黑鱼群的旁边，大黑鱼发现后就会上来大口将青蛙咬吞下去，这样就正好被钓获。

（五）黑鱼的垂钓秘籍

黑鱼是肉食性鱼类，喜食小鱼、小虾、青蛙、螃蟹等多种水中生活的动物。该鱼分布很广，一般的河溪、池塘、湖泊、江河、水库中都有，在春、夏、秋三季，黑鱼常栖息在中上层水体。

根据黑鱼凶猛力大的特性，钓黑鱼的钓具必须用坚韧的硬竿和粗线、大钩。不用打窝子，也不必寻找一个固定的垂钓地点，只要钓竿下提着青蛙等活饵，沿着水体的岸边一路诱钩就行。特别要在寻水草和水生植物的小空隙处下工夫。当发现黑鱼栖身之处时，就将青蛙饵钩放在水中，使它上上下下地抖动，速度不必太快，就像青蛙泅水一样。有时可将钓饵提出水面再抛入，让水面上发出响声；有时又可将钓饵下沉至20～50 厘米的深度，然后再慢慢地拉向水面。总之，要不断地使钓饵缓缓地运动着，以招引黑鱼上钩。

图 44　钓黑鱼情景

当黑鱼发现有它爱吃的食物出现在眼前时，它就会一口将钓饵咬住；但这时不可立即起钩，因为黑鱼还只是咬住钓饵，并未吞入口中，这可以从提竿的手感中辨别出来。此时垂钓者应把钓竿稍微放低一点，让钓线稍松一些，黑鱼就会连饵带钩一起吞入口中，这时再拎钩就适得其时了。但要注意的是，钓黑鱼时拎钩应和钓其他鱼有所不同，钓黑鱼拎钩时必须一气呵成，不可慢条斯理，否则，让黑鱼缓过气来，它会拼死挣扎，那就会弄得线断钩豁，让鱼逃脱了。

1. 黑鱼鱼星特点

黑鱼的鱼星小而密，上升较快，呈长条形，消失也较快。

2. 活泥鳅诱钓法

在早春和秋末，余寒未消，气候尚未转暖时，黑鱼一般只在水体的中下层活动觅食，这时适于用活泥鳅钓法。垂钓时，将鱼钩从泥鳅背部穿入，不要伤及脊骨。上好钩后将钓饵放入水体较深处，让泥鳅向下游去，到达水底时，再将它再慢慢向上提，如此上下游移，黑鱼发现后就会游近饵物，接着就会捕食饵钩。

黑鱼捕食泥鳅时，一般是先咬住泥鳅头部或其他部位，但不会全部吞入口中，因此，这时还不能立即起钩；需等待 20～40 秒钟，甚至 1 分钟，待提竿的手感觉黑鱼已将泥鳅全部吞入口中时，才能起钩。

由于黑鱼生性凶猛残忍，它捕到食物后，决不会再轻易地吐出来，所以垂钓者切勿性急，提钩宜迟不宜早，早了鱼会逃跑，迟些提竿黑鱼跑不掉。

3. “青窝”钓法

每到夏季 5～7 月份，是黑鱼的性成熟期。这时雌雄亲鱼就会成双成对地来到江河或池塘杂草丛生的浅水区，将草根咬断，在草丛中清理出一个脸盆大小的亮水洞，这就是它们准备交配、产卵的新房，这个亮水洞人们称之为“青窝”。

做好青窝后，雌雄亲鱼就在该窝的附近转着圈圈游动，在“青窝”附近游弋保护，这时是下钩钓鱼的好时机。

垂钓的时间最好是早晨和傍晚。用泥鳅和小青蛙作钓饵，装钩时将钩从泥鳅和青蛙的背部(肛门上方)刺入,保持饵物的鲜活性,不要伤及脊骨,以便让它能在水中继续活动。装好钩后,将它轻轻放入窝中。这时要特别注意饵钩入水时不能发出任何声响,岸上操作更要轻手轻脚,因黑鱼的听觉和视觉特别灵敏,发现人影后就会被吓跑。

饵钩入水后,要使其在水面缓缓地上下抖动,像是饵料在游水,这时雄黑鱼会突然窜出,一口将饵钩猛然吞下,钓者这时应立刻起钩,毫不迟疑地将它拉上岸来。雌黑鱼受惊后会很快逃离,躲进水草丛中,垂钓者要耐心守候,因为雌黑鱼一般在隔半小时至一小时后肯定还会回来的,等它回到窝子附近后,可用同样方法让饵钩在水中移动,就可以不太费力地将其钓获。

4. “黄窝”钓法

产卵前黑鱼在“青窝”附近游弋保护。产卵后,雄鱼精液黏在上面,卵为黄色像黄米团子一样,故被称为“黄窝”。这时亲鱼在窝边警戒,寸步不离,绝不允许有任何来犯者惊扰鱼卵的孵化。这时也是垂钓黑鱼的好时机。

钓法与“青窝”钓法相同。

5. “黑子”钓法

鱼卵孵化成幼鱼后,呈黑色聚在一起,由亲鱼带领群游,人称“黑鱼末子”。这时同样是钓黑鱼的好时机。

幼鱼成群游动时,雄雌亲鱼一后一前,同时加以保护。垂钓者只要发现幼鱼团浮上水面,即可将长竿短线的青蛙钓钩放入水中,缓缓提放,作青蛙吞食幼鱼的姿态。这时亲鱼必然会出来吞食青蛙,保护幼鱼,待到黑鱼吞入青蛙后,猛然抬竿将黑鱼强拉上岸,而且,经常是雄鱼先上阵,若失败,过了片刻雌鱼又会挺身而出继续保护鱼卵或幼鱼,所以先后能钓上两条黑鱼。

6. 浅滩钓法

每年的春末夏初,当天气晴朗、阳光明媚之时,水温已有所提升,这时黑鱼就来到浅滩游弋觅食。这时的黑鱼最喜欢在浅滩的边角、地势低凹和枯草丛生的僻静之处栖留。垂钓时应选背风向阳、比较隐蔽的浅滩作钓点。

用浅滩钓法常用青蛙腿作为钓饵,将钓钩轻轻放到黑鱼前面10～20厘米远的水域中,然后稍作点动,以引起黑鱼的注意。这时特别需要注意的是:①不可有人影映入水中;②岸上不能发出任何响声,否则鱼儿会立即逃离,因黑鱼的听觉和视觉都很灵敏;③钓饵入水要小心慢放,不要有水溅声。黑鱼发现钓饵会扑上去咬钩并吐出气泡,但这刻还不能提钩,要等到它第二次吐出气泡时才能起钩。起钩时注意不要朝向鱼头的前方方向,否则容易脱钩。

7. 对嘴钓法

这是钓黑鱼的独特钓法。黑鱼常有晒鳞的习惯,在天气晴好的时候,它常头朝外浮在岸边水面晒太阳。若发现晒鳞的黑鱼,可持挂饵手竿,悄悄接近黑鱼,并缓缓地将饵钩落在鱼嘴前方。黑鱼发现送到口边的美食,大喜过望,张口吞食,随之转身潜入水中吞饵,水面上泛起串串气泡,这时要松线,待气泡渐少时,提竿便可得鱼。

8. 放钩钓法

放钩钓法就是把钩和线放入水中,任其随水漂移的钓法。用该法钓鱼不用钓竿,也不用浮漂,只要用一根30米长的钓线,一端系一个较重的铅坠,另一端牢牢固定在河岸边上即可。先把钓线全部放开,在线上拴5～6个大型钓钩,每隔1米左右拴一个,然后用青蛙腿、小鱼、小泥鳅、螺蛳肉为饵。将长钓线和饵钩放入黑鱼出没的水域中,抛钩的时间在傍晚,第二天早晨前去收线。黑鱼只要吞钩,一般不能逃脱。

9. 拖钩钓法

该钓法大多在秋天使用。方法是:用坚实的长竿,在较粗的钓线上扎上较大的一串钓钩,可扎6～10个钩,每个钩距离为60～90厘米,钩上装上青蛙、小鱼虾或大青蚯蚓。

拖钩法适用于在宽阔河道的凹陷部位或水深不足 1.5 米的湖湾浅滩处钓黑鱼。在钩上装好钓饵后，将钓钩抛出，然后徐徐收线，速度尽量慢些，并要有一定节奏。拖钩到临近岸边时要收收停停，被串钩钩住的黑鱼拉力强大，切不可松手。若遇大鱼时，可稍停一会再收一截线，直到将黑鱼拖上岸来。

十一、怎样钓黄颡鱼

（一）黄颡鱼的生活习性

黄颡鱼又名黄颊鱼、颡刺鱼、黄刺、盎公鱼、黄腊丁、黄鸭叫和黄骨鱼等。该鱼为底层小型鱼类，大多生活在静水或江河湖泊缓流中，对环境适应能力较强，觅食活动大多在夜间进行，食性广，主要摄食小鱼、浮游动物、水生昆虫的幼虫和螺蛳等，有时也吃植物性食物。

图 45　黄颡鱼

黄颡鱼的背鳍、两旁的胸鳍就像 3 支利剑一般，上、下、左、右形成一个三角形的鳍棘。硬棘与外包皮膜的毒腺组成毒器，若人被刺伤会有剧烈的灼痛感。它的鳍在游泳摆动时还会发出“吱安”、“吱安”的声音。

由于全身以黄色为主色,棘刺像是牛角,又会发出“吱安”叫声,多处有黄牛的类似特征,所以许多地方的老百姓称它为“黄牛角”。

该鱼虽属小型鱼类,但在淮河下游所产的一种“淮颡”,最大的可达3 000～4 000克,而小河、池塘中的黄颡,一般个体很少超过500克。它全身无鳞,布满黏液,皮肤浅黄色,兼有一些黑色隐斑,其口腔扁平,具有细牙,嘴旁有4对胡须,其中1对较长,视力弱,但嗅觉、听觉、触觉较灵敏,有到处觅食的习惯。

黄颡鱼对环境的适应能力较强,能耐低温,耐低氧,耐污染,对水温适应范围较宽,因此分布很广,我国各地水域均有出产。此鱼产量高,繁殖迅速,肉质细嫩,是常见的优质小型鱼。

黄颡鱼冬季大多居于深水中,钓季自春末至秋季,以夏季为最佳。钓黄颡鱼以自然水体为主,池塘中的黄颡鱼大多是注水时随外水进入的,因水质关系,池塘中的黄颡鱼大多呈青绿色。黄颡鱼春季群游到港口产卵,尤其喜爱沿河岸边逆流行进,由雄鱼护巢。黄颡鱼除护巢期不摄食外,其他时间极其贪食,夏秋两季是垂钓黄颡鱼的大好季节。

(二) 黄颡鱼的垂钓用具

垂钓黄颡鱼,一般都用普通溪流竿或鲫鱼竿。竿长4～4.5米,竿体要轻,弹性要好。钓线可选用0.8～1号的尼龙线,线长宜与竿长差不多。

钓钩可选用短柄型、宽钩门一类的小型鱼钩,如丸形920～921号或8～10号HHH鲤鱼钩。脑线必须要选用软的,长度为3～5厘米。漂和坠的配比应为1∶1,因为用这样的配比,反应比较灵敏。在垂钓时,人们常用双钩,一上一下分别垂挂荤饵和素饵。

(三) 黄颡鱼的垂钓饵料

黄颡鱼虽然是肉食性鱼类,但荤素饵皆食,以肉食饵料为主。

1. 垂钓黄颡鱼诱饵

将各种动物，如猪、牛、羊的内脏，血污的黄鳝段，鸡肠或鸭肠、蚯蚓等切碎（不需要煮），用纱布包裹后扔于钓点，即可起到诱鱼作用。也可用炒香的粮食类饵料作诱饵，将它撒于水面，小鱼、小虾闻味前来抢食，它们都是黄颡鱼的好食物，也就起到间接钓获黄颡鱼的作用。

2. 垂钓黄颡鱼钓饵

钓饵可用蚯蚓、蝗虫、蟋蟀、蚱蜢、油葫芦、小虾、蚌肉、红虫、小活鱼、鸡鸭肠、青虫等，其中以蚯蚓、油葫芦、蟋蟀、小虾为佳；用小虾为钓饵时，应去其头部，从尾部进钩，大的可切段装钩。素食可用蛋黄面团、小饭团、年糕等。

钓鱼行家认为，用蚊虫的幼虫孑孓拌糠末（糠末不能多，由于这种饵装钩较难，初次垂钓者可稍掺一些面团使其凝结）作为钓饵上钩率最高。这种钓饵的具体做法是：先到郊外积水坑塘内捞取（用纱布或麻布制成捞饵网袋）孑孓，加入少量糠末调和均匀，然后用两指指尖捏住钩柄尾部，在糠末与孑孓的调和浆中快速搅和，使不断卷曲的孑孓缠绕在钩尖和钩弯上形成团。这种饵料被称为“饵中之王”，只是装钩时需要一定的技术和经验。

（四）钓点选择的秘籍

黄颡鱼因怕强光，因此钓点大多选在光线较弱、利于隐蔽之处。

1. 在溪涧、江河等有活水流动的水域，要选靠近岸边的缓水区和有回水的地方为钓点。此外，在堤坝或河边凸出部位的两侧，以及有微小水流进入的进水口附近水域和岸边水草较多之处，都可作为钓点。

2. 在春初和秋末水温较低的季节，可在水体较深的湖泊或水库边沿找钓点；在夏季和初秋水温较高的季节，应在小河小溪的浅滩边和小型池塘边沿的浅水区下钓。尤其是岸边有树木或水中有水草等可以遮光的地方，水底的腐殖质和淤泥较深厚的水域，以及水底有较多深洼陡

坎、乱石成堆的地方,都是好钓点。

3. 在江河大溪中,钓点可选在石桥、木桥、拦河坝、堤堰等水流被阻挡的一边水域,或水流平缓的地方,以及水底有沉积杂物、水中有浸没的树木、杂草的岸边,因为它们能形成遮光区,所以也是较好的钓点。

(五) 黄颡鱼的垂钓秘籍

1. 手竿底钓法

垂钓黄颡鱼,钓前需打窝子。由于黄颡鱼鱼体较小,若在没有什么水草和障碍物的水体中垂钓,不妨使用双钩,这样可以增加鱼的上钩率;但在水草和障碍物较多的水域只能用单钩钓。若用双钩钓,可用一个钩装荤饵,一个钩装素饵,任其选择。若在夜间垂钓,且在水温适宜、鱼的食欲旺盛时期,有时可用一线一次钓得双鱼。

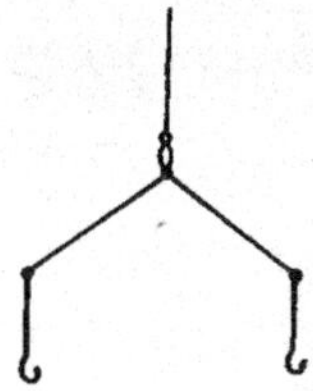

图 46 双钩钓与天平连接示意

笔者认为,钓黄颡鱼还是用传统的方法使用卧钩比较适宜,因为黄颡鱼并非动作灵敏、十分活跃的鱼,它行动比较缓慢,咬钩平稳,适合用卧钩钓。所谓卧钩,就是钓线直接结扎在钩尾上,离钩子 6～9 厘米处装一铅坠。当钓竿将钩和线甩向前方入水后,由于铅坠比饵钩的重量稍大些,能下沉,饵钩下沉的速度很慢,徐徐地飘荡着下沉,很容易被觅食的鱼发现,而且使用活饵时饵钩不断在移动,引鱼咬钩,因而钓获率较高。

2. 海竿串钩钓法

在多年未抽干的水塘中黄颡鱼较多,而且不乏有 150～300 克大的黄颡鱼,如果塘较大的话,用海竿串钓法效果较好。海竿可用轻便竿,小绕线轮,坠重 30～40 克。钓饵可用较大的红蚯蚓整条挂钩,或用大绿蚯蚓分段挂钩。在挂好钓饵、甩饵钩入水后绷紧钓线,挂上小铃,就可静候黄颡鱼咬钩了。黄颡鱼摄食时浮漂的反应是上下抖动,随即沉没,有时是边抖动，边横向移位。该鱼游动不快，咬钩时也是不急不慢的，但该鱼贪吃，嘴又大，对于食物是不会轻易放弃的，垂钓者大可不必性急，应该耐着性子等待，直到听到铃铛响时再提竿起钩也不迟。

钓上岸的黄颡鱼取钩比较困难，而且它背鳍和胸鳍的硬刺有毒，要小心地利用辅助工具取钩。

十二、怎样钓鲈鱼

（一）鲈鱼的生活习性

鲈鱼有几个名称，各地叫法不大相同，有称作“花寨”、“花鲈”的，也有称作“鲈板”、“鲈子”的。

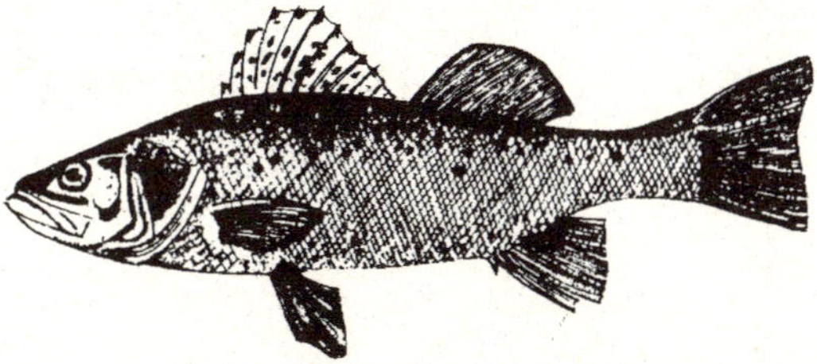

图47　鲈鱼

鲈鱼大多生活在近海江河入口处，属于一种咸淡水鱼类。该鱼个体很大，最大的可达20千克以上。这种鱼怀卵量很大，有的亲鱼怀卵量可达亿粒以上。

鲈鱼食性杂，是典型的肉食性鱼类，只要生活在水中的生物，不论是小泥鳅、小虾、小鱼、沙蚕或乌贼鱼，它都喜欢吃。它生性凶猛，又很贪食。正由于它有贪食这个弱点，咬钩不太犹豫、不多疑，发现有饵料可吃就冲上来大口吞食，所以比较易于垂钓。鲈鱼肉质细嫩肥美，而且肉多刺少，又无腥味，是一种名贵食用鱼，餐馆都把它作为高档菜肴上桌。

（二）垂钓鲈鱼的用具

1. 海竿钓用具

鲈鱼体大、力大，在上钩后要想顺利地把它弄上岸来，需要经过一番周折。海竿由于收线、放线方便，有利于遛鱼，所以，被认为是钓鲈鱼的主要钓具。海竿的竿长以 3.2～3.6 米为宜，需用硬性竿，竿上需配装中型的绕线轮。钓线宜选用较粗的，线的直径宜 4～4.5 毫米，绕线轮需储存 100～120 米的钓线。

铅坠的重量要根据垂钓水域的流量来决定：在流速较慢的水域，可用 15～20 克重的；在流速较快的水域，应使用 25～30 克的。海竿上拴的钓钩，宜选用中型钩或大型钩，并在钓线上拴5～6个的串钩，钩与钩的距离为 15 厘米左右。

2. 手竿钓用具

鲈鱼是一种体大、有力而生性凶猛的鱼，所以大多数钓者都采用海竿钓，用手竿钓的比较少。但如垂钓者没有置备海竿或海竿损坏了，就只好用手竿垂钓。

用手竿时，应选择靠近岸边水流比较平缓的水域下钩。需要注意的是：手竿要选用坚固结实的，竿的长度要有 5 米左右；钓线可用直径 0.4 厘米的尼龙线，线的长度应超过 5 米，最好要有 6～8 米；钓钩用中号钩；浮漂要用大型号的，因为只有用大的浮漂才能使钓饵、钓钩和铅坠一起漂浮在水中。钓饵可用小鱼或小泥鳅，但必须是活的，装钩时要采用鼻挂或背挂方式。垂钓采用定点浮钓。当出现浮漂被拖入水中的现象时，就要立即提竿，不可迟疑误了时机。

（三）垂钓鲈鱼的饵料

用海竿钓鲈鱼，可以用真饵钓，也可以用假饵钓。

1. 真饵钓用饵

真饵分活饵、死饵两种。活饵如活的小泥鳅、小鲫鱼、小鳘鲦鱼、小青蛙等;死饵如螺蛳肉、蛤蜊肉、乌贼鱼肉等。

若用活饵钓,装钩时,钓钩不可穿进鱼的头部和心脏部位,应保证小鱼等仍能继续在水中游动。装好饵后,将饵钩甩至钓点,让活饵随便游动,使钓线适度绷紧即可。当鲈鱼发现鲜活的美味食物时,即会迅速地冲过去咬吞活饵钓钩。垂钓者看见竿梢抖动突然下沉时,就可用力提竿,若钓到的是1 000 克以下的小鲈鱼时,可以直接将其提上岸。如小鲈鱼挣扎冲撞,可以适当遛鱼,待其乏力后再提上岸。若钓上了较大的鲈鱼,它必然要作一番挣扎,垂钓者可利用绕线轮能时放时收的优势与之周旋,耐心地反复遛鱼,直至其疲乏后拖上岸。

若用死饵钓,需用拖钓的办法引鱼上钩。做法是:将饵钩投入水中后,用手转动绕线轮,使钓饵在水中缓缓移动,就像活物在水体的中上层游动,以吸引鲈鱼过来摄食。当手上感觉到竿头被鱼向下拖走时,就要及时提竿,经过一番遛鱼后将它拖上岸来。

2. 假饵钓用饵

鲈鱼是生性凶猛、比较贪食的肉食性鱼,见到小鱼等可口的食物会不作仔细的分辨便猛冲过去,将钓饵连钩一起吞入口中。根据鲈鱼的这一习性,用碎布或塑料等物做成像水生动物的模样,在水中慢慢移动,可以骗过鱼儿,使鲈鱼认为是真鱼而大口将它吞下,起到和真饵钓同样的效果。但用假饵时必须用拖钓的方式,使假饵像是活的真饵。

(四) 钓点选择的秘籍

1. 根据季节选择钓点

鲈鱼常在近海的江河等处回游。冬季及天气较冷的早春,它潜伏在深水中避寒,到春末气候转暖时,就离开深水,上溯到河口附近觅食;入夏以后,鲈鱼在河口处产卵,然后逆水而上,到淡水中生活,这时是钓鲈鱼的好季节，宜在较大较深的江河沿岸缓水区中上层水体垂钓；鲈鱼在深秋之后，即转入深水层中避寒，但仍有摄食要求，这时垂钓，只能下钩至深水层中引其咬饵。

2. 选择江河湾汊处或河流分支的水口处

鲈鱼虽然生性凶猛，但由于它胆子大，十分贪食，只要见到喜食的鱼、虾、沙蚕，便大口猛咬猛吞，所以比较容易钓获，只要在江河湾汊处或河流分支的水口附近，用活鱼垂钓，很少落空。

3. 选择水质清澈处

根据鲈鱼厌恶受污染的浊水，喜欢在流淌着清净水流的河水中逆水游动的特性，即使在水流湍急的地方，它也能群集在一起，坚持在原处游水嬉戏。在这样的地方用较长的钓竿垂钓，常可获得丰收。

（五）垂钓鲈鱼需注意的事项

鲈鱼是一种名贵鱼种，肉质鲜嫩可口，加上肉多刺少，历来就是人们爱吃的鱼类，也是垂钓者最乐于垂钓的鱼种之一，但由于它具有自己特殊的习性，垂钓时需加以注意：

1. 钓鲈鱼和钓其他鱼不同的是，垂钓前可不必打窝，垂钓时一般都采用拖拽钓饵的方式进行。所以在选择钓点时，要选择地势比较平坦的岸边作为垂钓者的立足点，以便于遛鱼时进行移步操作。

2. 鲈鱼的食物主要是各种小鱼，因此在确定钓点时，应以小鱼密集处作为首选钓点，因为在这样的水域下钩，最有获得丰收的可能。

3. 不论何种鱼类，都在水温最适合于它要求的条件下最为活跃，食欲最为旺盛，垂钓的上钩率最高。鲈鱼的最适水温为 8～18℃，所以垂钓最好在这样的温度下进行。

4. 鲈鱼对食物要求很讲究，对不新鲜、不是活的水生动物一般不肯摄食，甚至已被其他鱼类咬过的饵食它都不吃，所以用作垂钓鲈鱼的钓饵一定要鲜活的。

5. 鲈鱼对栖息水域的水质也有较高的要求，它的活动都选在水体干净清澈的水域。在经过大潮汛后水体浑浊的水域或经过大雨之后地面污水流入的水域，它都不肯停留，所以钓鲈鱼应在水体较清澈的水域下钩，否则不易钓到。

6. 钓鲈鱼的垂钓者，应置备并随带一个退钩器，因为鲈鱼吃食时很凶猛，常常把钓饵连钩一口吞下，并且吞进腹中，因而在将鲈鱼钓上岸后，很难将钩退出来，用力硬拉，会弄得线断钩损，必须用退钩器才能顺利地摘下来。

7. 不论是大鲈鱼还是小鲈鱼，当它被钩住后总是要作一番挣扎，甚至跳出水面或向深水处猛扎下去。因此，在遛鱼时必须注意及时放线收线，否则就会将钓线挣断，让鱼逃走，空欢喜一场。

十三、怎样钓鳜鱼

（一）鳜鱼的生活习性

鳜鱼又名桂鱼，我国东北部有些地区称为鳌花鱼、花脊鱼。该鱼背鳍既长又大，特别发达，有硬刺，肉细而嫩，味道鲜美，是鱼中之佼佼者。“糖醋桂鱼”、“奶油桂鱼”是誉满全国的江南名菜。

该鱼体上有黄褐色深浅不一的花斑，嘴很大，下颌突出，其鳞片极细小，但嘴内牙齿尖利，性极凶猛。它属肉食性鱼类，吃荤不吃素，以其他各类水生动物为食，常栖于水底岩石周围，捕食小鱼小虾，觅食方式有如“守株待兔”。它喜爱游动于缓流水域，因该鱼喜食小虾，经常出没于小虾游动之处。它属定居性底栖鱼类，活动区域较小，喜清水、流水，更喜欢在有石块、石洞的地方回游。

喜欢钓鳜鱼者，可以用活小鱼为饵，在上述鳜鱼栖息回游处守候，有

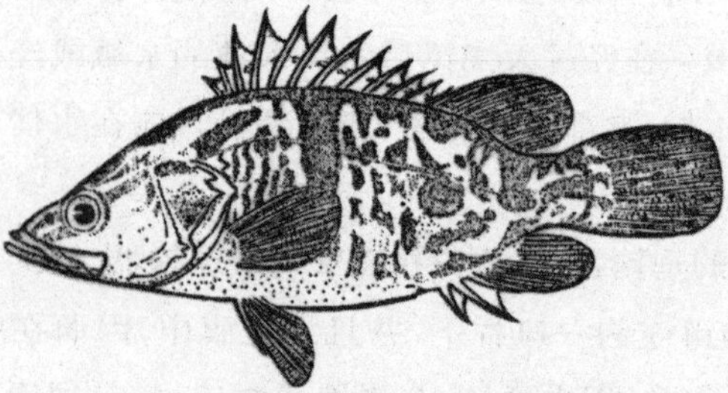

图 48　鳜鱼

较大的可能钓到鳜鱼。

（二）垂钓鳜鱼的用具

钓鳜鱼的钓竿，可以用手竿，也可以用海竿，但以选用软梢尖子的最好。手竿长 5～6 米，中调竿，钓线直径 0.35～0.4 毫米，大浮力浮漂，钓钩宜选用钩门宽的，如伊斯尼形 513～516 号或 10 号以上 HHH 丸钩。

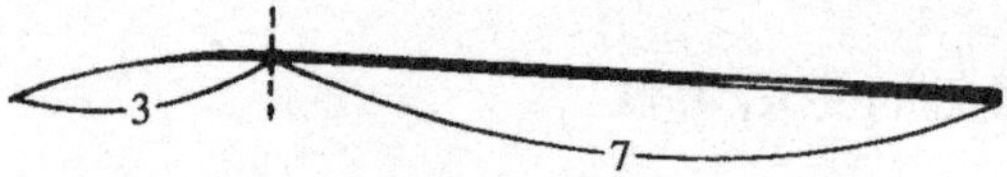

图 49　鳜鱼钓竿（中调竿）

3：占竿长的 3/10；7：占竿长的 7/10

有些钓鱼爱好者不另外置备钓具，也可用钓鲫鱼的钓竿、钓线和钓钩，效果也很好。

有一种插竿式钓法的钓具，置备起来比较复杂：

① 手指粗的竹竿 40～50 根，每根长 1 米左右，将下端用利刀削尖，以便插入地中。

② 钓线用 300～4 300 克负荷的玻璃胶丝（也可用锦纶线）40～50 根。每根长 1.5 米左右，分别扎牢在每根插竿的上端。

③ 钓钩用113～413号长柄钩40～50个，分别扎牢在每根钓线的下端。

④ 不用浮漂，也不用铅坠。

还有一种鼓式篾篓钓法的钓具，置备起来也比较复杂：

① 用竹篾编制成腰鼓状的圆筒，两头扎上幔子，幔口向内陷，幔须也向内，富有弹性，篾篓中部的上下贯穿一根细绳，上面扎上浮漂，篓的下部扎上铅坠。

② 篾篓的长度为60～70厘米，中部直径40厘米，两头直径30厘米。

③ 篾篓的眼孔约为2厘米，系绳的长度为1～1.5米。

（三）垂钓鳜鱼的饵料

由于鳜鱼属定居性鱼类，很少远游，因此，钓鳜鱼一般不用诱饵，只用钓饵。又由于它是凶猛肉食性鱼类，饵料应用动物性的。常用的饵料有小鲫鱼、泥鳅、小鳌鲦鱼、小青蛙、小虾、皮虫等。

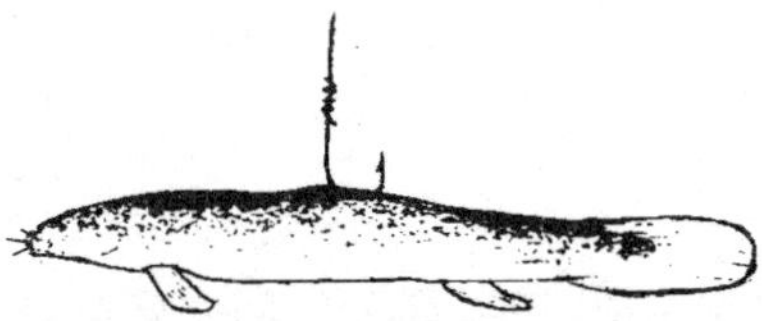

图50 活泥鳅装钩示意

鳜鱼主要是靠视觉来摄取食物的，因此，如果想要鱼儿上钩快，垂钓效果好，就应该用活的钓饵，使其在水中仍能不断活动着，这样可以尽快引来鱼儿摄食。

用红虫垂钓时，红虫要带磷光，可以先把它绑成把子再上钩；蚯蚓要用新鲜整条的，穿钩时，应从上中部穿往中下部，露着蚯蚓的头部和尾部，这样才有活的感觉；河虾应选用4～5厘米中等大小的，上钩时，将钩挂住虾背稍靠尾端部位，易于保鲜保活；泥鳅最好选用6～7厘米长的，钓钩可从正对其肛门背部的皮下钩入，这样能使它继续在水中游动；青蛙要选用中等偏小的，上钩后，也要使其放在水中像是活青蛙在水中游动的样子。用小活鱼装钩时，要将钩

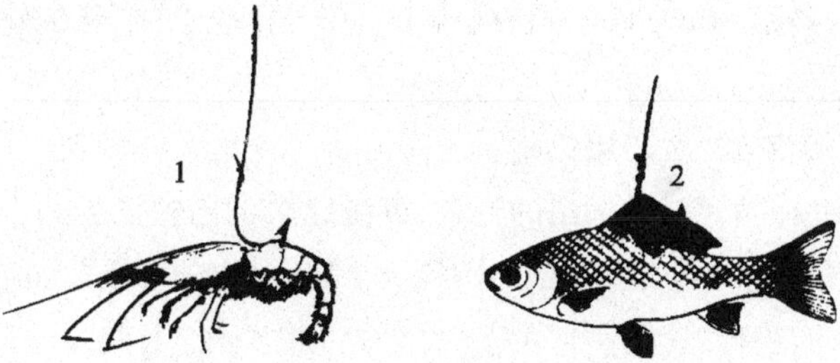

图 51 活饵装钩示意

1. 活青虾装钩示意；2. 小活鱼装钩示意

尖从靠近鱼的背鳍一侧刺入，略向后斜进行推钩，使钩尖从另一侧穿出，穿在钩上的小鱼放入水中后要能较自如的游动。

（四）钓点选择的秘籍

1. 选择洁净透明水域

根据鳜鱼十分爱在洁净透明的水域，有活水以及有鱼草、藻类植物的溪河或池塘中生活的习性，在选择钓点时，要避免在有污泥浊水的死水处下钩。

2. 选择水草丛等隐蔽处

鳜鱼性情是比较孤僻的，不喜欢群体生活，绝大部分时间是隐蔽在茂密的水草丛中或河岸边的石洞、桥梁的缝隙、水中的土坎、树桩周围有洞穴的环境中，一动也不动地潜伏着。它还常常利用身上的花纹，隐藏于色彩相似的杂草中，使水中的其他动物难以发现它的存在。但当它发现周围有小鱼、小虾活动时，就猛然窜出，捕而食之。它还喜欢在石洞和成堆的石块附近往返游弋。所以，钓点应在这些水域的近旁去寻找。

3. 选择人工制造的钓点

钓鳜鱼还可采用人工制造钓点的方法来诱钓。方法是：将空隙很多的成捆木柴（以较粗的树枝为主，捆扎起来可形成较多较大的洞隙）投入池塘、湖泊或溪河的岸边水域，隔几天以后再到柴草附近去下钩，钓获的成功率很高。在钓到鳜鱼之后，过一段时间后可再去下钩，由于这种柴草构成的洞穴很适合鳜鱼作为藏身的窝子，所以又会有新的鳜鱼栖息在里面，垂钓者可满意而归。

（五）鳜鱼的垂钓秘籍

1. 点动诱鱼钓法

这种钓法比较简单，可用普通钓鲫鱼的钓竿，换上一个比鲫鱼钩稍大一些的中型钩；钓线也要换上负荷较大些的，如直径 0.3～0.35 毫米的玻璃胶丝线；装钩时要尽量少伤饵鱼、饵虾，保持其活性。垂钓前不必打窝子，垂钓者只要拿着钓竿移至那些可能有鳜鱼隐藏的水下频频点动，以招引鳜鱼出来凶猛地吞钩。点动的动作不宜太快，左右移动和上下点动的距离，不要超过 30～50 厘米，要尽可能使活饵点动的速度像活物在缓缓游动。当活饵在钓点处游动时，若其附近有鳜鱼，它是不会放过的，即会猛扑上一口吞掉。当浮漂显示出黑漂时，可立即提竿，一般均可钩住。若间隔很长时间还不见有鱼出来摄食，就应换个水域再做点动。

值得注意的是：下钩点动的地点，应选在有过水涵洞水泥管的出水和入水处，这是鳜鱼最喜欢的藏身之处，也是钓鳜鱼的理想钓点。

鳜鱼吞钩和别的鱼不同，它不捧也不拖，只是一味贪婪地在原地似乎很专心地吞食饵物。当出现钓竿稍微有拉动的动静时，不可急于拉竿，该鱼在咬住钓饵吞入口时，要经过 2～3 次吞食的过程，所以要有耐心等待，一般要过几秒钟才能把鳜鱼可靠地提上岸来。

2. 多竿插钓法

多竿插地钓法一般都在夜间进行，是一种用 10 根以上的钓竿、同样多的钓线和钓钩，全都装上钓饵，投入鳜鱼较多的水域，任鱼在夜间吞钩，第二天早上再去收鱼的钓鱼方法。

钓法是：将 20～50 根钓竿上的钓钩全都装上钓饵，在天还没黑之

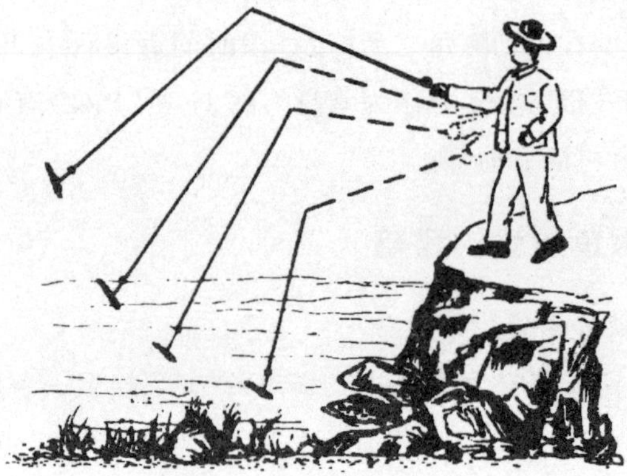

图 52　点动诱钓法示意

前，将钓饵放入靠河岸不远的水中，任其沉没或漂流，每两支竿之间的距离为 3～5 米，下钩、插竿的钓点要选在鳜鱼比较集中的涵洞边、桥头和多树根、多水草、有石洞的河边，以及水底石块成堆、洼洞较多的水域。

垂钓者只要沿河岸一路将竿子插入土中固定好，就可回家休息，第二天黎明时前来收鱼就行。插竿的数量并无规定，多于 50 根或少于 20 根都可以，可根据水域中鳜鱼的多少与垂钓者体力情况而增减。

3. 鼓式篾篓钓法

篾篓的式样和规格已在"钓具"中介绍。垂钓开始时，将青蚯蚓或小鱼等用细线扣扎在篾篓内部的系绳上，两头幔口内侧也各挂一只钓饵，其他几只钓饵都挂在篓的中间，以便外面的鱼容易看见。鳜鱼习性中有一点是喜欢钻洞，看见篓内有它爱吃的食物，就会从幔口钻入。该篓设置的妙处，就是能进不能出，鱼能很容易钻进去，却钻不出来，只等垂钓者去提篓收鱼。

篾篓的数量可由垂钓者自行酌定，一般可设 10～20 只，布放时，将放好饵的篾篓每隔 5～10 米安放一只，让其自行沉入水底，收篓时只要见浮漂收篓就行。

4. 活泥鳅巧钓法

垂钓前，钓者一手执钩，另一手抓住活小泥鳅，用锋利的钩尖从肛门处的背部处皮下刺入，注意不要伤其脊骨，保持其活力。将穿入鱼钩的泥鳅，放入选好的钓点，使其迅速游向石堆，奔向石洞、鳜鱼，隐藏在石缝或石洞内的鳜鱼发现后会立即向前咬住，这时应立即提竿，不要遛鱼，迅速提上岸来。该法不用鱼漂、铅坠，全凭手感判断鱼是否咬钩。

图 53　活泥鳅钓法

这种钓法特别需要注意以下几点：

① 这种钓法采用的钓具是硬竿、白色的粗钓线和大号的圆钩。

② 钓点选择在水流缓慢、水清见底的砂石段河床。垂钓前，先要探测沿岸哪些地方有石洞或岩缝，在适于下竿的钓点位置做好记号。

③ 钓饵要选不大不小、长度为 7 厘米左右的泥鳅。太小了拉不动钓线；太大了游动迟缓，常在水中装死不动，对鱼的吸引力差。

④ 钓饵装钩时，左手用一块干布将泥鳅捏住防滑，使其尾部露在外面；右手将鱼钩从正对肛门处的背部皮下钩入（注意不要伤及其脊骨，否则会将泥鳅钩死）。

⑤ 饵钩装好后，将其沿石洞方向轻轻放入水中，经鱼钩刺痛的泥鳅入水后会迅速地游向底层石洞。有时泥鳅会停在洞口，垂钓者可轻轻牵

动钓线使其游进石洞少许,若洞内有鳜鱼,见泥鳅游来便会猛地将泥鳅咬住往洞内拖,这时立即起竿便可得鱼。

⑥ 要掌握好起竿时机。若动作太慢,泥鳅被鱼拖进洞内深处,甚至拐弯处卡住,就难以将鱼拉出来,所以要认真观察钓线。若发现钓线突然拉直,就表明鳜鱼已咬住泥鳅,这时应立即提竿;有时洞内有浑水冒出,这也是鱼已咬住泥鳅的表现,应立即拉竿,才不会误失时机。

最后,有件重要的事情需提醒一下:鳜鱼背上的硬刺有毒,在钓到鳜鱼后从钩上卸鱼时要特别小心,若手被刺着,将会红肿,且疼痛难忍。据有经验的钓者介绍,如万一被其刺伤,可尽快从鳜鱼的肛门中挤出像奶一样的乳液透明体,涂在伤口上,过2～3 分钟后就会止血、止疼,伤口也会较快愈合。

5. 其他钓法

一位钓鳜鱼数十年的行家总结出一套最适宜的钓具和做法,对钓鳜鱼者会有所帮助:

① 钓鳜鱼采用的是无锡生产的大号丸形钩:该钩长度为 3 厘米,钩尖与钩柄的空档为 1.8 厘米,这样的钩可以钓 250～3 000 克的鳜鱼。钓钩的钢丝直径不宜超过 1 毫米,因为粗钢丝制作的钩,装钩时容易把活饵穿死,尤其穿小白鱼鼻孔时更易穿裂。而钓鳜鱼最好的钓饵就是小白鱼,若将活饵穿死,就不能在水中继续活动,起不到强烈的诱鱼作用。

② 脑线要柔软:脑线很容易被垂钓者忽略,它的长度为 25 厘米,粗细应视所钓鳜鱼的大小而定,不宜过粗,应该用柔软的胶丝线,以便装好钩的活饵能在水中活动自如。

③ 集中下竿:多竿钓是钓鳜鱼的好做法。在钓饵装上钩、钓点选好之后,如果用 10 支钓竿,下钩时应将 10 支钓竿下在一起(各竿距离 10～20 厘米)。好处是:很多活饵聚在一起,目标大,吸引力强,很容易引起鱼的注意,而且还能起到撒窝子的作用。

④ 钓鳜鱼最有效的钓具是使用竿底钩，其效果比用手竿、海竿都好得多。

十四、怎样钓淡水白鲳

（一）淡水白鲳的生活习性

淡水白鲳属短盖巨脂鲤，原产于南美洲的亚马逊河流域，是美洲国家的主要经济鱼类。该鱼体形椭圆，体侧扁、头部小，头长和头高相等，背部较厚，口中位，吻部钝圆，无须，上下颌各有呈指状的牙齿两行，尾分叉。身体密被小型圆鳞，除鳃下腹部胸鳍附近有部分鹅黄色与鳞片稍大些外，其外形几乎与海水白鲳鱼很难区别。由于其体色鲜艳美观，被人们视作观赏鱼类之一。

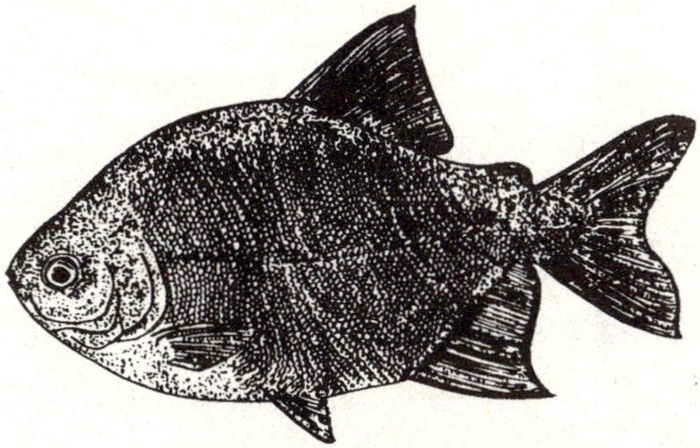

图 54　淡水白鲳

该鱼食性杂、生长快、个体大、疾病少，肉质肥嫩鲜美，营养丰富。我国于 1985 年引进，此后不断加以研究，已在我国南方沿海各省大量养殖。淡水白鲳的生长速度很快，养殖单产水平很高，通常 20 克左右的仔鱼，经过 3～4 个月的饲养，就能长大至 500 克，养殖效果很理想。该鱼性情温和,适应性强,能耐低氧,食性很广,荤食素食在所不拒。动物性食物,如蚯蚓、地蚕、菜虫、毛虫、蚱蜢、蝗虫、蛐蛐与各种小昆虫,它都爱摄食;植物性食物,如玉米、豆饼、水果、麦面、麦麸与各种蔬菜它也见了就吃。此外,它还吃猪、羊、牛、鸡、鸭的肉与内脏。淡水白鲳吃饵凶狠,硬腭上长有一排锯条般坚硬锋利的牙齿,常常能咬断钩和线。

淡水白鲳喜欢生活在水体的中下层,常群居群游,能和同类鱼以及其他鱼类和睦相处。该鱼由于原生于热带和亚热带,因此,喜温热而不耐寒冷,它的生长温度为25～28℃,若水温低至14℃时,它就不能正常生活,到13℃时,它已很难忍受而侧卧在水底。由于这种鱼不耐低温,越冬很困难,在我国北部寒冷的省份,就很难大量养殖。

(二) 淡水白鲳的垂钓用具

钓淡水白鲳,应根据这种鱼的特性,采用不同于钓其他鱼的钓具,才能收到较好的效果。

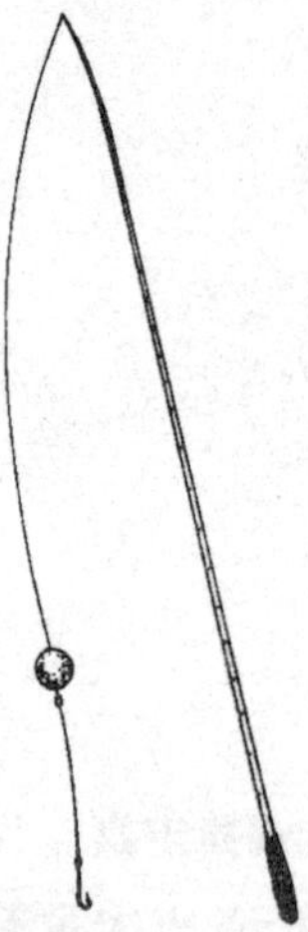

图55 淡水白鲳的钓具

1. 钓竿：钓竿宜选用4.5～5米长的中硬钓竿,因为钓这种鱼的钓竿要有较好的弹性,因而用中硬钓竿比较合适。

2. 钓线：母线宜选用较粗些的3～3.5号线为好;脚线宜采用细钢丝线或多股锦纶线,由于淡水白鲳有很锋利的牙齿,所以不能用透明的尼龙线,否则鱼上钩后,尼龙线会被咬断而跑鱼。笔者曾钓上一尾嘴上有六个钩的鱼。

3. 钓钩：钓钩应选钢条粗而钩尖锋利的中号钩。

4. 浮漂：浮漂应用信号感觉比较明显的立漂,木质和塑料制品都可以。

5. 铅坠：铅坠宜轻不宜太重,饵钩在水中应有些漂移的动感，使淡水白鲳容易发现它。

（三）淡水白鲳的垂钓饵料

淡水白鲳属杂食性鱼类，对食物不太挑剔，不论动物性、植物性饵料它都要吃，所食饵料与鲫鱼、鲤鱼一样，甚至比鲫鱼、鲤鱼食性“杂”的有之过而无不及。

1. 植物性饵料

嫩玉米粒、麦麸、豆饼、熟红薯、麦芽、桑葚、嫩苇芯以及各种蔬菜、水果它都吃。

2. 动物性饵料

小昆虫中蜻蜓、螳螂、蚱蜢、蝼蛄、飞蛾、蟋蟀，还有红虫、蛆虫、面包虫、蚯蚓等它都喜欢，就连各种家禽的肠子、肉丁、肥肉条均会吞吃，甚至用当场钓起的小鱼做饵料，它也会抢着吞食。

若能用带浓郁香气或强烈腥气的饵料作钓饵，对淡水白鲳更有吸引力。如果用活蚯蚓作饵，使蚯蚓在水中不停地蠕动着，上钩率将会更高。

（四）钓点选择的秘籍

淡水白鲳虽然食性凶猛贪食，但生性胆小，警觉性高，稍有惊动，它就会避而远之。所以钓点要多换，钓到一条鱼后就应换个钓点，较长时间钓不到鱼也应换个钓点，打3～4个窝，就是为此而准备的。

（五）淡水白鲳的垂钓秘籍

1. 手竿垂钓法

淡水白鲳是一种养殖性鱼类，自然水域中很少见。一般在鱼塘中打上两个用豆饼或酒浸碎米窝，轮流垂钓即可。垂钓中要求尽可能用长的中硬竿，钓钩宜用钢条粗的中号钩，要用多股的锦纶线，脚线要用细钢丝，拴上、下双钩，两钩的距离约10厘米，两个钩上，一个装素饵，一个装荤饵。垂钓时尽量不要贴底，离水底大概50厘米。

淡水白鲳在浮漂上的反映为：突然下沉或快速横移，这时要果断提竿，用力要大一些，否则难以刺深鱼嘴。

2. 海竿垂钓法

一般采用2.5～3米长的海竿，要求竿梢要硬。在商店购买的淡水白鲳专用串钩，有5枚钩组成，其钩线为细钢丝，不会被鱼咬断。钓饵最好用鱼肉或动物内脏。用50克的坠，采用钩下坠的组合形式。钩组抛入水后，用竿架尽量将钩竿支高，使钓钩离水面较近些，这样除了最下面的钩中鱼率较低外，其他4枚钩都能频频上鱼。

另外，有人采用活坠大漂的抛砣钓法，效果也很好。但不管采用什么钓法，钓取淡水白鲳的重点是钓线，除了采用市售的专用钓线外，锦纶线也不易被咬断，有的钓者在普通钓线紧挨钓钩的钓线上，套上一段3～4厘米长的自行车气门芯管，也能起到很好的保护作用。

3. 钓淡水白鲳的窍门

淡水白鲳原生于美洲内河的鱼种，我国引进和饲养这种鱼仅有十几年的历史，因而在我国来说，它是一个新的品种，垂钓这种鱼也没有一套很成熟的经验。但是，已有不少垂钓者垂钓过，并总结出了一些很值得参考的经验：

① 钓竿要尽可能用长的中硬竿，不仅要求强度好，而且要有弹性。

② 钓线不仅要粗壮，而且最好要用多股的锦纶线，脚线要用细钢丝，切不可用尼龙线。

③ 钓钩宜用钢条粗的中号钩。

④ 钓饵虽然可用各种动物性、植物性饵料（其他鱼爱吃的它都爱吃），但若有带浓香和腥味的饵料以及活的蚯蚓最为理想。

⑤ 钓线下最好拴上、下双钩，两钩的距离约10厘米，两个钩上，一个装素饵，一个装荤饵。

⑥ 打窝用的诱饵可用麦麸和米混合后，加点水做成小颗粒炒香用，

窝点宜打 3～4 处。

⑦ 因淡水白鲳生性胆小，整个垂钓过程中都应轻手轻脚。

⑧ 多换钓点。钓到一条鱼后应换个钓点。较长时间钓不到鱼时也要换钓点。

⑨ 铅坠宜用轻些的，不要让铅坠把钓钩固定在水下不动，而应让它半悬浮着，这样较能引起鱼的注意，让它来咬钩。

⑩ 钓竿等钓具应配备两套，岸上设个钓竿架，将钓竿架在上面，这样可轮流使用。将钓饵抛至前方窝点的最远点，让它半悬浮着，若无鱼咬钩，过段时间将钓钩移出窝点起竿再远抛，若见到立漂快速斜移或出现黑漂（钓线被牵拉进水中，漂尾没入水中隔一会仍不见露漂时），便可立即扬竿。

⑪ 在有 3～4 级季风时垂钓，可将浮漂下移，使钓钩离水面近些，再将钓钩甩向上游的远处，让钓钩顺水顺风漂流，这样很能引起淡水白鲳的注意。

十五、怎样钓鲶鱼

（一）鲶鱼的生活习性

鲶鱼又叫鲇鱼。该鱼头大而扁，体形很长，尾部狭扁。口宽阔而腹部大，有齿有胃有须，皮肤有黏液腺。常见鲶鱼体色青灰、腹部灰白；还有一种常栖息在静水中体色青黄的鲶鱼。

图 56　鲶鱼

该鱼喜生活在水的下层，属肉食性鱼类，喜食鱼、虾、蝌蚪、小青蛙、蚱蜢等昆虫及其幼虫。性凶猛，常潜伏于水草丛生水域，待小鱼虾等小生物接近时，即猛张大口将其吸入口内。鲶鱼喜流水，常结群逆水而上，它的适应能力和繁殖能力均很强。鲶鱼好群居，有时在一个洞穴中可聚集数十条鲶鱼。

鲶鱼为优质食用鱼，肉质较好。据说，该鱼的鳔有滋补作用。

钓鲶鱼一般用蚯蚓、小鱼为饵，并不难钓。但一到冬季，天气较冷时，该鱼即在江河或池塘底部打洞穴，不常出穴，因而冬季不易钓到。

该鱼由于长期生活在坑塘、地下涵洞的阴暗处及水底岩洞或沙砾中，所以视力已经退化，眼睛很小，喜暗畏光，但它的听觉和触觉比较发达，一旦食物进入捕捉范围，就突然窜出捕食，十拿九稳。较大的鲶鱼有三对胡须，最大的一对胡须像长鞭一样，可长达6厘米以上，其长须的尖端有极灵敏的触觉神经组织，用作试探周围环境和搜寻食物。

（二）鲶鱼的垂钓用具

钓鲶鱼可以用手竿，也可以用海竿，不论哪种竿，都必须竿体结实、竿尖坚固而有韧性。

鲶鱼的嘴既宽又大，唇吻也厚，吞噬食物时极为凶猛，往往游过来就张大嘴，一口把钓饵连线一起吞进腹内，鱼钓上岸后，很不容易把钩摘下来。因此，需要选择钩门宽的大型鱼钩，如18～19号HHH鲤鱼钩、鹤嘴形112～114号钓钩、无锡生产的大号丸型钩或环柄的2号、3号钩。

钓线需较粗些的，如4～6号尼龙线。线的长度按竿的长度再加50厘米即可。

（三）鲶鱼的垂钓饵料

1. 垂钓鲶鱼的诱饵

鲶鱼尤喜腥味，可将各种动物内脏、动物骨头等用纱布包裹，扔于钓点。另外,也可用炒香的粮食类饵料作诱饵,将它撒于水面,小鱼、小虾闻味便前来抢食,它们都是鲶鱼的好食物,也就起到间接引诱鲶鱼的作用。

2. 垂钓鲶鱼的钓饵

鲶鱼属于肉食性鱼类,因而需用动物性饵料,如小鱼、小虾、小泥鳅、红蚯蚓、大青蚯蚓、猪肉、牛肉、羊肉、小青蛙,还有蚂蚱、螳螂、蝼蛄、蜻蜓、树虫、草虫、飞蛾等。

上述鱼虾及昆虫最好都是活的,活物作为钓饵,对鱼的引诱力更大。其中活泥鳅是最好的钓饵,因它生命力强,且能钻洞,鲶鱼又爱吃。

(四) 钓点选择的秘籍

1. 选择荫凉阴暗处

鲶鱼属于底栖鱼类,平时大多栖息在坑塘、湖泊的底层或各种水域边沿石缝、岩洞或水下树桩的洞穴中,因为它害怕强光,白天基本上都停留在洞穴中,这些地方没有光亮,一片漆黑,很安静,没有什么声响干扰,很适合鲶鱼的习性。而且,石缝或岩洞中常常生活着泥鳅和小鱼、小虾等水生动物,这些都是鲶鱼的主要食物。这当然是选择钓点的一个重要目标。

2. 选择饵料丰富处

鲶鱼一般都在夜间出来活动和觅食,但它游动时都选择它所喜欢的通道,即要求通道比较干净,没有杂草和其他障碍物。垂钓者在夜间垂钓时,如在比较干净的通道上放钩,上钩率会比较高。岸边水草区、牲畜圈旁水域、生活污水流入处等水域饵料丰富,均可选作钓点。

3. 选择流水缓冲地带

鲶鱼喜欢在有缓缓流水的水域中逆水上游,所以垂钓者宜在小溪流或小水渠的流水缓冲地带下钩。当它逆水上游到比较疲倦乏力的时候,会到这些缓冲地带休息,而这时将钓钩放下,它发现后很可能就冲上来猛然吞钩。

4. 选择通道狭窄处

在小溪涧、小河道上钓鲶鱼，钓点应选在溪涧、河道的最狭窄处，因为在水面宽阔的地方，放下钓饵后，鲶鱼经过时不容易被发现，上钩的可能性较小，而最狭窄处往往是鲶鱼夜间出来觅食时的必经之路，钓饵必然会被发现，引诱它吞钩的可能性大得多，钓到的可能性也就增大了。

5. 选择圩堤边

石桥、小水坝和石块砌成的圩堤边上，一般都有很多的缝隙和洞穴，越是年代久远的，缝隙、洞穴就越多、越大，这些缝隙和洞穴正是鲶鱼最理想的藏身之窝，也是垂钓鲶鱼者最不该忽视的好钓点。

（五）鲶鱼的垂钓秘籍

1. 鲶鱼鱼星特点

鲶鱼的鱼星呈条状，密密麻麻，又细又多，不断移动。

2. 引小鱼作诱饵钓法

将曲酒浸泡米粒半天至1天，捞出后晾干。用一把曲酒浸泡的米撒入水草丛生水域作窝，不久便可引来许多小鱼进窝摄食，这时会引来大鲶鱼吞食这些小鱼。垂钓者应不失时机地将饵钩垂下悬在窝旁，并经常抖动饵钩，即可引诱大鲶鱼前来吞钩。

3. 闸口引鱼钓法

鲶鱼最喜欢在阴雨天活动，在有激流的闸口逆流而上，张开大口等候顺水而下的小鱼虾。这时垂钓者在钩上安上活饵，坠入水中，不时抖动钓竿，使钩上饵料像活着的，很容易引鱼吞钩。

4. 蛙饵引鱼钓法

用4米左右长度的竹竿，系上粗线、大钩和重坠，把钓钩穿入青蛙的脊背，投入有水草、浮萍或木排的水域隐蔽无阳光处。垂钓者手持钓竿，使钓钩既不离开水面也不沉没水中。鲶鱼发现钓钩时，先是过来用胡须触碰一下钓饵,作一次试探,这时垂钓者不要提竿。过一会儿,鲶鱼又会用尾巴拨动一下钓饵,并翻起小浪花,发出声响。等到鱼认为没有什么反应和危险时,便会将钓饵一口吞下,并拉着钓线很快向水中逃窜,这时垂钓者即可用力将竿提起,把鱼拖上岸来。

5. 陡岸无漂坠钓法

要钓江河河岸陡峭深水水域中的鲶鱼,可用一根独节的粗钓竿,竿长6～7米,系上较粗的锦纶线,线的长度要比钓竿长3～4米。竿的根部绑几个小铁环,线从几个铁环眼中穿过,一头扎牢在竿的根部,另一头穿过竿尖上的小铁环,拴两个大歪钩,不需要浮漂也不要铅坠。钓饵可从田间捉一只田鼠,将两个方向相反的钩刺入鼠的颈后和臀部。

垂钓者坐在岸上,双手握牢钓竿,让鼠悬空接近水面,但不要放入水中,保持离水面半厘米左右的位置。鼠是活的,这时它四足乱蹬,鼠是鲶鱼最喜爱的食物,当大鲶鱼发现这里有美食之后,便会浮上水面,接近钓饵,先是用胡须试探性地碰一下,停一会又用尾巴把饵拨动几下,然后就回过头来,一口将饵钩吞下,拖着钓线逃跑。垂钓者这时应立即用力提竿上岸,可获取一条大鲶鱼。

6. 浅滩钓法

阴雨天,浅滩上一般都会涨水,这时是垂钓鲶鱼的好时机。用硬竹梢制成短硬的钓竿,安上粗线、大钩,不用浮漂,也不用铅坠。钩上以树虫为饵,钩从其尾部刺进从头部露出钩尖,放入水中任其漂浮晃荡,垂钓者微微将钓竿抖动,使树虫在水中犹如活饵,鲶鱼见后便会冲上前去大口吞饵,这时应立即提竿上岸,即可收获。

7. 插竿钓法

夜晚是鲶鱼觅食的时候,也是垂钓鲶鱼的好时间,而夜钓鲶鱼最简单易行的方法就是插竿钓。在有洞穴或水草的岸边,用10来根手指粗、1.5米左右长的斑竹,每根竹竿系上1米多长的钓线,线端系上大歪钩,钩上安装鲜活的小青蛙或小鱼,不用砣坠也不用浮漂,让饵和钩悬漂在

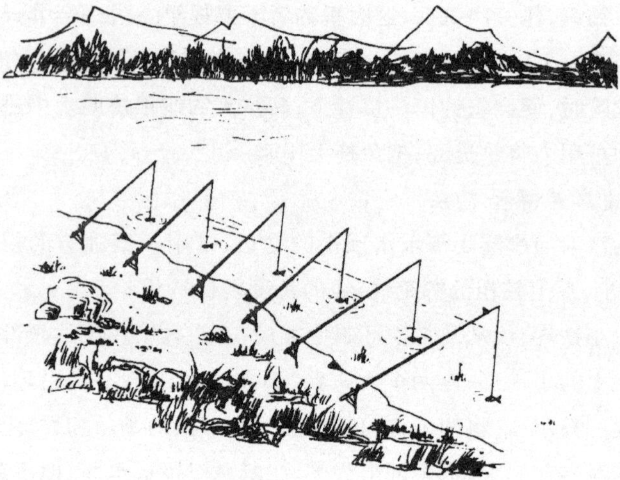

图 57 插竿钓示意

水面上。由于鲶鱼夜间大多在近岸边觅食，见到这样的美食，就会大口吞下。鲶鱼吞食很猛，一旦吞饵就会被钩牢。

8. 无漂排钓法

在春、秋两季，天气较凉，鲶鱼不肯到水体上层活动时，可用5～6根钓竿，竿上不用浮漂，将小鱼、大虾、小泥鳅、大蚯蚓、青蛙、螳螂等各种活饵各装在一个钩上投入水底。每根竿尖上系一个小铃铛，岸边放一个木架，将5～6根钓竿插在木架上排开。垂钓者只需守在木架旁边，见有哪个铃铛响起，就把这根钓竿提起，把鱼拉上岸。

十六、怎样钓胡子鲶鱼

（一）胡子鲶鱼的生活习性

胡子鲶鱼又称塘虱、土虱或塘角鱼，是热带、亚热带淡水鱼类，常见于我国江南各地的江河、湖泊、小溪、池塘、沟渠以及稻田、洼地中，其外形很像鲶鱼，体色也与鲶鱼相似，人们常将它和鲶鱼混为一谈。它和鲶鱼的最大不同是：它有4对胡须，而鲶鱼只有2对。另外，胡子鲶鱼的背鳍从背部的前端一直延伸至尾鳍附近，腹鳍也从腹部一直延伸到尾鳍附近，尾鳍呈圆弧形。

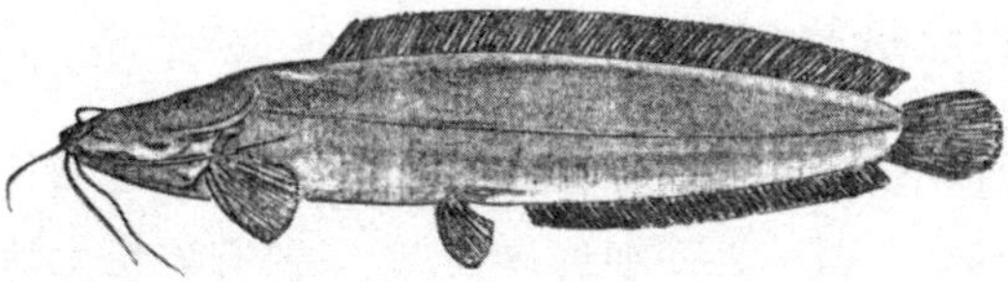

图58　胡子鲶

胡子鲶鱼头部较大，嘴裂很宽，尾侧扁，体延长，无鳞，全身溜滑，体色为灰褐色、黑色或黄褐色。其鳃腔长有辅助呼吸器官，能耐干旱，但不能耐寒冷。胡子鲶鱼适应性较强，天气干旱水少时会钻入泥中，水多时迁至水底。它喜欢栖息于河川、池塘水草茂盛的隐蔽处、阴暗角落和水下的石洞、石头缝隙之中。

（二）垂钓胡子鲶鱼的钓具

钓胡子鲶鱼的钓具没有严格的要求，只需一根普通的手竿，尖软、中等弹性，以4米左右长最适宜。钓钩可选用8～18号的HHH鲤鱼钩，用普通的小型号、宽钩门的钩也可以。钓线采用0.6～1号的尼龙线，线的长度与竿的长度差不多就行。

浮漂可用普通的风漂，铅坠可选用体积小、比较灵巧的铅坠，但漂和坠的配比应该协调。其实，用钓鲫鱼用的全套钓具就可以垂钓胡子鲶鱼。

（三）垂钓胡子鲶鱼的饵料

胡子鲶鱼不论在池塘还是溪沟中，密度都比较大，所以不需要投放诱饵打窝子。钓饵的品种不需过分挑剔，如蚯蚓、小鱼、小虾、蛆虫、红虫、莴苣虫、火腿肠、馒头块、小饭团和各种死鱼等都可使用。另外，也有人用肥猪肉和猪油渣作钓饵，效果也很好。

有经验的垂钓者认为：胡子鲶鱼对动物腐烂后特有的臭味很敏感，特别爱吃这种食物，用腐臭变质的动物内脏或发臭的猪骨作钓饵，效果也很好。

（四）钓点选择的秘籍

胡子鲶鱼性活泼，不分水的深浅和层次都能咬钩。它们在水体的底层活动时很分散，所以不必仔细选择钓点，只要有该鱼生活的水域都可作为钓点。

在春、夏、秋 3 季中，夏季是钓胡子鲶鱼的最佳季节。此外，在夏、秋季时，常会有雷阵雨，在雷阵雨过后或连续几天阴雨的日子，该鱼喜欢逆水而上，到溪河回流的浅水区去觅食，这是垂钓的好去处。另外，雨后农田中有过多积水时，一般都要将多余的水放掉，放水时形成的浑浊水区是胡子鲶鱼喜欢逗留的场所，这也是钓胡子鲶鱼的理想钓点。

（五）胡子鲶鱼的垂钓秘籍

垂钓胡子鲶鱼的方法大体上和钓鲶鱼差不多，这里不再作介绍，但有几个值得注意的事项：

① 胡子鲶鱼较畏光，在太阳光强烈时它一般深藏水底，不作觅食等活动。所以，垂钓该鱼的时间应该在早晨未出太阳之前，而夜间垂钓最为适时。

② 在已经钓到几条胡子鲶鱼之后，所带的钓饵用完了，一时又无法找到钓饵的时候，可以将该鱼的肉割成肉块作为钓饵，继续垂钓，因该鱼有见肉就吃的特点。

③ 胡子鲶鱼的鳃旁具有含毒素的刺，若手被刺着，会有剧烈肿痛。因此卸鱼时要特别小心，最好用几层布包裹着鱼再卸钩，防止被刺伤。

十七、怎样钓鳡鱼

（一）鳡鱼的生活习性

鳡鱼又名黄钻、竿鱼。鳡鱼体瘦长，全身呈纺锤流线形，头锥形，吻尖长，口裂大，眼睛小，颌呈喙状，因其头部及鳃盖均呈黄铜色，人们又叫它“黄箭鱼”或“铜头箭”。鳡鱼脊背呈青黄色，腹部为白色，尾部发达强健，尾鳍大，游泳速度极快，市场上经常可看到每条重 1 000～5 000 克的中型鱼，其个体最大的可达 80～100 千克。该鱼分布较广，我国各地都有其踪迹。

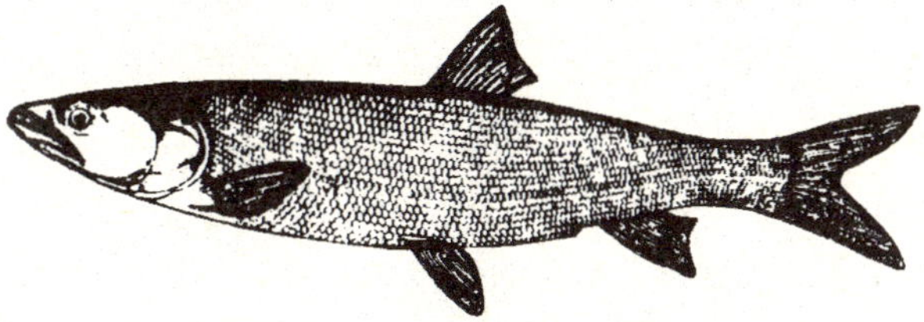

图 59　鳡鱼

鳡鱼性极凶猛，属肉食性鱼类，专以各种鱼类为食，是淡水鱼中的大害。

鳡鱼很贪食，不分荤食、素食，见了就吃，有食就抢，有时竟能吞食比它嘴还大的鱼类。

该鱼自然繁殖很快，在池塘、江河、湖泊和水库旁边或上游产卵孵化，幼鱼 2 年即能长到 2 000～3 000 克重，4～5 年就能长到 1 米左右长、30 千克重。因其肉质鲜美，有些专业户还特地在池塘中放养。

（二）垂钓鳜鱼的钓具

鳜鱼因其体大力强，性情暴烈，所以钓竿要强度很大才行，最好选用竿长3米左右的硬调海竿，大号绕线轮，可储直径0.6毫米的钓线150米左右，用大号钓钩。这是因为钓到大鳜鱼后需要在水中经过一番遛鱼，任其挣扎一段时间，有转轮收放线灵便自如。

如果没有海竿，可用大青竹竿，不妨用粗些的，以防折断。因粗竹竿缺乏弹性和韧性，可以在竹竿上端拴缚一段拉力较大的胶皮或废自行车内胎，再在内胎上拴直径0.4毫米以上的钓线，这样可增加钓竿的弹性和韧性。

钓线可用5 400～9 000克负荷的玻璃胶丝线，还可用3×3股或3×4股的锦纶线，长度在100米左右。

钓钩可用铁锚钩112或412号，或用大型的仿制鹰嘴钩，钩上不必挂砣。

扣钩时，可在主线前面扣上长度为40厘米左右的3根支线，支线线端各拴上一个钓钩。

浮子可用2～3个3厘米长的大浮子，穿在主线下端（靠近支线的结扣处）。

（三）垂钓鳜鱼的饵料

钓鳜鱼不用诱饵，钓饵可用活鱼。钓5 000克以下的小鳜鱼，可用泥鳅、鳌鲦鱼、鲫鱼等，饵长15厘米左右，若钓10千克以上的鳜鱼，最好用体重500克左右的鲤鱼。

（四）钓点选择的秘籍

① 鳜鱼是出名的淡水猛鱼，有“水中霸王”的称号。鳜鱼游动迅速，行动敏捷，专以捕食其他鱼类为生。因此，钓鳜鱼最好的钓点，就是在其

他鱼类密集的地方。

② 在有障碍物的河岸边，或有隐蔽物，如桥梁、木排、码头、堤坝的地方，以及河流的缓水区，是各种鱼类休息聚集的地方，当然也是钓鳜鱼的好钓点。

③ 在大型池塘、湖泊、水库弯曲的岸边或有分汊的水域，以及水体较深且水草较茂密的水域，可以选作钓点。

④ 靠近城镇、有生活污水流入的池塘、湖泊沿岸，或有人洗澡、淘米的池塘、湖泊沿岸，或经常投饵喂鱼的池塘、湖泊沿岸，这些地方有较多可作为鱼饵的食物，能诱集各种鱼类来此觅食，这样的水域都是鳜鱼捕食鱼类的好去处，也是较好的钓点。

⑤ 大型湖泊、水库或江河中有网箱养鱼的水域，在活水区，可在网箱的下游设钓点；在静水区，可在网箱附近的深水处设钓点。

（五）鳜鱼的垂钓秘籍

1. 用浮钩钓法钓鳜鱼

鳜鱼是上层鱼，用浮钩钓法垂钓比较适合。用该法垂钓，可以不用铅坠，但浮漂的浮力要大，用硬质的塑料泡沫块作浮漂最好。垂钓前必需先作了解，查明某个水域确有大鳜鱼活动时才去垂钓。

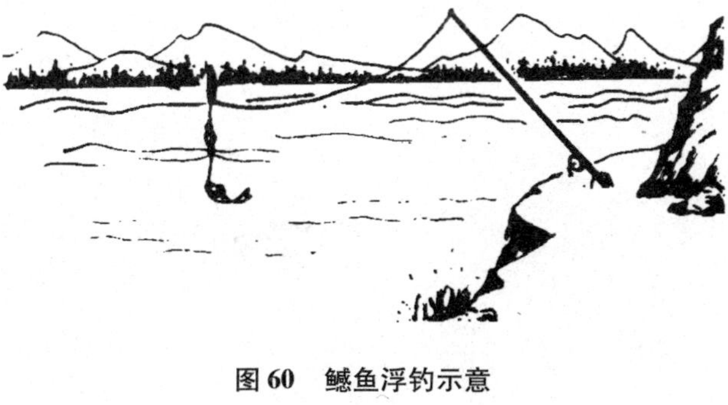

图60 鳜鱼浮钓示意

鳡鱼在活动时,水面上会出现旋涡。因此,在发现有旋涡时再进行甩钩,比较有把握。不过,有经验的垂钓者认为,只要知道这个水域确实有鳡鱼,即使没有发现旋涡也可以甩钩试钓。

当鳡鱼上钩后,提竿一定要猛,使钓钩能将鱼钩牢。鱼儿受惊而且感到疼痛后,必然会拼命挣扎,在水中猛跳乱窜,这时要根据钓线的松紧程度放线收线。

若用的是轮竿,这时就显示出它的优越性,时放时收,并不感到过分吃力。值得注意的是:放线时要有所控制,掌握分寸,不可一下放得太多,更不能一次将线放完,要防备鳡鱼暴怒而拼死挣扎,若这时没有多余的线,线就有可能被它挣断。

2. 用三钩钓法钓鳡鱼

三钩钓法,指的是在一根钓竿上拴 1 根主钓线,主线前面拴 3 根约 40 厘米长的支线,支线上各扣一个大型鱼钩,不用砣坠,在主线下端扣 3 枚 3 厘米长的浮子。垂钓前,先将 3 条小鳌鲦鱼装上钓钩,安装时应将钓钩分别钩在 3 条鱼嘴后下方的软组织上,使钩尖和倒刺露出鱼另一边的鳃外,这样做是为了保证鳌鲦鱼钓饵能活着在水面上自由游动,以吸引鳡鱼前来上钩。

图 61　鳡鱼三钩钓法示意

垂钓开始时，将饵钩放入靠近岸边的水体，将钓线放松，让3条活鳘鲦鱼钓饵相互拉拉扯扯地慢慢游向水体中部，然后停止放线，让活饵在近处或原处活动。这时垂钓者应仔细观察鳘鲦鱼的活动情况，不让它游往远处。由于3条鳘鲦鱼连在一起互相牵制，水面上会激起波浪，目标很大，容易引起鳡鱼的注意。鳡鱼最爱吃的就是鳘鲦鱼，当它们发现鳘鲦鱼后，会像饿虎扑羊似地猛窜过去吞食钓饵。当垂钓者发现浮子沉入水中时，要稳住钓竿，待鱼把钓线继续拖着跑出3～5米远后再提竿。当鳡鱼被钩钩着后必有一番激烈的挣扎，甚至会猛窜出几米之远，垂钓者必须耐心地与它周旋。鱼拖紧了稍微放些线，松了便将线收回，若钩着5 000克以下中等大小的鱼，一般需拖遛半个小时才能将其拖乏，若遇到10千克以上的大鱼，可能要反反复复地折腾1～2个小时，才能将它拖得精疲力尽。这时可将它拖近岸边，用鱼叉戳其头部，再用大抄网罩牢，将其强拉上岸。

3. 利用激流钓鳡鱼

在每年7～8月间，水闸放水或溪流湍急的时候，鳡鱼最喜欢成群地逆水而游，以捕食顺水而下的鱼类。这时，垂钓者可用装有转轮的短竿，在下游有护墙的岸边，将鳘鲦鱼装上钩作钓饵，钩子只钩在鳘鲦鱼脊背处，使其能在水中活动，并在钓饵的上方30～40厘米处拴一铅坠。

垂钓时，将钓钩放入水中后，让其顺水漂流，但只沉在水面下40～70厘米深的水体中，即让小鳘鲦鱼在鳡鱼活动的深度处游动。当湍急的水流把钓饵冲浮到水面时，垂钓者可将其提出水面后，再重新将它丢入水中，耐心地不断重复这个动作，直至鳡鱼发现鳘鲦鱼钓饵扑上来咬钩。当鳡鱼咬到鳘鲦鱼饵钩时，垂钓者凭手感可以判断上钩的鳡鱼大概有多大，决定该怎样与其周旋。这时要及时控制转轮，适当放线，待鳡鱼咬着饵钩游出10米左右时，突然止住放线器，将钓竿向后一抖，让钓钩牢牢地将鱼钩住。值得注意的是：切不可用蛮力逆流硬拉，应顺着水流跟着移动，逐渐将鱼拉到近岸的回水处，再慢慢地时收时放地遛鱼，直到鳡鱼气力用尽时将它拖上岸。

十八、怎样钓银白鱼

（一）银白鱼的生活习性

银白鱼又称大白鱼，鱼体形既扁又长，背部从头到尾几乎近于直线。体长为体高的5倍。全身鳞片排列整齐。1～5龄鱼平均体长20厘米左右，体重200～300克。银白鱼分布于长江水系上游金沙江的附属水体——滇池。

图62 银白鱼

银白鱼喜欢生活在湖泊的中上层，以动物性饵料为食，尤以水生昆虫和昆虫卵为主要饵食，也吃甲壳动物的桡足类和枝角类，偶尔摄食植物性饵料。

银白鱼约在2龄时达到性成熟，对产卵场的要求十分严格，只选水质清澈的环境，在清洁的紫红石砾上产卵。每年的4～5月份为产卵期，其产卵的水域都在浅水地带。在靠近岸边水较深、水底多乱石块、且人迹稀少的地方垂钓，往往会有出乎意料的好钓绩。

（二）垂钓银白鱼的钓具

银白鱼是一种小型鱼类，其最大个体体重400克左右，平常钓到的鱼一般只有100～300克。钓银白鱼可采用手竿浮钓法。所用的钓具宜选用6～7米长的软梢手竿；钓线宜选用0.15毫米的尼龙线作主线，线的长度可与钓竿的长度相等或比竿略长一些；钓钩宜选用无锡生产的江芦形620～621号、袖形321号或丸袖形719号的小型钓钩，也可使用钓鳘鲦鱼的模拟饵钩；坠子用小型开口坠；浮漂可配用浮力比坠沉力稍大一些的小浮漂。

（三）垂钓银白鱼的饵料

由于银白鱼的食性较杂，喜欢吃动物性食物，钓饵可选用小蚯蚓、蛆虫、小蜘蛛、苍蝇、小飞蛾以及面团捏成的小面粒和饭粒。

（四）钓点选择的秘籍

虽然一年四季都可钓银白鱼，但最好的钓期是在立秋之后、霜降前。因银白鱼比较容易钓得，所以许多垂钓者都喜欢钓它。特别是初学钓鱼的钓友，一般下钩都不会落空，垂钓银白鱼被作为锻炼钓技的最好对象。

选准钓点也是很重要的。钓点在滇池各地的敞水区可以找到很多，还有河汊流入池口的地方也很适合作钓点。但需注意的是：银白鱼很机警，它通常都游弋在水体的中上层，钓点必须选在僻静之处，并注意隐蔽垂钓者的身影，不可在岸上走动，也不能穿色彩鲜艳的衣服。否则，一旦被鱼发现，就会逃遁得无影无踪。

（五）银白鱼的垂钓秘籍

在选定钓点之后，要根据水深来确定浮漂与钓饵的距离，水深处距离宜稍大些，水浅处距离宜稍小些。因银白鱼属中上层鱼类，不可在太深的水体中去垂钓，尤其在静水水域垂钓，两者的距离一般有20～30厘米已足够。若该水域有缓流，两者的距离宜稍远些，因为水流会把饵钩推浮到较浅的水体中，一般以距离50～60厘米较为适宜。垂钓时要尽量将饵钩甩远。

钓过浮钓的垂钓者都知道，浮钓是需要常常收回钓钩再重新甩出的。在饵钩落于钓点后，即使水势很和缓，浮漂也会受到风的推动，钓线也会因此受影响而使饵钩移位。当浮漂逐渐漂移到离岸边很近时，就应将钓钩提出水面，重新投甩向远处。如果水流缓缓地将浮漂顺水推移到旁边的水域，或离岸太近时，也必须将钓钩提收回来，再次甩投向远处的钓点。

在浮钓过程中，若发现浮漂被拖走或快速沉没水中，那就是银白鱼在咬钩了，无论是拖走或沉没，都应立即提竿。

垂钓者可根据钓饵的来源情况，决定是否使用模拟饵。若获取钓饵不易，也可以改用模拟饵，因为使用模拟饵既方便又清洁，且钓获量并不比用真饵差。但使用模拟饵垂钓时，在饵钩投出后，需不时地牵动钓线，使模拟饵在水中不停地移动，这样才能容易引起鱼的注意，增加咬钩的机会。

十九、怎样钓鮠鱼

（一）鮠鱼的生活习性

鮠鱼是生长在江河底层的一种鱼类。它依靠摄食生长在水中各种细小的无脊椎动物维持生命。这种鱼肉味十分鲜美，鱼鳔肥厚，可制成鱼肚。它不仅是一种上等的食用鱼，而且还有药用价值。

鮠鱼身体细长，前部平而扁，后部侧扁。个体很大，可长达 1 米左右。口腹位，吻圆突，颌下长有 4 对胡须，身上没有鳞片，眼睛很小。体表浅灰色，臀鳍上有硬刺，腹鳍低而长。

鮠鱼是一种名贵的鱼类，它和鲥鱼、刀鱼、河豚加在一起，被人们誉

图63 鮠鱼

为“长江四鲜”。它喜欢在江河湍流与漩涡周边觅食。每年从春末到秋末都可垂钓，其中尤以8～9月份为最好的垂钓时期。

（二）鮠鱼的垂钓用具

由于鮠鱼个体较大，而且又在较宽的水流湍急处栖留，一般适宜用海竿垂钓。竿上装配的绕线轮应选用较大或中型的，因为需要绕较长的钓线，钓线长80～100米。钓线要选用较粗的，如8号以上的尼龙线。

钓钩宜选用丸袖形712～714号或17～20号HHH鲤鱼钩。一线可缚一长一短两个钩，交叉缚，也可使用单钩。铅坠的大小和轻重，应根据钓点水域流速的缓急而定；水流缓慢的可用较轻的；水流湍急的需用较重的铅坠，才能使饵钩不致过分摆动。

（三）鮠鱼的垂钓饵料

钓鮠鱼一般不用诱饵，在养殖塘垂钓时可用掺入较浓烈腥味的糟饵打窝。钓饵可用蚯蚓、小泥鳅、螳螂、蝼蛄、蚕蛹、蚂蚱等水生动物或昆虫，但用水蛭作钓饵效果更好，因为它被穿在钓钩上放入水中后，仍能游动，较能吸引鮠鱼前来咬钩。面饵可加入鱼粉制作。

（四）钓点选择的秘籍

鮠鱼喜欢在江河湍流与漩涡周边觅食，钓点应选择沿江河边安全的陡坡处、码头上，而且水底要没有陡坎或石块，是比较平坦的沙泥河床。每年从春末到秋末都可以垂钓，其中尤以8～9月份为最好的垂钓时期。时间一般在上午8～10时，下午4～6时为好；夏季的傍晚至夜间在江边安全的码头垂钓效果更好。雨天整日可以垂钓。

（五）鮠鱼的垂钓秘籍

1. 定点钓法

当垂钓的钓点水底障碍物较多，无法将钓饵在水底拖移位置时，就无法采用移位钓法，而只能采用定点钓法。

定点钓法不用铅坠，而是用螺母等类的铁圈代替铅坠，将普通的棉纱线穿进圆洞，系在钓线上。垂钓者若是面对顺水方向垂钓，就将装好钓饵的钓钩以45度角甩竿，同时放松绕线轮放线，等饵钩落下沉入水底时停止放线，停几分钟后，再慢慢绞动绕线轮收线，在收线过程中若感到有阻力时，就立即停止收线。此时，若有鱼儿咬钩，正在收线的手会有明显的感觉。当发觉确实是鱼已咬钩时，应立即借助腕力猛然抖动一下钓竿，使钓钩将鱼嘴钩牢，然后遛鱼，将鱼遛至无力反抗时再将鱼拖近身边，用抄网将鱼捞起。若等了一段时间还没有鱼上钩，宜用绕线轮将钓线收回，检查钓钩，若钓饵完好无损，可将饵钩向另外一个钓点甩出，若检查发现钓饵已没有了或只剩少许时，应及时更换上新饵后再进行垂钓。

2. 游饵钓法

这种钓法，适用于水底没有陡坎或石块，而是比较平坦的沙泥河床的情况。这种钓法在钓具的装置上和其他钓法稍有不同，即铅坠要用较重的蛋形穿心坠，需有20～30厘米长的脑线。

垂钓者若逆水甩竿，钓饵甩出后会被流水冲回到离钓者稍近的水域，这时可适当放线，待铅坠带着钓饵沉到水底时，即将钓竿横向移动，一会儿向左移，过一会儿再向右移，使钓饵在离水底20～30厘米的水体中浮动，这就适合了鮠鱼喜欢在湍流和漩涡附近觅食的习性，让钓饵漂浮在这样的位置，很方便鮠鱼就近咬钩。

如垂钓者是顺水甩竿，饵钩会随水流冲到较远的水域，待铅坠带着钓饵沉入水底后，钓饵仍漂浮在离水底20～30厘米的水体中，由于水流的冲动，饵钩也随着缓缓漂动，对在水流中觅食的鮠鱼是正中下怀的食物，咬钩率可上升。

若无鱼咬钩，钓者应将钓竿向左横向拉动钓饵，拉到不能再向左拉时，再回头缓慢地向右移动，如此做扇面形的反复移动，可使钓饵有更多的机会被湍流中觅食的鮠鱼发现并咬钩，增加上钩率。

3. 假饵钓法

用假饵垂钓鮠鱼，只是钓饵上的变化。假饵可用碎布料、塑料片等扎成小生物的模样，再涂上一些有动物腥臭味的汁水即成。这并不是一种新的钓法，钓法仍是采用上述钓法中的一种。

用假饵从效果上说，和用真饵没有太大的差别，假饵可以牢牢地绑扎在钓钩上，不论多急的水流也冲不走，在急流中垂钓用假饵有其优越性。

值得提醒的是：垂钓鮠鱼，特别要善于利用气候条件，这是能否收到最好效果的关键。比如：①退潮时水急漩涡多，鮠鱼很容易聚集在这些地方觅食，适时下钩垂钓，常可大获丰收。②雷雨时鮠鱼会显得特别兴奋，觅食活动特别活跃，咬食饵钩也最为凶猛、干脆。若遇到这两种时机，切不可让其失去。

另外，不论用哪种方法垂钓，当鮠鱼上钩后，它必然要作些挣扎或冲撞，企图逃走，这时垂钓者凭着握竿的手感，能感知鱼逃窜的方向和力度。垂钓者此刻必须镇静，不可慌张，并及时利用腕力猛然将钓竿抖动一下，使钩能较深地将鱼嘴钩牢，不使其逃脱，然后耐心地遛鱼，直到鱼儿十分疲惫时将其拖上岸来。

二十、怎样钓池沼公鱼

（一）池沼公鱼的生活习性

池沼公鱼体细长，稍侧扁，体色银灰，背带黄色，成熟鱼长 8～10 厘米，头小而尖，口大，牙密，有背鳍和腹鳍各一个。

这种鱼分布于北太平洋两岸和北冰洋沿岸地区，朝鲜、日本、加拿大、美国、俄罗斯等远东地区都有出产。我国东北地区的图们江、黑龙江、鸭绿江流域所产的池沼公鱼数量也不少，举世闻名。

图 64　池沼公鱼

该鱼摄食的旺季在春天和夏天两季。池沼公鱼大多生活在淡水和海水混合的水域中，对于温度和盐度的适应范围较广，一般比较适合于 22℃以下的水域中生活。平时池沼公鱼白天潜伏在深水中，夜间才游到水面和岸边活动觅食。该鱼以水中浮游生物为主要食物，在幼鱼阶段主要吃轮虫，成鱼阶段吃水中的昆虫、水生的寡毛类和甲壳类小生物。

该鱼成长较快，只需经过 1 冬龄就进入性成熟期。每年春季，它们群居于沙砾底下的浅水处，并在沙砾和水藻上产卵，产卵数量较多，中等大小的雌鱼，一次可产卵 1 000～4 000 粒，个体较大的雌鱼产卵量则更多。当水温在 5～15℃时，约经 15 天的时间便可孵化出幼鱼，幼鱼顺流而下，进入河流或湖泊中生活。经 1 冬龄后，鱼体即可长到 7～8 厘米，3

冬龄后，可长达 15 厘米，但实际上只有很少一部分池沼公鱼能活到 2～3 冬龄，因为雌鱼在产卵后大部分就会自然死亡。

每年秋天，池沼公鱼还要进行一次越冬回游。我国对池沼公鱼的人工养殖业已获得成功，产量正在不断增加，在我国北方很多地方，养殖池沼公鱼已经相当普遍。

（二）垂钓池沼公鱼的钓具

池沼公鱼由于对水温的适应性较强，因而一年四季，不论春、夏、秋、冬都可在不同的水层中垂钓，但主要以下水层为垂钓点。因而，钓竿和钓线都要求有一定的长度，钓竿的长度要求在 5.5 米以上，并且竿体要结实，前节还要有很强的弹性。钓线宜选择 1.5 号的尼龙线，上端应有 40～50 厘米的一段捻成双股，这样可以较有效地控制钓钩和钓线的移动。钓线若长达 6～7 米时，可在竿后端装个小型旋压式绕线轮，使放线、收线能做到方便快捷。

钓钩应选择钩门较宽的小型鱼钩，如丸形 919～921 号或 1～3 号 HHH 伊斯尼钩。

浮漂要用浮力较大的。铅坠的重量宜小一些，最好用锡片卷形坠，以方便底钓或浮钓时随时增减其重量。

钓池沼公鱼，有些垂钓者喜欢用无漂的手感钓，有些垂钓者还用一线多钩钓法垂钓，效果也能令人满意。

（三）垂钓池沼公鱼的饵料

垂钓池沼公鱼打窝的诱饵，可用小米、碎米或发酵的豆饼碎粒、玉米碎粒撒入钓点，以吸引鱼儿来此聚集，便于钓获。钓饵一般是用红虫子、虾肉、蛆虫、小红蚯蚓或其他小昆虫。也可以用面食作钓饵，不过要经常更换新饵，因面食在水中容易散开分化。

（四）钓点选择的秘籍

在垂钓前，先要找到较好的钓点。较好的钓点是：有缓缓流水的河湾边角处，圩堤边凹入的回水处，沼泽地和人工湖的陡坡前缓水处，河湾尽头的边角水域等处。

池沼公鱼会发出声音，有该鱼的水域，在很远处就能听到"噜、噜"的声音，说明这水域有池沼公鱼，在这样的地方垂钓，能得到较好的收获。在这样的水域垂钓，可以不用浮漂，仅凭手感垂钓就可得到较满意的结果。不过，钓池沼公鱼最好在夜间进行，因为这种鱼大多是在夜间出来觅食，白天都深藏水底，很少出来觅食和游动。

（五）池沼公鱼的垂钓秘籍

钓池沼公鱼可用多种方式进行，垂钓者可根据条件选择适宜的方式。

1. 冰钓法钓池沼公鱼

由于池沼公鱼大多产于我国北方较寒冷的地区，有很大一部分是生活在冬季的冰层下面，破冰钓池沼公鱼特别容易取得收获。

冰钓的做法是：在每年冬天，千里冰封、万里雪飘的时候，选择那些已探测过、藏鱼较多的冰封水域，用工具开凿出 30～40 厘米大小的冰洞，用抄网捞去碎冰后，这个冰洞就成为一个很好的钓点。冰钓需要有几个钓点轮换，以达到多收鱼的目的，所以要用同样的方法，在距离第一个钓点 2～2.5 米处再开凿第二个冰洞，并在上述两个冰洞附近再开凿第三个钓点，使 3 个钓点成为一个三角形。

这时，垂钓者将饵钩垂入冰洞中，不停地轻微移动钓钩，很快就能引来池沼公鱼上钩，上钩率要比用其他方式垂钓高得多。

为什么冰钓的鱼儿上钩率会高些呢？这是因为冰下水中的含氧量比较低，鱼儿在冰下生活得不舒服，但在凿出冰洞后，就会有大量的氧气接触冰洞的水体，使冰洞范围内水中的溶氧量提高，所以周围的鱼都会向冰洞处聚集而来。鱼儿在溶氧充足的环境下，食欲会相应提高，所以收获就自然会高一些。

不过，在冰上垂钓，垂钓者所要经受的寒冷是可想而知的，所以要特别注意防寒保暖，除应穿上皮衣皮裤等保暖服装之外，最好架设一个帐篷，以抵挡冰面上吹来的冷风，还可把火盆和其他钓鱼的辅助用具放在里面。这样即使垂钓的时间长一些，也不会受冻致病。

2. 舟钓法钓池沼公鱼

除了钓竿等钓具之外，还要有一个铁锚和一定长度的锚索。垂钓者在出发垂钓前，还应穿上救生衣，带上塑料布。

在夏天气候炎热的时候，到了傍晚时分，驾起小船，行驶在幽静的湖塘之中，迎着阵阵的凉风，那份凉爽的快意，想起来就会令人向往。那种乐趣，只有身临其境者才能真正领会得到。

坐在小船上钓池沼公鱼，船上一般都要置备好竿架，在到达预定的钓点之后，先将铁锚投进水，将小船稳定下来，接着就可以在每一个钓钩上装上钓饵，然后依次将所带的4～8副钓具全部下水，钓竿都要摆放在竿架上面。这时垂钓者就可以轻轻松松地一边乘凉，一边欣赏湖中的夜景，倾听湖中的蛙鸣和各种昆虫的鸣叫，享受独特的乐趣。

3. 用蜈蚣钩和锚钩钓法钓池沼公鱼

有时池沼公鱼对人们垂下的红虫、虾虫、蛆虫、小红蚯蚓等饵物并不很感兴趣，这时要考虑用其他方法来垂钓了。

当池沼公鱼对经常采用的各种钓饵都不感兴趣时，可采取无饵钓法，比较有效的是用蜈蚣钩和锚钩拉钓。蜈蚣钩是在每根钓线上每隔5～10厘米拴上一个钩，在80厘米一段线上拴10多个钩，钩锋朝向四面八方，既不用浮漂也不用装钓饵，垂钓时，只要将串钩尽可能甩向远处，然后向回拖拉，如水中有较多的鱼，就有可能被钩住。

锚钩钓法和蜈蚣钩钓法相似，不同的是：在钓线头上用4个一组的钩拴起来,4 个钓钩朝向 4 个方向,可以在与第一组钩相距 10 厘米处再拴一组 4 个同样朝向四方的钩,如果嫌少,还可以再加一组,其钓法也和蜈蚣钩一样。

二十一、怎样钓哲罗鱼

(一)哲罗鱼的生活习性

哲罗鱼属鲑科鱼类,主要生长在我国东北的河流和西北部的湖泊中,俄罗斯西伯利亚各水系和我国牡丹江、嫩江流域较为常见。

该鱼体形修长,形如旧时织布的梭子,但较侧扁,属大型肉食性淡水鱼类。其个体大者,可长达 2 米有余,重达 50 千克以上。背面棕褐色,体侧银白色,并有十字形黑斑,生殖期腹面和鳍会变为红色。哲罗鱼口大,牙尖锐,舌上也有牙,食量很大,性情活泼而凶猛,常以狗鱼、雅罗鱼等鱼为食,也很爱食蛙类,且常喜捕食靠岸边的陆栖鼠类。

图 65 哲罗鱼

哲罗鱼有其特定的生活环境,在水温方面的要求比较特殊,它必须在 15℃以下才能正常生活,因为它属冷水性鱼类。在水温上升时,它就会游向山涧溪流中去避暑。到了春季,它会进入水流湍急、底层有较厚沙砾的河流中去挖掘水底洞穴,产卵孵化。等秋天水温下降之后,它又回到主流深处越冬。

（二）垂钓哲罗鱼的钓具

由于哲罗鱼是一种凶猛的鱼类，个体大、气力大，所以一定要用竿体很结实的鱼竿，可以用玻璃钢钓竿，或者用外通式手竿。若使用海竿，应配备较大型的鼓形绕线转轮。

手竿上用的钓线可选用6～10号尼龙线，以粗些为好；海竿上配备的钓线，宜用较细的优质尼龙线，储线应不少于120米。

钓钩应选用钢丝粗壮、钩门较宽的钩，如10～12号HHH伊斯尼钩或18～20号HHH鲤鱼钩等。

（三）垂钓哲罗鱼的饵料

钓哲罗鱼的钓饵，可用白条鱼、泥鳅、麦穗鱼、蚯蚓和松鼠等，也可以用仿各种鱼形和其他动物形状的假饵。究竟用什么饵好，应根据所钓鱼的大小而定：钓大哲罗鱼可用白条鱼或松鼠、大泥鳅，钓小哲罗鱼可用蚯蚓、虾等钓饵。

（四）垂钓哲罗鱼最佳季节

哲罗鱼的钓季比较短，只有2月上旬到5月中旬和10～11月份。

因哲罗鱼从越冬的深水水域向上游活动的时间是5月上旬，这时它会到适合产卵的水域去产卵孵化，所以是垂钓的好时段。另外，在河川解冻、冰融雪化、水量增加的季节，以及有微风细雨、水面掀起微微小浪的天气，都是垂钓哲罗鱼的好时段。在秋季，当河里水温下降时，哲罗鱼就会顺流而下，回到下游觅食，这时它食欲旺盛，不论早、中、晚下钩，都比较容易钓到哲罗鱼。

（五）哲罗鱼的垂钓秘籍

1. 用定点钓法钓哲罗鱼

定点钓法指的是以传统方法用手竿垂钓，即事先选定钓点，将钓饵投入水中之后，要不时地将鱼竿提起，又缓缓放下，再提起再放下，如此不停地进行，使饵物呈现一种活动着的假象，以引诱哲罗鱼前来摄食，且应尽可能用活饵，否则不易招鱼上钩。

值得注意的是：哲罗鱼不仅个体大，而且凶猛力大，它摄食常常是在游动时突然直扑上前大口吞饵，接着拖了就跑，来势凶猛，冲击力很大，垂钓者如果握竿不紧，竿会被拖走，难以取回。所以钓哲罗鱼时，需时刻注意紧握钓竿，不能分神。

在有鱼上钩之后，需凭握竿的手感估量鱼的大小，若是2 000 克左右的鱼（属于小鱼），虽然仍然会左冲右突一番，但还可以用遛鱼的办法，将线时拉时放，拖到它精疲力尽时用抄网将它提上岸来。

2. 用海竿收线钓法钓哲罗鱼

从这个钓法的名称中就可明白，这是用坚固而长的海竿和牢固的长钓线进行甩钓。海竿的把手上应装有较大的绕线轮，在中型或较大型的钓钩上装好鲜活的钓饵后，将其甩向预先看好有大哲罗鱼活动的水域，然后不时慢慢地将绕线轮摇转一二下，停一会又缓缓地再转一二下，如此转转停停，停停转转，待到饵钩快到岸边时，再重新将它甩向远处，重复以上操作，直至有鱼上钩。

当然，仍无鱼上钩时，应提出钓钩检查一下，是否有钓饵脱落的情况，活饵是否死掉了。若有这些情况就应该重新换上活饵，甩向目的区水域。必要时，还应考虑是否需要更换钓点，到别的水域去继续垂钓。

3. 怎样钓大哲罗鱼

若了解到某水域有较大的哲罗鱼，而且想钓到它时，除了要准备坚固的鱼竿（指手竿）和较粗的钓线，以及钢丝较粗、门子较宽的钓钩外，还要在钓竿上装上绕线转轮，储线要长些，以备需要。

钓饵应用大泥鳅或150 克左右的活白鱼。当有5 000 克以上的大哲罗鱼上钩时，这就意味着一场激烈的战斗将开始。这时垂钓者要沉着、冷静且有耐心，准备打持久战。因为这种凶猛力大的大鱼被钩住后，必然要做猛烈的挣扎，狂奔乱窜。垂钓者对它的力量之大，要有充分的估计和思想准备，如稍不留神，就可能出现竿折、线断、钩豁或鱼嘴被拉裂的事情，甚至还会出现垂钓者被拉得跌跤的情况。

这时垂钓者特别要注意所站的位置，不可使人影映入水中，哲罗鱼看见水中的人影，会猛地扎入深水。要充分利用绕线轮的拉力和鱼竿的弹性进行拉锯式的角力，鱼拉得太紧就放松点线，鱼停止拖拉再慢慢地收线，必要时垂钓者还可随鱼逃跑的方向跟着移动，避免竿折、线断。

另外要注意的是：要调整好钓钩与鱼逃窜方向的角度，既不能正对着像拔河似的硬拉，也不能朝相反方向用劲，只能侧着鱼竿朝两旁顺着拉动，使鱼竿始终保持弯曲的大弧度，充分发挥其弹性作用。拉拉扯扯、收线放线的操作有时可能要进行 1 个小时，甚至更长的时间。

在准备垂钓较大哲罗鱼前，还要事先置备好一把长柄、有两个锋利钩尖的搭钩，在把大鱼拖到离岸不太远时，用搭钩钩进鱼的身体，把它硬拖上岸。

二十二、怎样钓鲮鱼

（一）鲮鱼的生活习性

鲮鱼又叫土鲮鱼、雪鲮、鲮公，主要分布在我国南部及西南部各省江河中，以珠江流域为最多。鲮鱼鱼体侧扁，一般成鱼长度为 20～30 厘米，通体呈银灰色，胸鳍上方有较深的色斑。嘴较小，有 2 对短须，上唇细裂，下颌前缘扁薄。

鲮鱼的个体大小与鲫鱼差不多，但最大的可达 3 000～4 000 克，该鱼气力不大，不善于挣扎。鲮鱼抗低温能力很差，水温在 12℃ 时即停止觅食活动，若水温再降低，它将深藏在水底避寒越冬，若水温降至 7℃ 而无深水可以栖身时就会被冻死。鲮鱼最适水温是18～25℃，在这样的水温下，它食欲旺盛，摄食量最大。

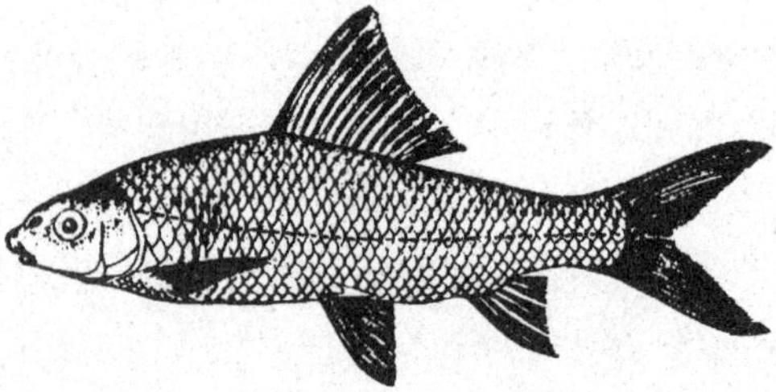

图66　鲮鱼

鲮鱼是底栖性鱼类，喜生活在水质清新、泥沙底质的江河底层。饲养或野生在水库中的鲮鱼，喜成群地聚在库汊等处觅食。它对水流反应十分灵敏，喜逆水而游。鲮鱼以硅藻、绿藻等水生植物为主食，特别喜欢舐取水底泥岩表层生长的藻类，也食有机碎屑和少量浮游动物，属杂食性鱼类。

鲮鱼产卵的季节较长，可从每年的5月份一直持续到8月份，产卵的水域大多在河流的中上游石块较多的急流滩的水底。

（二）垂钓鲮鱼的钓具

钓鲮鱼大多是采用传统的钓法——守点垂钓，一般用手竿钓。钓线宜采用0.2毫米左右的细钓线。钓钩应选用钩尖稍微外偏的中型鱼钩。浮漂要求用灵敏度高的漂，这是因为鲮鱼咬钩的动作有轻、快、过程短的特点，最好采用上部细长的风漂，铅坠要轻。

钓线上可以系单钩，也可以系双钩。若了解某个水域鲮鱼比较密集，可用双尖连体钩或锚钩。

浮漂和坠要接近平衡，最好是使钩、饵、线、坠的总重量比浮漂的浮力略大一点，使饵钩刚好能接触水底。鱼咬钩时不用承受钩、坠的重量。

这样，只要鱼嘴一接触鱼钩，浮漂就有反应。

（三）垂钓鲮鱼的饵料

钓鲮鱼打窝用的诱饵，可用麦麸细粒、豆饼碎粒、玉米碎粒、碎米、糠皮等做成的小块。

钓鲮鱼可用的钓饵很多，如蚯蚓、红虫、虾肉、熟薯块、饭粒等，最好是用面粉做成的小面团。

（四）钓点选择的秘籍

① 鲮鱼是原生于热带的鱼类，加上它有喜欢成群结队在有水流的水域栖息游弋和冲击水波的习性，在有温暖阳光的天气，钓点宜设在有温暖水流进入且有回水的环境中。

② 若在水库的岸边钓鲮鱼，在大雨过后的涨水期间，鲮鱼喜欢聚集在水库入水口的附近，这样的水域旁边可做钓点。在多时不下雨后水库出水期间，出水口附近也常是鲮鱼的汇集之处，也可作为钓鲮鱼的钓点。

③ 在有较多水流流动的江河中，主流道两边水流平缓的回流区，漂流下来的饵料较多，会有不少鲮鱼到此处觅食，可作钓点。

④ 在河流、水库、湖泊水底有大量石块的水域，是鲮鱼最爱停留嬉戏和觅食的环境，因鲮鱼最爱舔食石块上附生的青苔，所以这些水域也是钓鲮鱼的好钓点。

⑤ 鲮鱼喜欢栖身在水底腐殖质较多、水色呈黄绿色的水体中，特别喜欢近旁有厕所，鸡、鸭、牛、羊等动物的养殖场，在这些水域设钓点，钓绩都会令人满意。

（五）鲮鱼的垂钓秘籍

钓鲮鱼时，先要用诱饵打窝子，由于鲮鱼是底栖鱼类，诱饵必须有一定重量才能沉入水底，所以用麸皮粉、豆饼末一类的粮食类粉末作诱饵时，应该先加水调和糅合，蒸熟后制成米粒大小的颗粒后投放，不能直接投撒粉末。

鲮鱼活动时有个规律：河川中的鲮鱼以底栖为主，池养的鲮鱼也是在底层觅食的多，但也有些湖泊中的鲮鱼是在上层活动的。

钓鲮鱼最好不要在水体太深的水域垂钓，应以水深1～2米比较合适。浮漂在钓线上的位置要适当，要做到让钓钩正好接近水底。钓钩太低会摊在水底，鱼不易发现；太高会成为悬浮钩，鱼也看不见。浮漂在水中应呈垂直状态，最好能将浮漂调到只露出水面1～2厘米，这样能使它反应更灵敏。

当鲮鱼咬钩时，浮漂在水面上会显示出垂直运动，表现为捧漂和抖漂。捧漂就是浮漂出现垂直上升的运动，表明鲮鱼已咬到饵钩想要拖走；抖漂是指浮漂在水面不断上下抖动，但抖动的幅度不大，在浮漂的周围可激起小小的浪花，这表明鲮鱼在用嘴舔食钓饵，还没吞入口中。不论是捧漂还是抖漂，垂钓者发现之后都应该在2～3秒钟之内立即提竿，因为及时提竿起钩，很有可能钩住鲮鱼的上颌而提上鱼来，如果迟了，就会让鱼脱钩逃掉。

有时也会出现这种情况，不是捧漂也不是抖漂，而是浮漂被捧了几下之后接着沉了下去，这说明有比较大的鲮鱼上钩了，这也是提竿上鱼的好机会，应该立即起钩。有时更会出现浮漂不起也不落，只是左右摇晃的现象，这表明鲮鱼并不饥饿，不去咬钩，只是去碰撞饵钩而已，这时也可提钩，不过有一半的可能是空钩。

钓鲮鱼较有经验的高手认为，由于该鱼的咬钩动作轻、快、过程短，垂钓者应该竿不离手，随时准备起钩，而且要眼疾手快，一旦发现浮漂有起落，就要迅速起钩，动作要干净利落。但动作敏捷并非用力过猛，否则会把鱼嘴拉裂，只能拎着空钩出水了。

如果事先知道这个水域鲮鱼很多，但钓了许久就是无鱼上钩，那就要将钓竿轻轻地移动，让钓钩在水底移动，以引起鱼的注意，或者把钩收上来，停一会再继续下钩。出现这种情况，常常是因为前些日子曾有鱼中途脱钩，但已受伤，其他鱼发现这一情况后就成群地逃走了。如果属于这种情况，就应该换个钓点，到别处去垂钓。

二十三、怎样钓狗鱼

（一）狗鱼的生活习性

狗鱼是我国北部几条大河流中生长的大型鱼类。该鱼鱼体侧圆细长，尾和鳍都很发达，游泳速度极为快捷，头尖，吻部长而扁平，口裂宽大，口角延及半个头部，口内上下排列着尖锐的牙齿，具有肉食性鱼类的明显特征。由于它牙齿尖利且口裂宽大，因而它能捕食各种个体较大的鱼。

图 67 狗鱼

狗鱼适宜生长在较冷的水域，在我国东北的乌苏里江、嫩江、黑龙江等水体中出没较多，北方爱好垂钓狗鱼者也较多。

狗鱼有逆水游泳以捕食顺水而下小鱼的习惯，当汛期来临水闸放水时，狗鱼常喜逆水奋游，游至疲倦时，常被激流冲往下游，但当它休息过后，又会继续奋力向上游逆水上冲，以此为乐，似乎一点也不觉得疲劳。

（二）垂钓狗鱼的用具

钓狗鱼的钓竿没有什么特殊的要求，只需用结实些的普通钓竿就行。在离钓竿基部10厘米处可装上一个绕线轮，以便放线、收线。钓线可用6 000～9 000克负荷的玻璃胶丝或用3伊3股或3伊4股的锦纶线，长度不妨放宽裕些，有110米左右就够了。

钓钩可用112、113号的铁锚钩。在主线末端宜拴3根支线，支线长度各有40厘米，每根支线末端都需拴上一个钩。

浮漂可用3根3厘米长的羽毛杆制成，并穿在主线的下端靠近支线的结合处，不需用铅坠。

此外，还需要置备一把长柄抄网，以便在钓到大狗鱼时把鱼兜上岸来。

（三）垂钓狗鱼的饵料

钓狗鱼不用诱饵打窝，钓饵宜用活的鳌鲦鱼、麦穗鱼等。狗鱼有一种特别的食性，那就是十分爱吃活的鳌鲦鱼，只要一发现鳌鲦鱼，它就会飞快直扑上去捕食。如果发现水体中有一群鳌鲦鱼，由于受到惊吓而向四面逃窜，并激起一阵浪花时，那肯定就是狗鱼在追逐它们。狗鱼经常在无水草的白水荡子中游弋驰骋，目的就是寻觅鳌鲦鱼的踪迹。

（四）钓点选择的秘籍

狗鱼属于肉食性鱼类，性情凶恶残忍，它以各种比较温顺的鱼类为食，特别喜欢捕食鲜活的小鳌鲦鱼。狗鱼游动的速度极快，在捕食活饵时非常凶狠，常常飞快地猛冲上前，一口咬住饵物。

狗鱼总是寻找可以隐蔽的场所作栖身处，使小鱼们看不见它的藏身之处，以便在小鱼、小虾、小青蛙等动物不在意时突然出击，很不费事地将它们作为美餐。

狗鱼的栖身处有：茂密的水草丛中和停留的船舶、木排处，或桥梁、涵洞的旁边；河溪、湖泊、水库沿岸的乱石堆中；水底有岩石、陡坡、深洼或杂物的地方；岸边有芦苇、杂草、木桩、树根的地方；河道的凹凸边沿或遇阻转弯之处。总之，只要是可以隐藏潜伏的角落，都是狗鱼的栖身之处，也是垂钓狗鱼的好钓点。

（五）狗鱼的垂钓秘籍

1. 用活饵诱钓法钓狗鱼

这种钓法的关键在于安装好钓饵，也就是在将活鳌鲦鱼装上钩时，既要保证 3 枚钓钩钩进鳌鲦鱼后，它还能在水面上游动。方法是：将钩从鱼嘴后下方的软组织上钩入，钩尖和倒刺均要刺出它另一边的鳃外，这样就可保持鳌鲦鱼不会很快死去，还能带着钩子在水面上游动。

当钩上装好活钓饵后，就可将其放入水中，放松钓线，让 3 条鳌鲦鱼互相拉扯着逐渐游向水体的中层。垂钓者这时应随着鱼游动的距离而缓缓放线，并注意 3 条鳌鲦鱼的反应，在鳌鲦鱼游出相当距离之后，慢慢地将钓线收回。

由于钩住 3 条鳌鲦鱼的钩子是扣在 3 根支线上的，而 3 根支线又都拴扎在 1 根主线上，因而 3 条鱼各自游动时，肯定会拉拉扯扯，会在水中激起一定幅度的波浪，成为被鱼类注意的目标，一旦狗鱼发现有鳌鲦鱼活动，就会迫不及待地冲过去吞食。这时垂钓者会发现浮漂沉入水中，但还需沉住气，任钓线、钓饵被拖着往远处跑，待它跑出 5 米以上距离时，再开始提钩。

在提钩时，可凭手感大体估计出鱼有多大，再采取不同的应对措施。要充分估计到把狗鱼拖上岸不是轻而易举的事，原因有二：①狗鱼是性情凶猛的鱼类，力量较大，当它被钩住后，肯定要拼命挣扎，有时一下子就会猛地冲出 10～20 米远，所以要用绕线轮及时放线，以免拉断钓线而跑鱼；②狗鱼属大型鱼，体重 1 000 克的鱼算是小的，大的可达 20 千克以上，所以在钓到较大的狗鱼后，需要进行时放时收的遛鱼操作，和它周旋相当长的时间。一般1 000～5 000克的狗鱼被钩上后，钓者需要拉扯周旋半个小时，如果钩上了10～20千克的大鱼，可能需要和它磨上1～2小时。

2. 用顺流甩钩钓法钓狗鱼

每当夏季汛期到来的时候，雨量充沛，河水水位上升，河水流量大增，就会出现汹涌的激流，狗鱼很喜欢在这样的环境下一次次逆水上游。

垂钓开始前，垂钓者可在岸上持着短竿，竿头只拴着一根系有单钩的钓线，在距钓钩30～40厘米的钓线上缚一块用锡皮卷成的坠子，以便鳌鲦鱼钓饵下水后，能悬于90～120厘米深度的水体中，正好处于狗鱼活动的水层中。

在上述准备工作完成后，即可将钓钩投入水中。由于水流较急，入水后的锡坠会被冲浮上水面，漂向远处，垂钓者可将饵钩提起，重新投入上游的水中，如此反复操作。如有狗鱼吞咬钓饵，这时垂钓者可从手感中判断上钩的狗鱼大概有多大，适当放线，任其拖拉一阵，但当放线到10多米时，就要逐渐停止放线，然后突然将钓竿向后一震，使钓钩将鱼深深地钩牢。

鱼被钩牢之后，不能用蛮力硬拉，否则容易断线，因为这时狗鱼还处在激流之中，静水尚且难以拉动，激流之中更加困难，只能顺着水流，提着钓钩和鱼沿着岸边向下游方向步行一段，待到将鱼送到下游比较宽阔并有回流之处时，再将鱼缓缓地拉向岸边。这期间很可能还要经过一阵放线收线、拉拉扯扯的遛鱼过程。

3. 用冰洞钓法钓狗鱼

狗鱼是冷水性鱼类，在冬季严寒时期，它在冰层下面的水体中照样生活得很好，并且能在大白天在阴暗的冰层底下活动觅食。因此，在冬季水面被冰封住时，不但仍可垂钓，而且钓绩要比夏、秋季垂钓好得多。

在寒冷的冬季，钓饵的来源是一个大问题，别说鳌鲦鱼捉不到，其他鱼也难见到踪影，所以想要在冬季垂钓就要早做准备，在春季和夏季，将钓获或捕获的小鱼放入冰箱冷冻室储藏起来，留待冬季使用。到了冬季需要用钓饵时，将小鱼解冻，使其变软作为钓饵，对狗鱼来说，仍很具有吸引力。

冰洞钓法所用的钓具需做好以下置备：

① 钓竿用长 50～60 厘米、大拇指粗的竹竿 5 根。

② 钓线用 5 根较粗而牢固的锦纶线作主线，每根长约 12 米。用比主线稍细一点的锦纶线（要比较柔软的）10 根作支线，各长 20 厘米。

③ 钓钩用尖锐牢固的中号钓钩 10 个。

④ 铅坠：用 5 个稍重一些的坠。

⑤ 另外，还要准备一根凿冰用的粗钢筋制成的冰镩子：一头尖，另一头弯成圆形把手。

将 5 根粗主线分别拴扎在每根竹竿的中间部位，每根线的下端拴一个铅坠，在铅坠上方 30 厘米和 60 厘米处各拴一根支线，每根支线上拴 1 个钓钩，两个钓钩之间相距 30 厘米。

垂钓前，先将钓饵装上钩，装钩时，要将钩尖从小鱼腹下钩到脊背处，露出钩尖也无妨。装好钓饵后，在河道最深处的河面上开凿冰洞，冰洞一般可凿成直径 60 厘米大小，凿好第一个冰洞后，距离 6～7 米处再凿第二个，接着隔开同样距离再凿第三个、第四个、第五个。凿好后在每个冰洞中放一根钓竿，铅坠的安放只要让带着饵钩的钓线能在水流中摆动就行。然后把钓竿横搁在冰洞口上，两头用冰块压牢，不让它转动。

较长时间生活在冰层底下的狗鱼，由于水体中缺少食物，都处在饥饿状态，因此在发现钓饵后，它就会饥不择食地猛咬钓饵并吞入口中。被钓上钩之后，虽然也要挣扎几下，但已经不是很难对付。

二十四、怎样钓香鱼

（一）香鱼的生活习性

香鱼是一种肉质鲜美并带有香味的鱼类，由于它有香气，被人们称为香鱼。

该鱼体形侧扁，体表呈青黄色，从鳃盖至腹部前端有一条卵圆形橙黄色斑纹。全身披有细小鳞片，属中型鱼类，成鱼体长为20厘米左右。

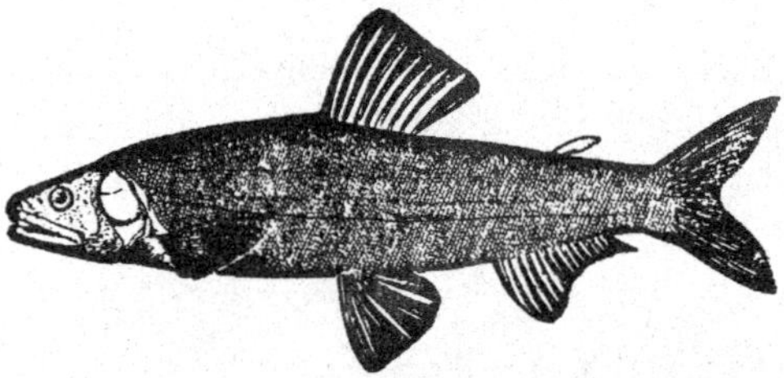

图68　香鱼

香鱼生长在东亚各国，我国南部各省较多，其中尤以福建南部最盛。香鱼每年春季聚集在我国南部河流的河口，以捕食昆虫和水生小动物为生。初夏时分，开始在河底多石的水域寻食附生在水底石块上的石垢和水藻。待长至12厘米左右时，即逆水上游，遍布于各条河流中游弋觅食。到了梅雨季节，香鱼的鱼群又从河流上游顺水游到中游，夏季开始后，游动减少，留在原地生活2～3个月时间。及至初秋，随着水温的下降，又顺水游至下游河口附近产卵。香鱼的雌鱼寿命很短，产卵之后，它们就会因体力衰竭而陆续死亡。经3～4周后卵即孵化成幼鱼，不久，幼鱼就成群结伴顺流而下，游入靠近河口的海中，来年春天再逆水上溯。

我国南部地区气候温和，土地湿润，森林资源保护良好，江河水质上乘，较少受到污染，水中各种小生物品种繁多，有充分的食物来源，是香鱼很好的生活环境。每年3～10月份都是垂钓香鱼的良好时期。

（二）垂钓香鱼的用具

钓香鱼可用真饵钓，也可以用假饵钓，而以用假饵钓者居多。假饵钓有多种钓法，每种钓法所用的钓具也有所不同。

1. 真饵钓用具

用真饵钓香鱼，钓竿宜选中等弹性的溪流竿，竿长以4.0～4.5米为宜。

钓线最好用0.8～1.2号草绿色尼龙线，如用乳白色钓线，可用水草或青草捋几次，将它染成绿色，其长度应和钓竿相等。

钓钩可选用小型鱼钩，如江芦形619～621号。浮漂和铅坠用一般的就行，只要使浮漂的浮力与铅坠配的重力相同，香鱼在咬钩时，浮漂上能有灵敏的反应即可。

2. 假饵钓用具

① 提竿钓钓具。提竿钓的竿子要长，可选用5.0～5.5米长，且有弹性的竿子，钓线需用6～8米长，漂和坠都需用大型的，以利于提竿。假饵用羽毛钩或拟饵钩。需备长柄抄网，以便起鱼之用。

② 拖挂钓钓具。拖挂钓用的钓竿不仅要长，而且要求比较粗壮结实些，竿长也应在5.0～5.5米。钓线需8～10米长。漂和坠也需用大型的。羽毛钩或拟饵钩需6～10个，另外还需准备20～30个钩，因为在水底拖拉时极易损坏。

③ 亲吻钓钓具：亲吻钓的钓竿不宜太长，选用3.0～3.5米长的就行，但要既轻又硬，且具有中等弹性的。钓线以选用6号尼龙线为合适。浮漂宜用球漂，最好是荧光漂，以便于甩出和收回。铅坠需用较重的弹丸坠。钓钩宜用4个不同样的羽毛钩或拟饵钩，同时需备用8～10个钩，以便损坏时更换。

（三）垂钓香鱼的饵料

1. 假饵钓用的诱饵

用假饵钓时，最好要用诱饵。将小青鱼或其他鱼捣烂后撒入钓点，以引诱周围的香鱼聚集在钓点内，以便得到更好的钓绩。

2. 真饵钓用的钓饵

用真饵钓香鱼，钓饵可用青菜虫、莴苣虫、小青虫、小竹鱼、蚯蚓、溪虫、沙蚕，也可用小面团、小饭团，桑葚、菠萝切成的小块，但对香鱼最有吸引力的是鲜活的小香鱼。因香鱼有一种不容许别的香鱼侵入自己领域的习性，见了别的香鱼就要吞食，所以用小香鱼作饵效果最好。

（四）钓点选择的秘籍

不论用真钓饵还是用假钓饵，都应注意在不同的季节选不同的合适钓点垂钓。春季和秋季，在气候不是太冷和太热的情况下，应选在河流的下游和河口一带垂钓；夏季，应在河流的中游和上游垂钓；只有在梅雨季节，可以不分河流的地段垂钓。但不论在上游、中游或下游，都应选河底有大小石块的水域为钓点，因为河底没有石块的河段，香鱼根本就不会在那里栖息，当然就钓不到香鱼。香鱼之所以喜欢石头多的地方，是因为石头上长有石垢和青苔，也就是苔藻，香鱼爱吃这种苔藻，专选这样的环境生活和栖息。有苔藻的水域，是香鱼多的地方，也是最适宜的钓点。

有经验的垂钓高手认为，早晨和傍晚，在河滩大石块旁边下钩最易上鱼；中午时分，在河道中央乱石堆的大石块旁边下钩最好，很有可能钓到较大的香鱼。

（五）香鱼的垂钓秘籍

1. 用真饵钓香鱼

由于香鱼极喜欢吃鲜活的小香鱼，若用小香鱼作钓饵是最为理想的，但在挂钩时不要伤及小香鱼的要害部位，使其在入水后还能活动，以引来香鱼上钩。

在放钩下水时，先将作为钓饵的小香鱼提近水面，让它逐渐向河中心游去，当小香鱼游到钓点附近时，可将钓线稍稍放松，让它潜到水底，然后将钓竿稍稍抬起，等待香鱼前来追捕。如果没有香鱼来吞钩，要把钓竿慢慢提起，从水面重新将其放入，让它随流水向下游漂移。由于有水流推着，小香鱼不可能向上游游动，只能浮游在钓点周围。这时垂钓者宜将主线绷紧，让水流推着小香鱼向左或向右移动位置以引诱香鱼。若再无鱼上钩，需改变位置。一旦有鱼咬钩，竿头就会激烈晃动，还可能连浮漂一起被拉入水中。这时要用腕力将钓竿抖动一下，以便把鱼钩牢，再把钓竿缓缓提起，向下游牵引，直至拖引到靠岸不远的缓水处，再用抄网连鱼带钩一起抄上岸来。

应该注意的是：在钓上鱼时，一不能向上游拖拉，二不能用蛮力硬扯，只能顺着水流边拉边放，等到鱼儿无力挣扎时，再拖近用抄网把它抄上来。

2. 用假饵提竿钓法钓香鱼

这种钓法一般适合在较宽较深的溪河中进行，在长竿和大漂大坠上拴上羽毛钩或拟饵钩，从垂钓者立足之地，向扇面形的前方和左、右方向，缓缓地将假饵钩垂入水中，随后又慢慢将钓竿提起，顺着水流逐渐往下游移动，反复进行。提竿时不要将假饵提出水面，提到近水面时，再将它放入有水流处任其顺水漂移，并适当放松钓线，特别要有意识地让饵钩沉入有斜坡的水底。

当发现竿头上下颠动时，就要将钓竿抖一下，将鱼钩牢，耐心地经过一段时间周旋后将鱼拖移到靠近岸边。如果用的是多节钓竿，可将钓竿逐节拔下，最后用抄网抄鱼上岸。

3. 用假饵拖挂钩钓法钓香鱼

拖挂钩钓法适合在宽阔河面上垂钓时使用，需要用很长的钓竿和较长的钓线，拴缚上 6～10 个羽毛钩或拟饵钩作假饵钩。垂钓时，垂钓者应面朝上游，把假饵和组合串钩甩向稍靠边的上游水域，沿着上游的岸边顺流从河底将饵和钩朝身边拉，就这样时停时拉，直到把鱼拖拉到河岸边上。在将组钩沿河底拖拉时，要让铅坠正好触着河底的石块，还应根据水流的速度适当控制饵钩拖动的快慢，避免太快或太慢。

当感觉到已有香鱼上钩时，不可立即提竿，先要绷紧钓线，再从容地把鱼向下游顺水引遛，时紧时松地和鱼周旋，待将鱼拖拉至乏力时，再将鱼拖到河边，用抄网将其捞上来。

4. 用假饵亲吻钓法钓香鱼

亲吻钓适宜在中型或较小的河道中使用，特别是在河水上涨、河水浑浊、水体透明度不好的情况下，不适合用真饵钓时，用这种钓法比较适合。使用亲吻钓时，钓竿应选用较短、有一定硬度、较轻的钓竿，以便于甩出去、收回来。垂钓时用 4 个不同的羽毛钩或拟饵钩挂在较重的铅坠上。

垂钓开始前，若能施些诱饵在钓点上效果可更好些。诱饵可用竹筴鱼和小青鱼捣烂后的鱼肉碎末撒入钓点，这种腥气能将香鱼引到钓点上来，然后放下假饵钩，时而将钓钩上提，时而又缓缓放下，并且要勤换钓点，不要固定在一个地方垂钓。

二十五、怎样钓斑鳠

（一）斑鳠的生活习性

斑鳠主要分布在我国南部各省，广东、广西、云南、贵州等省的江河中都有它的踪迹，海南岛周围水域也较常见，以广东的珠江、韩江流域最为多见。鳠鱼鱼体侧扁而细长，头略平，嘴唇较厚，吻部较宽，体形瘦长，像织布机上的梭子，长有4对胡须，背部鳍短，有硬刺，体表呈棕色，腹部黄色，成鱼体侧有不规则的蓝黑色的圆斑点。

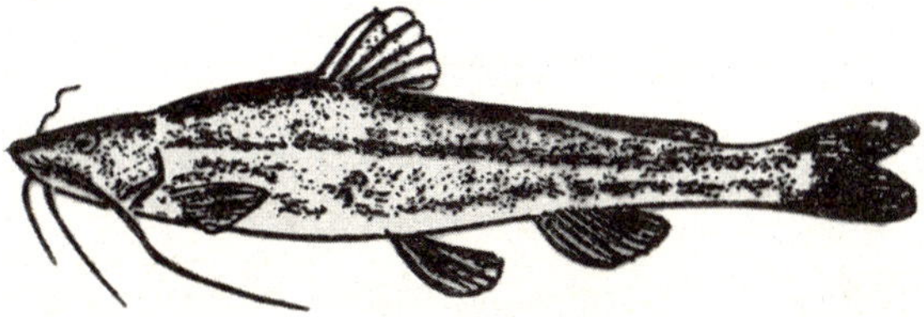

图69 斑鳠

斑鳠肉厚刺少，肉质细嫩鲜美，是我国南部名贵鱼种之一。鳠鱼个体中等，一般体重为1 000～2 000克，但大的也有10千克的。

该鱼属底栖鱼类，经常栖息在江河岸边或水流缓慢的水域，喜欢在江河边有岩石处或石砌堤坝边游弋觅食，它最喜钻岩洞，常以此为乐。此外，有支流、分汊的进水口和有水草密生之处，也是它喜欢停留觅食的水域。

斑鳠以肉食为主，生长在水中的各种小鱼、小虾、小泥鳅和多种水生小动物都是它的饵料。它食量很大，进食又猛，所以生长极为迅速。这种鱼有一个和其他鱼不同的摄食习惯：只要有食物进口，就立即咽入口中，不再吐出，所以垂钓鳠鱼比较容易。

（二）垂钓斑鳠的用具

由于斑鳠的个体不算小，又是肉食鱼类，故气力较大，上钩后会拼命挣扎和逃窜，而且会向石缝和草丛直冲而去，拉力很大。因此，钓斑鳠的钓具必须坚固结实，经得起冲击。

钓竿用手竿和投竿都可以。若用手竿，必须选用韧力强、弹性大的，竿尖梢的强度也应较大些。至于钓竿的质料没有硬性规定，不论竹制的、玻璃钢制的、碳素纤维制的都可以用。钓竿的长度最好有4.5米长。

钓线的长度一般需要和钓竿长度差不多，但强度要大些。若用尼龙线，宜选优质、直径需在0.3毫米以上为好。

钓钩要用钢质好、强度大、钩柄较长、钩尖锋利、倒刺长的钩，选用16～18号HHH倒刺鱼钩或类似型号的钓钩较为合适。

浮漂宜用中等浮力的，但需和铅坠的重量相适应，要求两者配比合理，若钓点的水流比较平缓，铅坠可用轻些，如钓点的水流较急，应根据水流湍急的程度确定铅坠的重量，水流越快，铅坠的重量应越重，目的是不让水流把饵钩和铅坠冲走。

若使用投竿垂钓，其钓竿只需比较结实就行，其长度有1.8～2米就可以了。装在钓竿上的绕线轮，用中型、小型的都可以。绕线轮需储备60～100米长、直径0.3毫米的钓线，最好用串钩，有6个钩即可，钩的型号和手竿使用的钩相同。

由于鳠鱼的力气大，窜劲很足，钓这种鱼很可能会损失些钓钩和钓线，所以垂钓前应多备一些，免得临时受窘。

（三）垂钓斑鳠的饵料

钓斑鳠的钓饵可用小鱼、小泥鳅、活虾、螳螂、野生蜂、蚕蛹、蚂蚱等，有些人用带腥臭味的动物内脏作钓饵，效果也很好。

（四）钓点选择的秘籍

由于斑鳠常年不停地摄食，所以一年四季都能钓到，只有春末夏初产卵期间，它才减少摄食量，但仍不会完全停止进食。到了秋季，鳠鱼摄食量大为增加，因而每年的7～9月份，是垂钓斑鳠的最佳季节。涨水之后的退水期或下雨之后，它的食欲最旺，如能把握好时机，在傍晚前后去垂钓，钓获率可大大提高。

钓点应选在斑鳠喜欢栖留的水域，如水底有乱石堆处、码头或石桥等建筑物的附近、有支流的河汊口附近、水草丛生有活水等处。

（五） 斑鳠的垂钓秘籍

钓斑鳠的技术并没有特殊之处，但如果希望能钓到较多的鱼，需注意以下几点：

① 在将组钩投入水中以后，应仔细注意浮漂的动静，一旦发现有捧漂、黑漂等现象时，就要立即提竿起钩，因为斑鳠咬钩和别的鱼不同，它咬钩的动作是：看到钓饵时一口咬住，并立即吞入口中，将饵、钩和线一起拖着走，一边走一边将饵钩吞咽下去，如果动作稍慢一些，它就把饵和钩都吞进肚里去了，虽然能将鱼拖上来，但要将钩从鱼肚中拉出来却非常麻烦。

② 钓斑鳠以夜间进行为好，若在深水区垂钓，可采用手感钓，不必用浮漂。将钓饵投入钓点的水中后，若手中感觉到有动静，接着发现钓线被拖走时，就要赶快起钩，若不失去时机，就一定能钓到鱼。

③ 可以利用斑鳠喜欢群集的习性，把已经装有斑鳠的鱼护，放在离钓点较近的岸边，让鱼护的下半部浸在水中，斑鳠见附近有同类的声音，就会向此处聚拢过来。这样上钩的机会就会多得多，钓到的鱼也就自然会更多。

二十六、怎样钓金线鱼

（一） 金线鱼的生活习性

金线鱼是一种名贵的珍稀鱼种，肉质细嫩，味道鲜美，曾受到我国明代著名旅行家徐霞客的推荐，称之为“滇池珍珠”。

该鱼体形侧扁，有一对吻须和一对颌须，背部颜色暗灰，有不规则的黑色斑点，腹部和体侧灰色，属小型鱼类，体长一般只有 10～16 厘米，体

图 70 金线鱼

重只有 50～60 克。金线鱼产于我国南部，以云南省呈贡县最为多见，广西桂林的漓江水域也有出产。

该鱼生活在水域的中层和底层，以肉食为主，但也兼食植物性饵料，属杂食性鱼类。该鱼喜欢群居，常在山石缝隙或岩洞中栖息作窝。每年在气候转暖的初夏时，在岩洞中产卵孵化，幼鱼孵出后，再游到湖泊边沿的浅滩去觅食育肥，待秋末，天气转冷时又游回到岩洞中去避寒过冬。

金线鱼胆小多疑，警觉性很高，只要有一点动静，它就会立即逃窜，整个鱼群迅即全部分散，逃得一条不剩。因此，垂钓者在钓金线鱼时应十分小心，注意保持钓点附近肃静无声，并要注意隐蔽，不能来回走动。

（二）垂钓金线鱼的用具

由于金线鱼鱼体很小，上钩后不必进行遛鱼。

钓竿可以选用手竿，竿应长些，用 4.5 米长的竿比较适宜。竿的梢尖部分要求有很强的弹性，这样起钩时才能有速度，不至于跑鱼。

钓线宜选用 0.7～1.0 号的优质尼龙线，其长度大体上与钓竿的长度差不多。

钓钩要选用钢质好、韧性强、钩尖锋利、倒刺长的小型钩，如 5～6 号 HHH 钩、无锡生产的江芦形 619～620 号钩等。

浮漂可用较小的，铅坠要稍重于浮漂。如采用手感钓，可以不用浮漂，但铅坠要大些。

（三）垂钓金线鱼的饵料

钓饵应以动物性饵料为主，用小红蚯蚓、蛆虫或小虾都行；若用粮食类的素饵，可在面粉中掺些蚯蚓粉或牛血、羊血，使之有腥味，对金线鱼的诱惑力会强些，效果也会更好些。

（四）钓点选择的秘籍

根据金线鱼较爱清洁，所处的水域一般是有清澈的泉水之处，栖身的鱼窝大多在比较隐蔽的岩洞里面，或是水域多暗礁和石块形成的空隙间。垂钓金线鱼的钓点：一是要选在清澈的水体之中，最好是有泉水涌出的水域；二是要选在比较隐蔽的岩洞洞口附近；三是要选在水底坑洼、陡坎较多、有礁石或石块堆积、空隙较多便于隐藏的地方。

（五）金线鱼的垂钓秘籍

钓金线鱼可以用竿钓，也可以用手感钓。若用竿钓，可以用稍重一些的铅坠，使钓饵下水后可以随心所欲地沉入水底的岩石空隙中。若在江河或水库沿岸的岩洞或石缝外面垂钓，可用手感钓，直接将钓线伸入洞穴。手感钓若用串钩，待钓饵沉入水底后，需缓慢地将其上下移动，时提时放，以引鱼上钩。

有经验的垂钓高手认为：金线鱼鱼体虽小，但吞饵咬钩却比较干脆，一口就把饵钩吞下，既快又狠。垂钓者要特别留心观察，发现稍有动感时，应及时起钩，提拉上岸。因为钓这种鱼，若动作稍慢，鱼就会脱钩逃走。

二十七、怎样钓桃花鱼

（一）桃花鱼的生活习性

桃花鱼体形侧扁，属小型鱼类，体长一般为10～15厘米。体色银灰而有条纹，雌性臀鳍粗短，雄性臀鳍宽大且长。与一般鱼类不同，桃花鱼背鳍也特别宽大且长，游动时，改变前进方向非常快速灵敏。

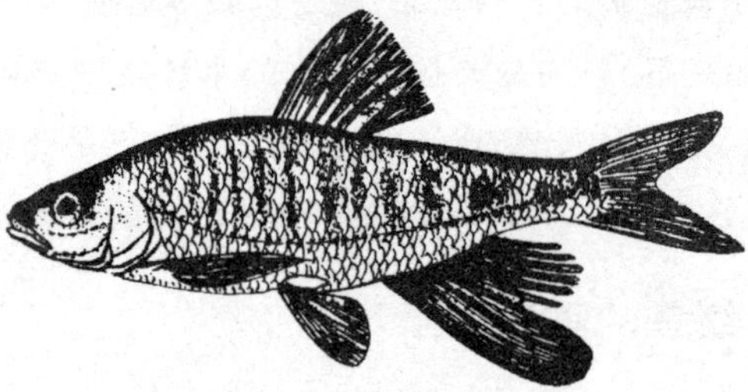

图71　桃花鱼

该鱼分布在我国各大江、大河、大渠及支流中。每年春暖花开之际，尤其是桃花盛开之时，该鱼就纷纷游往浅滩中产卵育儿，十分活跃，桃花鱼的名称可能就是由此而来。随后分散进入小河与湖泊中生活觅食，到7～10月份，幼鱼一般能长至6～7厘米，此后随着天气转冷，它们就游往大江、大河下游的深水区准备越冬。

在春末与夏季气温暖和之时，桃花鱼喜欢栖息在水流较缓、水温适中的河流、湖泊的砂石和水藻丛中。黄昏和清晨光线暗淡不明之时，正是桃花鱼最活跃的时刻，它捕食各种小虫，甚至能跃出水面。它也喜欢在水流遇阻时出现的漩涡处和水下有乱石的坎坷不平处，以及有水坝引起水流湍急翻滚的水域活动。

桃花鱼是以肉食为主的杂食性鱼类，喜食红虫、象鼻虫的幼虫、孑孓、蝼蛄的幼虫、白蛆虫、树虫和苍蝇等，也喜吃火腿肠、馒头屑、面条、饭粒和蛋黄等。

（二）垂钓桃花鱼的用具

垂钓桃花鱼由于需要不断地提动钓竿才能诱其上钩，所以钓竿要求轻便，以细长为宜，这样提动起来轻松省力。钓竿的长度需有4米以上，竿尖要细软而富有弹性。钓线可选用0.5号尼龙线，主线上端35～40厘米处要拧成双股，使提钓竿时线和钩能随心所欲地甩动，不会缠线。线的长度要和钓竿的长度相等或稍长一些。钓钩宜选用芦江形021号或020号，HHH万能袖钩也可以用。浮漂与铅坠的重量配比要适当，以1:1为好。

垂钓桃花鱼也可用假饵钓法。若用假饵，羽毛钩、拟饵钩都能使用。羽毛钩种类繁多，使用的效果也较好，所以垂钓者大多数都爱用羽毛钩。垂钓者还可以根据水域、水质、时间、天气和风力等情况，选用下列羽毛钩中的一种或两种：蝇虫羽毛钩、小蚊虫羽毛钩、黑和蓝孔雀羽毛钩、蜻蜓羽毛钩、双叶羽毛钩、萤火虫羽毛钩。拟饵钩的种类有：蛆虫拟饵钩、毛虫拟饵钩、小鱼拟饵钩、小虾拟饵钩、小蜻蜓拟饵钩、小鼠拟饵钩，由于种类很多，不再一一例举。

（三）垂钓桃花鱼的饵料

1. 钓桃花鱼的诱饵

在水流湍急处垂钓桃花鱼，可以撒诱饵也可不撒诱饵，但在钓点鱼很少的情况下，必须使用诱饵。招引桃花鱼的诱饵有很多种，最容易制作的是米糠诱饵。制作方法：将碾细的米糠粉末放在锅中炒出香味，加入酒糟和面粉，用水拌匀，再捏制成蚕豆大小的小圆团，投入钓点即可。

2. 钓桃花鱼的钓饵

垂钓桃花鱼用的钓饵，虽然有前面所提到的那么多种类，但该鱼最喜欢吃、且垂钓效果最好的是一种荤饵和一种素饵。

荤饵是蝼蛄的幼虫。蝼蛄的幼虫采集起来并不很难，方法：在河边的浅滩上，先寻找水底有大石块的水域，找好后站在面向上游的水中，把用纱布或塑料纱制成的抄网靠近在大石块的下游方向，把石块翻开时，石块底部的蝼蛄幼虫就会被水流冲进抄网中。

素饵是用面粉和蛋黄制成的面糊。制作方法：在碗中磕入一个鸡蛋或鸭蛋的蛋黄，用筷子搅拌，加入面粉再搅拌均匀，滴入几滴香油或曲酒，拌和成糨糊状（软硬度以能装在钓钩上为宜）装入塑料袋中，然后将袋口扎紧密封起来。在垂钓需用钓饵时，用钓钩在塑料袋上刺破一个小孔，将面糊挤出少许，安在钓钩尖上即可。

（四）钓点选择的秘籍

桃花鱼喜欢栖息在水库、湖泊的进出水口、支流的出入口和有泉眼的附近，乱石堆、沉礁、藻丛和乱桩较多的水域也是其栖息觅食之地。桃花鱼的大小和栖息的水域有密切关系。个体较大的桃花鱼喜欢栖息于水流湍急的乱石滩中；个体小的喜爱栖息在水流缓慢的河滩及回水处。选择钓点时，一般找水流较急、水质浅浊的浅滩和滩尾处。

另外，桃花鱼因季节的变化栖息的水域也有所不同。春、秋两季最好选在溪流上游的滩头、滩腰、落水的缓流处、大石块之下和梯形滩地垂钓；秋季可选择在溪流的下游或河口垂钓。秋末至冬季，气温较低，浅水区水温相对较低，一般钓不到鱼。

（五）桃花鱼的垂钓秘籍

1. 浅滩底钩法钓桃花鱼

若是在浅滩垂钓，可以采用底钩法。若以蝼蛄幼虫作饵，因其有一定的重量，下沉比较快，比较容易使饵钩沉到水底。如果用蛆虫作钓饵，因其重量轻，会被风吹得漂浮在水面上，沉不下去，这时应在钓钩上方的脑线上扎上3～5克重的金属丝，这样才能使饵下沉。若在深水水域垂钓，应将铅坠加重。

2. 手感钓法钓桃花鱼

若在水深1米以上、水流较急的河道上垂钓，或在水底有大石块的地方垂钓，可以不用浮漂，凭手感进行垂钓即可。在凭手感垂钓时，应在钓点上游2～3米处将饵钩投入水中，使其缓缓沉入水底，只用竿尖带紧钓线和钓钩，让它慢慢地沿着水域的底部推移。此时，可将钓竿向左向右、向前向后不断地移动，让钓饵看上去像是活的，以吸引桃花鱼的注意。若有鱼儿咬钩，钓线和竿头都会出现异常的晃动，当提竿的手感觉到这些动静时，就应立即提竿，便能钓到桃花鱼。在未见到有信号出现时，可用钓竿将饵钩牵到水底大石块四周作小幅度的摆动，以吸引鱼儿上钩。因为桃花鱼喜欢在这些大石块周围栖息和游动，这时将挂有蝼蛄的饵钩垂至此处移动着，吸引鱼儿咬钩的可能性是很大的。

3. 用假饵钓桃花鱼

钓桃花鱼除了用蝼蛄幼虫等真饵外，还可用假饵垂钓。钓获的成功率常常不低于用真饵。桃花鱼属小型鱼类，所以假饵也应做得小一些，如做成小苍蝇、小蚊子、小蛆虫、小毛虫等都行。

用假饵垂钓可用底钓法，但以用浮钓法为好。早晨黎明时分和傍晚天气已近昏暗之时是最佳垂钓时机，因为这时是桃花鱼在一天中最活跃的摄食时期。

用假饵垂钓时不应忽略的是：在将假饵投入水中后，不可让其停留在水中，而应该不断牵动和小幅度地晃动着钓竿，使假饵看上去有活的感觉，这样才有可能将桃花鱼诱骗上钩。

（六）垂钓桃花鱼应注意的事项

垂钓桃花鱼时，还应特别注意：桃花鱼的个体虽小，但它的视觉和听觉都很灵敏,而且很有警觉性,所以垂钓时,如果是大晴天,垂钓者切不可背对着太阳,让人影映入水中。此外,垂钓的各种操作都应悄然地进行,不可发出惊动鱼儿的声音,更不能与旁人大声说话和在岸边多走动,否则就会把桃花鱼吓跑,落得空手而归。

二十八、怎样钓鲣鱼

(一)鲣鱼的生活习性

鲣鱼是生长在我国南部各省大水系中的鱼类。鲣鱼有黄壳和青壳两种,都属于鲤形目。黄壳鲣鱼体形为长筒形,腹部较平,腹鳍黄色。鲣鱼生长较快,1 冬龄的鱼可长达 20 厘米,成鱼最大的可达 10 千克;青壳鲣鱼体色青绿,背部稍拱起,腹部呈小弧形,腹鳍末端略呈黑色,其生长速度更快,2 冬龄的鱼体重可达 2 000 克。

鲣鱼属杂食性鱼类,食物以水生昆虫为主,也吃陆生昆虫和水蚤,在植物饵料方面,喜食丝状藻物和高等植物的种子。鲣鱼的警觉性很高,对周围环境的动静极其敏感,若环境稍有变化,即会大生疑窦,立即逃之夭夭。

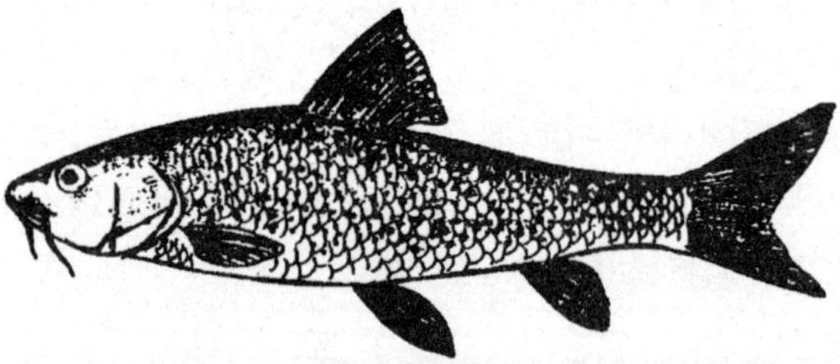

图 72 鲣鱼

鲣鱼属中下层鱼类，常栖息在水底多乱石的清水激流河段中，特别是河道的弯曲处或河道分叉处，以及水流较缓、有障碍物或转角的地方。

（二）垂钓鲣鱼的用具

垂钓鲣鱼宜使用手竿，竿体需比较结实，竿梢要有较强的弹性和韧性。至于质料倒并不讲究，竹制、碳素纤维、玻璃钢手竿都可以使用。如手竿的长度较长，超过4米以上时，可不需装绕线轮；若钓竿不长，只有2米左右，应该配装绕线轮。

垂钓鲣鱼用的钓线不能粗，要用比较细、直径为1毫米的优质尼龙线就行，这是由于鲣鱼属胆小而机灵的鱼种，线粗了目标大，容易被鲣鱼发现，即使用直径1毫米的细线，也应该用青草将线拉捋几次，使线的颜色和水体的颜色相近，使鱼看不出来。

垂钓首先要求钩尖锋利，倒刺要长，以防鱼上钩后逃脱。若钓较大的鲣鱼，应选大型的钓钩，若只有小鲣鱼，宜选小号的钓钩，一般选用HHH倒刺鲹鱼钩15～17号较为合适。

浮漂的大小和种类不论，但其浮力应与铅坠的配比相符，只要能灵敏地反映鱼的动静就行。若在清水中用明钩钓或在溪水上浮钓不用浮子也可以。在普通的小河或静水池塘垂钓，宜用小浮漂和小铅坠，铅坠的重量以能将饵钩坠入水底为度。

（三）垂钓鲣鱼的饵料

垂钓鲣鱼的钓饵，可用的荤素饵料较多，荤饵如小泥鳅、小虾、土蚕、菜青虫、红虫、孑孓、红蚯蚓、蜻蜓等；素饵如冬瓜子、南瓜子、野生小红果、馒头、饭团均可，但以红虫和红蚯蚓效果最好。

（四）垂钓鲣鱼的最佳时间

不论哪个季节都可垂钓鲣鱼。在我国南方各省的大江和支流中，这种鱼的产量是较高的，它的数量仅次于鲤鱼。每年的春季，寒意未消，鲣鱼活动较少，不易钓到，但并非完全不能钓到，因为在南方，一般河流中这时的水温已超过10℃。到了6月，鲣鱼的觅食活动就频繁起来，直到水温大幅下降时，鲣鱼才较少到水体的中上层来游弋。秋末、冬季和初春，若在深水处作底钓，依然经常有鲣鱼上钩，但最佳的垂钓季节还是在6～10月间。

（五）垂钓鲣鱼的技巧

垂钓鲣鱼有一个不可忽视的环节，就是根据这种鱼的喜好，要用对诱饵，如果能将钓点周围百米远的鲣鱼都引到钓点上来，那所获的钓绩就会很大。

有经验的垂钓高手认为，钓鲣鱼应按照不同的季节使用不同的饵料，诱饵、钓饵都是如此。春、夏两季应多用有腥臭味的饵料，秋、冬两季应多用有香味的饵料，尤其是所撒的诱饵，要充分考虑到这点。比如说，在春、夏两季，垂钓以前，可用加有鱼粉和狗骨、羊骨的粉末调合起来的豆饼末、麸皮粉、面粉作诱饵，撒入水中打窝；秋、冬两季可改用加有曲酒调合起来的豆饼粉、芝麻粉、面粉作诱饵。钓饵可采用前面提到的几种荤素钓饵，但鲣鱼最喜欢吃的是活虾和活的红蚯蚓，如果能在垂钓前弄到，那是最理想的。

有一个钓鱼常识垂钓者都知道：在一天中，水温在不同的时间是不相同的。冬季和秋末、初春，天气比较凉，水温低，应在中午前后的3～4个小时内垂钓，因为这段时间水温稍高一些，鱼儿会出来觅食；在夏季，应在早晨和傍晚垂钓，因为鱼儿也爱在天气凉爽的时候出来觅食。钓鲣鱼也应遵守这样的规律，才会有好的钓绩。

钓鲣鱼虽然有多种方法，但一般还是采用竿钓法。用竿钓时，不论是底钓还是浮钓，当饵钩已经投入钓点之后，就必须全神贯注地注意浮漂的动静，若发现浮漂有较大点动或黑漂时，就应把握住时机，立即提竿,将鱼提上岸来。鲤鱼和别的鱼不同,它的视力比较好,饵钩进入水底后,它会很容易发现,所以不像钓其他鱼那样要颠动饵钩,若将饵钩不断提动,这种胆小且多疑的鲤鱼反而容易被受惊而逃走。

（六）鲤鱼吃饵的特点

鲤鱼摄食饵料的特点:吞饵上钩快,吐饵脱钩也快,所以一旦出现黑漂时,就要及时提竿,错过了这个时机它就会脱钩溜走。鲤鱼吞饵之前,都要先对食物观察一番,再经过触触碰碰,然后还要用尾巴将食物扇动一下,使食物浮起来,这时才回过头来,猛然咬吞。垂钓者应看准火候,在它回身时做好提竿准备,当它正在吞钩时就要突然提钩,钓个正着,不能稍有迟疑和延误。

另外,由于鲤鱼的个体较大,1 000 克重的鲤鱼只能算是小鱼,所以上钩以后,还得好好对付,而且即使不是大鱼,它也会作一番挣扎。鲤鱼在被钩住后,常常是先将头部反复摇晃,企图逃脱,接着便翻滚身体,最后是向前或向左、向右逃窜,或向深水处猛扎,垂钓者这时不可慌乱,若从手感中感觉到是条较大的鱼,应有意识地慢慢将它拖离钓点,因为鲤鱼是成群的,钓点还有其他来上钩的鱼群,不能让它在钓点蹦跳挣扎,否则会把鱼群吓跑。对付鲤鱼挣扎的要领:充分利用钓竿的弹性,使钓竿绷成弓形,保持适度拉紧状态,切不可使钓线松下来。如果用的是没有绕线轮的手竿,应将鱼向垂钓者的左边或右边方向拉,让钓竿始终保持较大的弓形弯度。另外,不能让鱼向垂钓者的正前方方向拉,那样会使钓竿失去弹性,容易把钓线拉断。

如果用的是海竿,拖得很紧时就适当放线,稍微松懈时又应收线,这样收收放放、进进退退,不论需要半小时,还是一小时,都要耐心地坚持下去,直拖到鱼儿疲劳、无力挣扎时,再将它拖到岸边,用抄网抄上来。

二十九、怎样钓虹鳟鱼

（一）虹鳟鱼的生活习性

虹鳟鱼原产于美洲，后来引入亚洲繁殖，现在东亚各国都已大量繁育，我国北方及东北各省已有相当数量的出产。

该鱼属冷水性鱼类，适宜在20℃水温中生长。每当春末气候转暖之际，虹鳟鱼就开始活跃在深溪幽谷之间，特别喜欢在高山融雪时奔流而下的溪间或小河中游弋栖息，在春暖之时，即开始潜入河底，等待山水中带来的虫类饵食充饥。

图73 虹鳟鱼

到了5～6月份气候温和时，虹鳟鱼就不时地浮游在水面上捕食蝴蝶、蝇虫、蚊虫及飞蛾等的幼虫。整个炎夏时期，它都活跃在江河上层水域游弋觅食。每年秋季它产卵孵化，育出成批幼鱼。

虹鳟鱼鱼体修长而侧扁，成鱼体长一般约30厘米，背部和背鳍暗绿色，全身有圆形斑纹，色泽鲜艳。从头部鳃线至尾鳍有一条浅红色的带形长纹，颇为美观。

（二）垂钓虹鳟鱼的用具

垂钓虹鳟鱼由于常常需要将饵钩向外甩投，所以钓竿需结实而且弹性要很好，竿体要求轻巧而不笨重，操作起来轻便而省力。钓竿的长度一般可用4米左右的竿，但若在河面宽阔的水域垂钓，钓竿的长度可用5米或更长些。钓线宜用1～3号尼龙线，线的长度应与钓竿的长度差不多。

（三）垂钓虹鳟鱼的饵料

虹鳟鱼以水生昆虫及其幼虫为主要食物，如蝇虫、蚊虫的蛹和幼虫、蚯蚓、菜青虫、蜻蜓幼虫、蝼蛄幼虫、葡萄虫等。

（四）钓点选择的秘籍

垂钓虹鳟鱼的钓点，最好选在有瀑布或激流与缓流交界的浅滩处，以及溪谷中乱石较多、水流在溪谷底冲击出小浪花处。甩钩垂钓时，一般是从下游往上游逆钓比较合适。另外，由于虹鳟鱼十分多疑，在垂钓过程中，不论是行路、涉水、甩钩、上鱼都要轻手轻脚，尽量不发出声音，还要注意隐蔽自己，不可让垂钓者的人影映入水中。因为虹鳟鱼常常是结群行动的，若惊跑了一条，就会全部逃光，让垂钓者一无所获。

（五）虹鳟鱼的垂钓秘籍

虹鳟鱼分布范围极广，在欧美和日本等许多国家都有。国外垂钓者使用最普遍的是假饵垂钓，假饵钓常用于钓底层、钓中层和钓水面，所用的假饵种类繁多，但以制成蝇虫模样的较多。制作的假饵要求很逼真，连绒毛也要制作得很像，在水中摆动起来像活的昆虫一样。

1. 底层假饵钓法钓虹鳟鱼

底层钓法要使假饵入水后能迅速地沉入水底，不时地将假饵牵动，使其很像是鲜活的昆虫，以引诱鱼儿上钩。这种钓法，一般是用于河流和湖泊中垂钓。

2. 中层假饵钓法钓虹鳟鱼

中层钓法是在流水中,将假饵向正前方甩投出去,让饵钩随着水流漂动,当饵钩漂到水流缓慢的水域时,应将钓竿上下提动,使假饵像是活昆虫似地在水中游动。需注意:要让钓线和钓饵始终处在水体的中层流动,以引诱鱼儿咬钩。

3. 上层假饵钓法钓虹鳟鱼

在水流较快的水域垂钓时,应将蝇虫类假饵向水流的垂直方向甩投出去,使钓饵和钓钩在水流中自然漂动,让其浮在水面,当饵钩漂至缓水水域时,也应将钓竿常作抖动,让假饵显出有活力的样子,以吸引虹鳟鱼咬钩。

(六) 垂钓注意事项

1. 用底层钓法垂钓,当有鱼咬住假饵时,垂钓者会感到钓线突然被拉得很紧,这时应迅速提起钓竿,将鱼钩住,不能延误时间,否则鱼就会脱钩逃走。

2. 在用中层或上层钓法时,若感到有鱼咬钩、钓线猛然拉紧时,会出现和底层钓不同的情况,鱼会击起浪花甚至跃起,这时应立即用腕力抖一下钓竿,使鱼钩将鱼钩牢,接着将鱼提上岸来。当然,鱼必然要做一番拉拉扯扯的挣扎才会就范。

3. 在一天中,垂钓的最佳时间是在傍晚,因为这时雌蝇虫常到水面产卵,它在产卵后会立即死亡,虫体却漂浮在水面上,虹鳟鱼就会趁此大吃一餐。因此,垂钓者若将假饵制成蝇虫样进行垂钓,鱼儿就会以为是死蝇虫而毫不犹豫地将饵钩吞食进去,让垂钓者大有收获。

用假饵垂钓时,特别要注意避免使钓线被流水冲直,因为这样会使假饵在顺水漂动时出现破绽,由于虹鳟鱼属多疑鱼种,若它发现并非真饵时,就会远远地避开,并把整个水域的鱼儿都招走,再也无法钓到鱼。

4. 除了用假饵垂钓虹鳟鱼之外,也可以用真饵垂钓。真饵的品种有:蜻蜓幼虫、红虫、蝇虫、孑孓、红蚯蚓、蝼蛄幼虫和葡萄虫等,在这几种钓饵中,虹鳟鱼最喜欢吃的是葡萄虫,用它垂钓效果最好。葡萄虫是一种寄生在葡萄藤蔓上昆虫的幼虫。在每年的春季和冬季,用它作钓饵进行底钓,很能吸引虹鳟鱼。获取这种幼虫的方法是:将葡萄藤蔓剪下来,放在清水中浸泡半天取出,将藤蔓劈开,葡萄虫的幼虫因藤蔓泡水时吸进水分而被软化,穿钩垂钓很方便。

5. 垂钓虹鳟鱼时,把握好起钩的时机特别重要。虹鳟鱼摄食的动作极其刁滑,吞食时虽然敏捷利索,但吃进去后经常会立即吐出来。所以在落钩以后就要注意观察钓线和浮漂的动静,一旦发现信号,就应迅速提竿,若稍有延误,待它吐出钓饵时再提竿,那就只剩空钩了。

三十、怎样钓鲸鱼

(一) 鲸鱼的生活习性

鲸鱼是一种大型肉食性鱼类,属于鲤科。体形很长,略微侧扁,腹部圆,全身像一个长长的圆筒,但头部和嘴部都细小且尖长。背部灰黑色,腹部银白色。眼睛较大,口上位,下颌与上颌稍长。没有触须,全身鳞片细小。

鲸鱼个体很大,其体长可达到 1.5 米,最大的体重可达到 50 千克,喜欢生活在水体的中层和下层。

图 74 鲸鱼

该鱼性情凶猛，以捕食其他鱼类为食，对家鱼的危害性很大。不仅在水中捕食其他鱼类，并且经常猎食各种动物的尸体，甚至还会袭击人。

该鱼在捕食时异常凶猛，在水中游动的速度极快，在水中能狂奔直窜，甚至能跃出水面，捕食水面上的飞鸟。它具有一副锋利的牙齿，咬食粗大的食物，几下子就能将捕获物撕碎。由于它有这种食性，所以垂钓时既可用真钓饵，也可用假钓饵。

鯮鱼生长在我国的长江、珠江等流域及其支流，闽江和南方其他江河、湖泊中也有它的踪迹。

（二）垂钓鯮鱼的用具

由于鯮鱼属大型肉食性鱼类，性情凶猛，所以钓该鱼的钓具必须粗大而结实。钓竿可用海竿，也可用手竿，但一定要粗壮而坚固。选用海竿，应配备大型或中型的旋压绕线轮或鼓形绕线轮，以便于迅速而灵敏地收线和放线。若使用手竿，必须配备护竿线，以防止竿体损坏。钓线应选用7～10号优质尼龙线，拴在海竿的绕线轮上，储线需要150～200米长。手竿上用的钓线型号还需更大一些的，其长度应比钓竿稍长一些。

钓钩要选择有较长倒刺和钩柄、钢丝粗壮的大型钩，如HH鲤鱼钩18～20号、无锡生产的鹤嘴形111～112号钩等。

浮漂要选择较大的，尤其铅坠要有相当的重量才行。因为鯮鱼一般都栖息在水流较为湍急的江河底层，铅坠轻了就会沉不下钩。

（三）垂钓鯮鱼的饵料

垂钓鯮鱼，用真饵钓或用假饵钓都有较好的效果。垂钓者应根据具体情况来决定用哪种钓法。

鯮鱼属性情暴烈凶猛的肉食性鱼类，不吃素饵，所以钓饵只能用动物性的荤饵，而且最好是鲜活的鱼类等动物。钓鯮鱼所用的钓饵一般是活泥鳅、活鲶鱼、活鳌鲦鱼、活鲫鱼和活的大蚯蚓等。据有经验的垂钓高手介绍，用小老鼠做活钓饵的效果相当好。

用活鱼作钓饵挂钩时需有点技巧，要把钓钩挂在鱼的嘴上、鼻上或尾巴上，这样饵鱼放入水中后，仍能在水中活跃地游动，能引起鯮鱼的注意，并追逐过来猛咬饵钩。

若用蚯蚓作钓饵，最好用15～20厘米长的粗大蚯蚓，在水中才能比较显眼，鯮鱼容易发现并追来。挂钩的方法是：将鱼钩从蚯蚓头下2～3厘米处穿入，至距离尾部3～4厘米处穿出，不妨稍露钩尖，让其头尾露在钩外不断地蠕动着。

若是用鼠类等动物作钓饵，应将钓钩从鼠的背部皮层穿入，稍微钩及背肉即向前钩出，不要伤及脊骨与脏器，然后投入水中，让其沉入水体的中层不断爬动着，以招引鯮鱼上钩。

（四）钓点选择的秘籍

鯮鱼游泳速度很快，善于追捕猎物，一般栖息在水面开阔的水域。它的活动范围很广，常出没于江河干、支流和江汊或河汊口的附近。在湖泊的静水水域也有它的踪迹。它不仅能捕食水面的飞鸟，还能将它的细长吻部探入到石缝或洞穴中摄食隐藏其中的小鱼。石坝、桥墩附近，深水岸边有乱石的水域都是它捕猎小鱼的场所。因此，垂钓鯮鱼时要选择上述鯮鱼活动的场所作钓点。

（五）鯮鱼的垂钓秘籍

钓饵入水后过一段时间若未见鯮鱼上钩的动静，可不时地牵动钓线，使钓饵缓慢地在水中游动，不能让它静止。在不时牵动钓线的同时，还应时刻注意观察浮漂，若发现信号，不要立即起钩，待鯮鱼吞进钓钩并被钩牢后，再去提竿。

鯮鱼个体很大，拉线能力很强，常常会一个劲儿地向前逃窜，甚至有可能将垂钓者连人带竿一起拖入水中。所以，首先要站稳脚跟，沉着冷静，让钓竿弯成弧形，将钓线绷紧，必要时放点线，待线稍松懈时再往回收。若用的是手竿，要尽量向左或向右方向引拉，不可向正前方向引拉，若鯮鱼向正前方向拉去时，要将钓竿朝上竖起来，宁可让钓竿被拖弯成半圆形，也不能让钓线和钓竿形成一直线，否则必然断线无疑。要准备作持久战，必要时要和它周旋几个小时，直到它体力衰竭时将其拖到岸边，用搭钩或抄网抄鱼上岸。

三十一、怎样钓鱇鲺白鱼

（一）鱇鲺白鱼的生活习性

鱇鲺白鱼又称抗浪鱼、网鱼，属温水性小型鱼类，其体长仅 10～18 厘米，体重仅 10～100 克。鱇鲺白鱼体形瘦长，头长而吻尖，背部暗绿色，腹部银白色。鱇鲺鱼体虽小，但肉质鲜美，营养丰富，别具风味，久享盛名，属名贵鱼类，历史上曾经作为贡品，进贡宫廷，被誉为云南省的四大名鱼之一。

鱇鲺白鱼属杂食性鱼类，但以浮游动物为主要食饵，其中又以甲壳动物桡足类、枝角类吃得最多。此外，鱼卵、轮虫、昆虫以及一些藻类植物也都兼食。鱇鲺白鱼摄食不论季节，一年四季即使在产卵期也照样摄食，这对垂钓者来说，可以增加许多垂钓的时机。

图 75　鱇鲺白鱼

鳡鲵白鱼喜欢栖息在水质清澈、含氧量高的湖泊敞水区中上层，但在产卵期间，喜欢在水流缓慢、有大量石砾和砂粒的水底或有较多洞穴的溪沟中栖息。

（二）垂钓鳡鲵白鱼的用具

垂钓鳡鲵白鱼可以用手竿钓，也可以用海竿钓，但不论用手竿还是海竿，都宜用浮钓和半浮钓。钓竿可以采用竹制的，也可以采用玻璃钢制的长手竿或中软梢海竿。

钓线需用细一些的，以直径 0.15～0.23 毫米的日本强拉力线比较合适。

钓钩可采用无锡铁锚牌伊斯尼形 520 号小型钩。

铅坠宜用铅皮卷成的轻坠，若铅坠稍重就会往下沉，不能进行浮钓或半浮钓。

（三）垂钓鳡鲵白鱼的饵料

钓饵以动物性钓饵为主，如小虾、苍蝇、蛆虫、孑孓、蚯蚓等都是鳡鲵白鱼喜欢吃的，也可以用素饵，如面团等。

（四）钓点选择的秘籍

垂钓鳡鲵白鱼有一个很大的优势条件，那就是钓期很长，除了三九寒天之外，春、夏、秋季都适宜垂钓，尤以 8～10 月份最容易钓获。

垂钓鳡鲵白鱼，选好钓点非常重要。在每年的立夏之前，盛产鳡鲵白鱼的抚仙湖一带，常有西南风吹起，因而湖的北岸会有很多漂游物浮在水面上，所以春季钓鱼，钓点宜选在湖的北岸；夏季南风较多，钓点可选在西岸以及东岸弯曲的岸边附近；到了秋季，应选在靠近农田的湖岸水域，因为这些地方的水质较肥，饵料丰富，鳡鲵白鱼会成群地聚集在这些地方觅食。另外，在夏季涨水的季节，通往湖泊的沟渠水域也是很好的钓点。

鳡鲲白鱼的活动规律有些特别:在夏季,该鱼产卵期过后不久,刚孵出来的幼鱼一般生活在产卵场附近的水域,当长到3～4厘米时,其生活区逐渐推移到湖泊的敞水区。该鱼有夜晚垂直回游到水体上层的习性,黎明时分常出现于湖面,这种习性与这种鱼的主要食物(桡足类和枝角类浮游动物)昼夜垂直移动有密切的关系。

云南的抚仙湖,水面辽阔,水深达数十米,水清澈如镜,透明度可达10米左右,在岸上可看清水底的鹅卵石和沙砾,因而历来有"玻璃万顷"的美誉。湖中浮游动物移动的幅度比较大,鳡鲲白鱼就是在这种特殊的环境中形成它的独特习性。

(五) 鳡鲲白鱼的垂钓秘籍

鳡鲲白鱼是砾石产卵鱼类,有比较明显的生殖洄游期。其主要繁殖期为每年的3～7月份,而5～6月份是繁殖的高峰期。垂钓这种鱼,需根据它独特的生活规律,在不同的水区和不同的时间采用不同的方法,才能得到较好的钓绩。

① 在水面宽广的敞水区,宜用5米以上的长手竿,配上较长的钓线,以"甩大鞭"的方式在水体上层作浮钓。

② 在有遮阳物的农田旁和溪水边等浅水区,可用中等长度的手竿,钓线也和竿长差不多,用小钩作半浮钓。

③ 在夏、秋两季雨水充沛的时期,地面有较多的积水流向湖泊,钓点可选在顺着河流两侧水流稍缓的水域,用流动式的浮钓法垂钓,效果较好。

④ 在湖中的深水区,垂钓者可以乘船垂钓,可用海竿投钓,也可不用钓竿,直接把钓线垂至40～50米深的水体中作半浮钓。这种在深水区作半浮钓的钓法,钓线入水很深,宜在钓线上拴6～12枚钓钩做成串钩,甚至可同时用数根钓线垂钓,凭手感在鱼上钩时起钩。若用短手竿

时，也可看竿尖的颤动及时提竿起钩。

（六）垂钓鳒鲌白鱼需注意的事项

垂钓鳒鲌白鱼有几点值得注意：

① 因湖水清澈，透明度高，垂钓者必须注意隐蔽自己，切不可穿着鲜艳的衣服和多作移动将鱼吓跑。

② 垂钓者在钓鱼过程中反应要快，各种操作都要敏捷利落。因为鳒鲌白鱼吞钩很快，但吞钩后常常又会吐出来，而且吐得很快，如果垂钓者的反应不够敏捷，稍为迟疑一下，那就使垂钓落空了。

③ 垂钓鳒鲌白鱼要准确把握住容易钓到的几个时间段：钓湖面鱼群要在黎明时分；钓生殖洄游鱼群应在下午进行；钓深水鱼群要在黄昏以后进行；钓觅食洄游的鱼群宜在中午时段。

④ 要做好鱼的保存工作。该鱼被钓上岸后会立即死去，钓到后应立即放到通风的干燥处晾干，不可放在水中浸泡，否则容易变质。晾干的鱼带回家后要及时清洗干净，沥干水分，用盐、酒和其他香料腌制，晾晒成鱼干，食用时再加以清蒸或烤炙，即可成为美味佳肴。

三十二、怎样钓红结鱼

（一）红结鱼的生活习性

红结鱼又称红鱼，其体稍侧扁，呈圆筒形，唇厚，有两对须，鳞片较大。小鱼体表为淡红色，侧线的上方带黑色，大鱼为鲜艳的橘红色，其背鳍与腹鳍的起点相对称。红结鱼属大型鱼，大的可长达 1 米，体重可达 10 千克。

红结鱼大多生活在亚热带的江河急流中，我国南部的澜沧江及其支流出产较多,尤以双江县的勐腊河为著名产地。该鱼喜高温和有流水的环境,不能适应太低的水温,当水温降至6℃时即无法生存。

图76 红结鱼

红结鱼大部分在澜沧江干流中育肥,每年夏季为其产卵期(7～9月份),而以8月份产卵最多,卵有黏性,常附着在岩石上。成熟的亲鱼常在急流中溯水向上游奋进,到小黑江及其支流中产卵。当群鱼集体游弋时,鱼体的背鳍露出水面,显示出红红的一大片,极为美丽壮观。

红结鱼产卵之后,鱼群又顺水而下,游到水流较缓慢的河段中生活。当地有句渔谚,叫作"七上、八下、九归塘",准确反映出红结鱼的活动和生活规律。

(二) 垂钓红结鱼的用具

钓竿宜用竿体较硬、长度在3米以上的玻璃钢投竿(即海竿),或长度在4米以上的两用竿,配上中型旋压式绕线轮;也可以用尖梢较粗的竹制投竿,配上齿槽式手拨轮。绕线轮上需储线100～130米。

钓线宜用直径0.4～0.5毫米的尼龙线。

钓钩宜选用无锡产的丸袖形713～715号、伊斯尼形514～515号或与此大小差不多的进口钩。

铅坠应根据垂钓水域的流速而定:若流速急,应配重些的;若流速缓,应配轻些的,一般使用30～60克的空心坠。

若用组钩，拟在主线上用 4～6 枚单钩组成串钩。

（三）垂钓红结鱼的饵料

红结鱼属于摄食性很强的杂食性鱼类。但幼鱼与成鱼摄食的饵料不同，幼鱼以浮游动物为主食，而成鱼的食性广泛，如水生昆虫、桡足类动物、硅藻、植物种子，以及蚯蚓、小虾、陆生昆虫等，它都爱吃。

垂钓红结鱼的钓饵，应考虑到该鱼是以动物性饵料为主的杂食性鱼类的特点，最好选用螳螂、蝼蛄、蝗虫、蟋蟀、地蚕等昆虫和粗蚯蚓、泥鳅、小杂鱼、小块牛羊肉等；也可用些素饵，如蒸熟的小山芋块、嫩玉米、浸发后的黄豆等。

（四）钓点选择的秘籍

先要选好适宜的钓点，可以在靠近激流的江汉缓流处和支流江口的附近找钓点，每年的夏季多雨季节，或山水下泻、江水猛涨时期都是垂钓的最好机会。垂钓的最佳时段是每天的黎明前后或夕阳西下的傍晚时分。此外，夜间也适于垂钓，因红结鱼晚上也在不停地摄食。

（五）红结鱼的垂钓秘籍

1. 用手感钓法钓红结鱼

把饵钩投入水中后，垂钓者要不时地缓缓提动钓钩，以引起红结鱼的注意，使其能吞食上钩。当提竿的手感觉到有鱼将钓线向水下拉的时候，就应立即提竿起钩。如已有鱼上钩，便开始放线遛鱼，不论遛多长时间，都要坚持下去，直到将鱼拖至疲乏不堪、肚子朝天翻时，再用抄网将它抄上岸来。

这种钓法的优点是：可以任意变换钓点，扩大垂钓范围，还可任意更换钓位，主动到鱼多的水域去垂钓。此外，因是手持钓竿，较容易感觉出鱼儿上钩的信息，可迅速作出反应，提竿起钩，不会延误时机，因而钓获的成功率较高。

2. 用定点钓法钓红结鱼

这种钓法的特点是钓点固定,可以由一位垂钓者照看多副钓竿,钓获率较高。

具体操作方法是:先在岸边设置一个钓竿架,在将饵钩投出后,要把钓线绷紧,再把钓竿架在钓竿架上,竿上最好装一个小铃。当鱼吞钩的信息通过小铃的响声或竿尖晃动下弯等情况反映出来时,应及时提竿遛鱼。

采用定点垂钓时,一定要把钓竿放在钓竿架上固定牢(可用绳扎好),否则在钩到个体较大的鱼时,会把钓竿拉入水中。

此外,还有一种民间传统的定点钓法,既省时又省力。其做法是:钓具与上述定点钓相同,但不用人守候在钓点上。在头一天傍晚时分,将数个钓钩投入水中,钓竿仍架在岸边,第二天早上再来收竿收鱼。由于垂下的钓竿多,只要鱼上了钩,钓获率也不错,而垂钓者可以好好休息,不会感到辛苦。这种钓法的缺点是:因为垂钓者不在竿边,有时钓到了大鱼却会被它挣脱逃走了。

使用上述两种钓法之前,若用切碎发臭的家畜(鸡、鸭、鹅、鱼、羊等)的内脏作诱饵打窝,垂钓效果将会更好。

三十三、怎样钓马口鱼

(一) 马口鱼的生活习性

马口鱼有很多别名,如大刀兰鱼、花手巾、坑爬、快鱼、大口扒、红会睹、龙等。该鱼头尖而口大,鱼身银白色,背部灰黑色,鱼体不大,一般长度只有 20 厘米左右。

马口鱼分布很广,我国的南部、北部、中部都有分布,对水温有较大

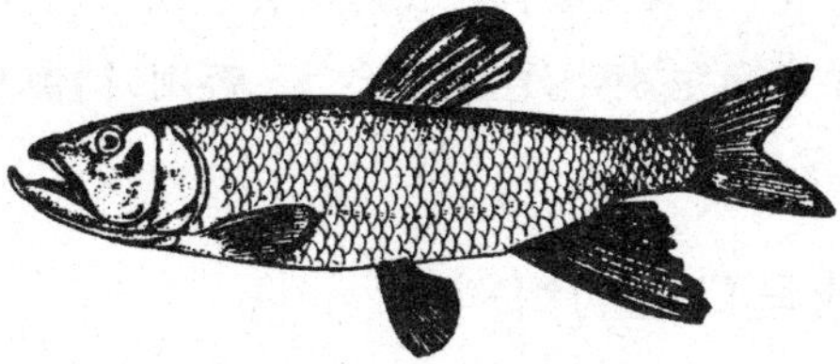

图 77　马口鱼

的适应性。在东北的鸭绿江、松花江、嫩江水域都有它的生活场所；在南方的广东、广西、云南、贵州等省的江河中也有它的踪影；在中部的黄河、长江、湘江、汉水、赣江、嘉陵江流域，以及几个大湖，如洞庭湖、鄱阳湖、太湖也有该鱼生长。

马口鱼属凶猛的肉食性鱼类，主要摄食其他小型鱼类和水生昆虫，它在水库和湖泊中会吞食饲养的鱼苗，对养殖业有较大的危害。

马口鱼最喜欢在山涧溪流中觅食小鱼、小虾及其幼虫。江河、湖泊、水库、山涧溪流是它栖息的水域，从初夏至秋末的几个月中，尤其是在晴朗无风的日子，常可见到成群结队的马口鱼在水体的上层游弋觅食。但它害怕风浪，若遇到有风浪的日子，它就躲进水底不出来。

（二）垂钓马口鱼的用具

根据马口鱼是小型鱼类的特点，所用的手竿不必过长，不论用硬体竿或软体竿，竿的长度只需 3～4 米就行。

钓线也宜用比较细的，直径 0.2～0.25 毫米的尼龙线就够了。钓线的长度可与竿的长度相同，或长于钓竿 1 米左右。钓钩可用普通的中小型钩，如无锡生产的袖形 318～319 号或丸袖形 717～718 号，也可以用日本产的鲤鱼钩 10～11 号或伊斯尼钩 4～5 号。铅坠也应用轻而小的。用这种细竿、细线和小型的钩、坠，携带起来比较方便，操作起来也很灵敏。

浮漂可用软木塞子自制，以小圆球形和长圆筒形最适宜。用软木塞做浮漂,垂钓时无论是浮钓、底钓都比较方便。若进行浮钓,需将铅坠换小,使饵钩和铅坠的重量小于浮漂的浮力。否则,钓饵和钓钩就不能浮于水面或水体上层。

(三) 垂钓马口鱼的饵料

垂钓马口鱼的钓饵,可使用蚯蚓、蛆虫、苍蝇、螳螂、蝼蛄、蝗虫、青虫、蜻蜓等,也可用小麦德鱼、小虾虎鱼、小条鱼和小虾作钓饵,引诱马口鱼吞食的效果都不错。

(四) 钓点选择的秘籍

马口鱼大部分时间都栖留在水体的中层或上层。常在水草丛中穿梭游弋,捕食各种生长在水中的昆虫及其幼虫或卵,也兼食小鱼、小虾。

垂钓马口鱼,首先要摸清它喜欢栖息的水域。它常常栖息于山涧水流清澈的水体中,特别喜欢栖息在有水草和沙砾积聚的浅水区域水底以及河道的落水处、主流水道的弯流处。垂钓时在这样一些地方设钓点,效果不错。

从季节方面讲,马口鱼除了冬季不太摄食外,春、夏、秋 3 季都频频进食,所以可供垂钓的时间较长,每年有 8 个多月可以垂钓。马口鱼摄食的高峰期是在每天的傍晚,尤其是在夏天的傍晚,垂钓者一边乘凉,一边垂钓,是件非常惬意的事情。

(五) 马口鱼的垂钓秘籍

1. 用逆水投饵钓法钓马口鱼

垂钓开始时,在手竿的钓钩上挂上荤饵,将钓钩和钓饵向逆水方向甩出,让浮漂落水后,带着钓组半浮在水中,并随着水流漂流而下。垂钓者手持钓竿,眼睛随着浮漂的移动而移动,直到浮漂漂流到下游较远处不能再向前漂时,把钓组回收起来,重新向逆水方向甩出。整个操作就是甩出、回收,再甩出、再回收。

在钓组随水漂流的过程中，一旦被马口鱼发现，它就会迅速地游过来，凶猛地吞食饵钩。垂钓者自始至终都要专心注视着浮漂的反应，待发现浮漂沉没时就立即提竿，将鱼提出水面。

2. 用抖动浮钓法钓马口鱼

这种钓法所用的钓具和前一种相同，不同的是：垂钓的水域不是在有流水的溪流中，而是在静水的湖泊或池塘中。在将钓组甩出后，仍让浮漂带着钓组落在水面上，并半浮在水面上。垂钓者这时应将持着的手竿不断地微微抖动，引诱马口鱼发现。

如果经过一段时间仍未见有鱼上钩时，就应换个钓点。

3. 用浅水投钓法钓马口鱼

这种钓法适宜在溪涧中清澈的浅水滩或水底铺满石块有缓缓水流的小溪中垂钓。在这些水域常常可见到成群结队的马口鱼在巡游觅食，这时垂钓者应注意隐蔽自己，悄悄地接近这个水域，挂好钓饵，轻手轻脚地把钓饵放在离鱼群前行方向 1 米左右的水域中，待鱼群游至钓饵处，发现有可口的食物后就会争抢上去吞食而被钓着。

（六）垂钓马口鱼应注意的事项

垂钓马口鱼有几点值得垂钓者注意：

① 尽量选择在天气晴好、无雨无风时进行。

② 马口鱼的听觉、视觉比较灵敏，垂钓者接近钓点时不能发出响声和多作移动，特别是在清澈的水域中，鱼又在水的上层，很容易听见岸上发出的声音和看见岸上的动静。

③ 垂钓者不可穿着颜色鲜艳的服装，服装的颜色应尽可能和周围的环境相匹配。

三十四、怎样钓细鳞鱼

（一）细鳞鱼的生活习性

细鳞鱼俗称山细鳞鱼，又称细鳞鲑、江细鳞鱼。细鳞鱼形状有点像哲罗鱼，不同的是：它的个体较小，口裂小，而鳞片和眼睛稍大于哲罗鱼。细鳞鱼的体色会随着水域的水色而有所变化，它在大江大河里常呈灰黄色，而生活在水底布满鹅卵石小溪中时为黑褐色，腹部色较暗淡。

图 78　细鳞鱼

细鳞鱼较多分布在我国东北与西北，其中以黑龙江水系为最多。

该鱼属比较贪食的肉食性鱼类，早晨和傍晚时分是其觅食的活跃时间，即使在严寒的冬天，其他鱼类都已深藏水底之时，它仍能不停地到处游弋觅食。它摄食的主要对象是小鱼、东北螯虾、青蛙、鼠类动物和水生昆虫等。

该鱼系冷水性鱼类，不畏寒冷，喜欢栖息在温度低、水质清澈的溪流之中，但在冬季，它会洄流到大江、大湖深水处越冬。待到春季水温略有回升时，又洄流到原处产卵。产卵过后，其食欲极盛，这是垂钓该鱼的最佳时机。

（二）垂钓细鳞鱼的用具

垂钓细鳞鱼可以用手竿钓，也可用海竿钓。若用手竿钓，宜选用长竿，最好有5～6米长，钓竿的硬度要适中，用3～5节的插接竿也可以。

钓线可用0.35～0.45毫米的透明尼龙线，线的长度应比钓竿长1米左右。

钓饵可用真饵也可用假饵。拟饵钩可直接和钓线线端相连接，也可用和主线差不多粗细的一段尼龙线作绑钩线拴接后，再与钓线相连接。

浮漂可采用木质的，装在距离拟饵钩30～40厘米处的钓线上，这种木质浮漂有两种作用：一是借助它的重量，使拟饵钩能顺利地投出去；二是可从浮漂的动静看出鱼儿上钩的情况。

若用海竿钓，应选用轻便的溪流投竿，供水面上浮钓之用。这种投竿不宜太长，有2～2.5米长就够了。钓竿上需安装一个鼓形绕线轮。由于使用的是浮钓，所以钓线需使用专供浮钓用的加重尼龙线，线的长度约100米，绕在绕线轮上作遛鱼时放线之用。这种尼龙线的外表有一层塑料膜，线的一端粗细正常，往下会逐渐变细，在细的一端连接绑钩线。绑钩线与钓线的粗细相同，长1米左右。钓钩可用拟饵钩。这种用海竿作浮钓的钓法，是让假饵在水面上漂浮着，以引诱鱼儿前来吞食，钓线上不用装浮漂，也不需要装铅坠。

（三）垂钓细鳞鱼的饵料

钓细鳞鱼若用真饵钓，其钓饵可用青蛙、老鼠、虾、各种小型鱼类及各种昆虫，但目前垂钓该类凶猛的肉食性鱼类时，已不用真饵而改用假饵。

假饵的种类很多，使用前需考虑用哪一种比较合适。由于细鳞鱼喜欢吃鱼类、青蛙和昆虫，因而假饵宜选用鱼形、青蛙形或各种昆虫形象的比较合适，这些假饵可以用丝绸、羽毛、塑料和动物皮毛来制作。制作时，在假饵中隐藏一个长柄的单钩，这样的假饵本身没有多少重量，非常适宜在水体的上层进行浮钓。

假饵的选用，在不同的季节应有所变换，不能老是用某一种。例如，每年5月份以后,天气暖和了,是昆虫交配、产卵、成虫的时期,也正是细鳞鱼捕获这些昆虫作为美食的时期,这时垂钓者如能使用昆虫形的假饵来垂钓,可以得到很好的收获。在7月份前后,青蛙到处活动的时候,使用青蛙形的假饵,细鳞鱼会毫不怀疑地冲上来咬钩。

(四) 钓点选择的秘籍

垂钓细鳞鱼应从该鱼喜欢栖息的水域去找钓点。细鳞鱼最喜欢在山涧的溪流中游弋和寻觅食物,钓点宜设在水势较缓的地方。若河床上有大石块,在大石块背后水流有漩涡和比较和缓的一带就是最理想的钓点。在山涧的下游,都有水很深的深潭,在这种环境里选择钓点,宜选在浅滩和深潭相交的中间一段水域。

在江河沿岸垂钓时,可在弯道处选取水势较缓的回水处作为钓点。在江河的近岸处,钓点应设在有大石头或其他障碍物阻挡水势的缓水水段。河岸若有突出部位,钓点宜设在突出部位的下游水流较缓和的水域。在河道较浅的水段,常常会有大小石块的自然堆积,像河堤似的横在河面上,流水时急时缓,这样的地方也是很好的钓点。此外,两岸树木葱葱、沿岸生长着密集的青草和植物的江河近岸处水域,在有风雨的日子里,水面上会落入很多产卵的昆虫,这些地方都是细鳞鱼最喜欢栖息觅食的处所,也是垂钓的好钓点。

(五) 细鳞鱼的垂钓秘籍

垂钓细鳞鱼有两种方法:一种是垂钓者站在岸边垂钓;另一种是垂钓者穿上橡皮裤站在浅水滩中垂钓。

在岸边垂钓者,可将假饵向河中心方向甩出,但不要甩进水流湍急的水段,而应甩在河流主水道边沿的缓水处和回水处。在假饵落入水中后,让其顺水漂流,待其冲回到距离垂钓者不远处时,再将其收起来重新甩出。

此外，也可将钓饵甩向上游靠近主河道的边缘处，任其漂向较远的下游水域，再将其收回，重新甩出。

站在河水浅滩的垂钓者，除穿上橡皮裤外，还要背上鱼护和抄网。抄网可露出水面，鱼护要背在身后或系在腰间。当钩住鱼时，应将鱼放在抄网里边摘钩，以防鱼儿逃脱。

站在水中垂钓操作时，垂钓者面向下游，用海竿把假饵向预先找好的钓点甩出，随即将钓线放松，使假饵漂至钓点所在处。当水流将钓线冲至拉紧时，缓缓收回再重新甩出。需要注意的是：使用的若是鱼形、鼠形和青蛙形的假饵，在随水漂移的过程中，要用钓竿作轻微的抖动，使假饵有活的错觉，加强对鱼的诱惑性，以提高上钩率。但在使用昆虫形假饵时不宜抖动。

许多有经验的垂钓高手认为，钓细鳞鱼时，用海竿的效果比用手竿好，因为用海竿不仅可以甩得较远，收线放线轻松方便，而且上钩率也较高，但用海竿需要掌握甩投技巧，否则不容易把假饵甩到预先选定的钓点水域。这是因为假饵本身没有多少重量，再加上没有铅坠，所以具有一定的难度。

甩钩的方法是：

① 先从绕线轮中将钓线放出 10 米左右。

② 右手握竿，并将钓竿竖起。将钓线带向身后，并将假饵拎起，向前、向后虚甩几次。虚甩的目的是：a. 抖掉假饵上的水珠；b. 让钓线展开，为最后甩出做好准备。

③ 左手将绕线轮中拉出的钓线，缠成几个大圈捏在手中。

④ 在右手持竿将钓线及假饵虚甩几次后，最后一次加大力度向前甩出。

⑤ 左手松开捏着的钓线，让钓线及假饵飞向远处钓点水域。

使用这种甩法，既可增加甩出的长度，又可使假饵落水后延长在水面上漂浮的时间。甩出假饵以后，要平放钓竿，让钓线得到松弛，使假饵能平缓地自然漂浮，在假饵漂出一段距离，钓线逐渐被拉直拉紧时，如果还没有鱼上钩，就应慢慢地将假饵收回，如上法重新甩出，直到有鱼上钩。

细鳞鱼的视觉、听觉都比较好，使用手竿在岸上垂钓时，要注意尽量隐蔽自己，并尽可能不发出声音，各种操作都要悄悄地进行。

三十五、怎样钓光倒刺鲃

（一）光倒刺鲃的生活习性

光倒刺鲃俗称光眼鱼、黄娟、坑坚，其体形为长筒形，吻部有一对稍短些的吻须，颌部还有一对比较长些的颌须。背鳍的前方，有一向前平卧的倒刺隐于皮下。体表绿色，背部为青黑色，腹部为乳白色。该鱼属中型鱼类，个体最大的可达 7 500 克。

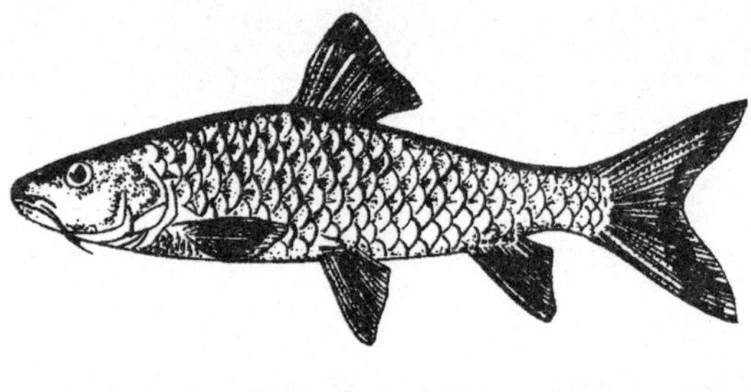

图 79　光倒刺鲃

光倒刺鲃广泛分布于我国广西各地各种类型的水域中，尤以漓江和桂江最多，生存的数量仅次于鲤鱼。该鱼属下层鱼类，喜欢栖息在清水石底的激流河段中。

光倒刺鲃的食性很杂也很特别，幼鱼时期以摄食动物性食物为主，而成鱼时期改变成以摄食植物性食物为主。一年四季中，它喜食的食物种类也会有所不同，是一种名副其实的杂食性鱼类。

和光倒刺鲃同属的还有一种叫作“倒刺鲃鱼”的鱼，它又有青竹鱼、草色鱼、大肚鱼、竹柏鲤、黄冠鱼等名称。

倒刺鲃鱼的生活习性和光倒刺鲃略有不同，它喜欢栖息在江河的上游水段，属急水中的中下层鱼类，常在岩石堆的缝隙中藏身，安居在深水层的石洞中，也常到支流浅湾地带游弋。在较大的水库中，它们常成群地活动，聚集在库底竹木林丛中或水体上层的竹排、木排底下。到了夏天和秋天，分散成小群，在各库湾中觅食。到了冬天，又退回到深水层中，但仍会大量觅食。

倒刺鲃鱼属草食性鱼类，以多种植物为主食，如腐败的植物碎屑、小贝类、丝藻类以及青泥苔、马来眼子菜、凤眼莲的根部、树叶、油甘果、菜叶等。对一些甲壳类昆虫和其他软体动物偶尔也会兼食。

倒刺鲃鱼经 3 冬龄就到性成熟期，雌鱼和雄鱼常成对生活在石洞之中。雄鱼臀鳍较长，有黄色珠星，其长度往往超过尾鳍基。倒刺鲃鱼生殖期在每年的 4～6 月份，在滩头急流中产卵，其卵浮性、色黄，一次产完。由于鱼卵产在急流中，产下后即随水漂流着孵化。该鱼在大、中型水库中均能自然繁殖，并能形成较大的群体。倒刺鲃鱼生长很快，经 2 冬龄就能长到 1 000 克的体重，最大个体可重达 20 千克。倒刺鲃鱼肉质特别细嫩，是人们喜食的大型鱼类之一。它分布在海南岛的西江与云南的元江等水系。

倒刺鲃鱼和光倒刺鲃的食性、栖息水层比较接近，钓点、钓具、钓法也基本相同。所以关于钓具、钓法的介绍，就合在一起叙述了。

（二）垂钓光倒刺鲃的用具

垂钓这两种鱼有 3 种不同的钓法，所用的钓具也各不相同。

1. 竹竿钓具

广西桂林市有一种古老的“全竹车轮钓竿”，别具一格，人们特别喜欢使用。这种竿系用桂林山中出产的纤细独竹制成，竿体并不很长，长度仅为1.8～2.2米。该竿竿柄粗壮，竿体纤细，竿尖挺拔，弹性好，在钓到大鱼需要遛鱼时，能弯成弓形而不被折断，过后又可自行恢复原状。它小巧玲珑，操作起来灵活方便，收线放线快速敏捷，当有鱼上钩需要遛鱼时，只用一只手就能应付自如。

这种钓竿的根部装有一个木制的绕线轮，当钓到个体大的鱼时，放线、收线灵活方便。在没有这种竹子的地方，也可用其他竹子制成钓竿，只要具备竿粗、梢细、结实、耐弯、韧性和弹性好等优点就行。至于用玻璃钢制成的钓竿，也具备这些优点，也是适用的好钓竿。

钓线宜用直径0.15～0.25毫米的细线。若在深水中垂钓，钓线应适当粗一些，但应适用细线钓大鱼为原则。

浮漂与铅坠要根据垂钓水域的情况而有所不同，若是进行深水钓，宜采用细而长的浮漂和可以活动的重坠；若在激流处浮钓，用昆虫类的荤饵作钓饵，可以不装浮漂和坠子；若采用清水钓，有两种方法：一种是在沉底后看不见饵钩的，要用小坠配上小浮漂垂钓，另一种是在沉底后能看见饵钩的，被称作“钓看食”的，可用浮漂，也可不用浮漂，但仍需用小铅坠。

钓钩的大小，要根据垂钓水域中鱼的大小而定，还要和所用钓线的粗细相匹配。一般情况下，可使用大小相当于无锡产的鹤嘴形114～115号的钓钩。

2. 弹钓钓具

弹钓是用一种由京竹制成的钓竿，钓竿的长度为2.5米左右，钓竿的底端直径约为15毫米，尖部直径约为3毫米。

钓线用直径0.35～0.40毫米的尼龙线，线长应比钓竿长一倍或更长些。在距竿尖40～50厘米的钓线处绑一个长5～7毫米、宽5～6厘米的小竹片。另用一根直径2.5～3厘米、长1米左右的竹竿，下端削尖，便于插入岸边的泥土中，上端钻一小孔插一竹销。

垂钓时，先将竹竿向外斜插入水中，然后投出钓饵和钓钩，使钓竿与水面呈60度角架牢，再将竹竿弯成弓形，把钓线上的小竹片卡在竹竿端部的竹销上。当鱼咬钩牵动钓线时，钓线上的小竹片即从竹销上滑出，钓竿立即弹起，将鱼钩住，不让它逃脱。

（三）垂钓光倒刺鲃的饵料

垂钓光倒刺鲃的钓饵，可用泥鳅、蚯蚓、虾、樟树蚕、蜻蜓、米饭团、冬瓜子、柚子子、香瓜子、野生小红果及鸭肺等，但该鱼最喜欢吃红色的或活动的饵。若在6～7月份间，最好用蚯蚓作钓饵，如有红色的蚯蚓那就更合适。樟树蚕也是好的钓饵。在冬天作深水钓时，宜用柚子子作钓饵。

垂钓前可以投撒诱饵，但应在清水期并在有一定流速的河段中使用。上半年应以腥臭饵为主，下半年应以香饵为主。

（四）选择钓点的秘籍

光倒刺鲃是淡水鱼中最难钓的鱼类之一，原因是这种鱼的视力很好，游起来速度很快，虽很贪食，但摄食的动作极快。另外，该鱼胆量小，疑心病很重，如果感到吃进嘴里的饵食稍有不适，就会立即吐出来。加上该鱼十分敏感，害怕白色，害怕声响，一旦发现周围环境有点动静，就会逃得远远的，所以垂钓者称这种鱼为“奸鱼”。

不过，如果垂钓者具有较高的钓技，又充分了解该鱼的习性，垂钓时避免人影晃动和发出声音，杜绝使用白色的钓饵和钓具，垂钓者也不穿白色衣服，仍可以使垂钓上钩率达到较高的水平。

钓光倒刺鲃应掌握好垂钓的季节，在广西最佳的垂钓季节是6～9月份，如在秋末、冬季和初春天气比较寒冷时垂钓，只能在深水中垂钓。

在夏季应“钓两头”，就是早晨从天亮起到上午 8～9 时为一头，傍晚到天黑之前为一头；在冬、春季应“钓中间”，即在中午前后一段时间去垂钓。

钓点一般选在岩石旁、码头边、流水的回水湾处，结果实的大树下、竹林边、拦河坝及桥墩附近。光倒刺鲃喜欢在这些地方觅食，所以适宜作为钓点。

（五）光倒刺鲃的垂钓秘籍

1. 用竿钓法钓光倒刺鲃

用竿钓法垂钓光倒刺鲃，最重要的是要设法把自己隐蔽起来，不让水中的鱼看见人影后受惊而逃。光倒刺鲃视力很好且胆小多疑，若发觉岸上有人活动或发出声响就会逃走，垂钓就要落空。最好的隐蔽方法是：用一块 1.2～1.5 米见方的绿色或土黄色的塑料薄膜，蒙在便于移动的木架上，垂钓者隐蔽在架子后面进行垂钓。

如没有这种设备就应利用岸边的地形或穿着与岸边景物类似颜色的衣服，缓缓接近钓点。下钩之后，只要发现浮漂稍有动静，就应立即提竿，否则就会失去好机会。若是使用“钓看食”法垂钓，只要见到鱼低头翘尾地接触饵钩，就要果断提竿，不可迟疑延误。

当光倒刺鲃上钩之后，要用很快的速度将其提上岸来，以免惊散群集在钓点附近的其他鱼，这样就可以接着钓。如果钓到个体较大的鱼，无法快速提拉上岸的话，应及时将上钩的鱼缓缓牵到离钓点较远的地方去遛鱼和起鱼。如果发生了脱钩或断线的情况，容易把鱼群惊散，那只能换个钓点，重新投撒诱饵打窝垂钓，或过一段时间以后再回到原来的钓点垂钓。

若采用“钓激流”的做法，必须换用活饵，并将饵钩沉入水底，在深水或浑水中垂钓。钓深水时，应改用较重的铅坠才能使饵钩下沉，至于浮漂可挂、也可不挂。若不挂浮漂，在饵钩投出后宜将钓线拉直。当有鱼吞钩时，钓线就会牵动钓竿，发出鱼上钩的信号，这时应立即起竿。该鱼在咬钩前，往往会先用尾部对饵钩扇动一下，然后猛然转身吞食，垂钓者这时应眼疾手快，及时提起钓竿取鱼，莫失良机。

若在浅滩上作浮钓，钓饵以面食为好。在涨水的时候，以钓边为好；在清水的时候，要根据具体情况考虑采用哪种钓法最适合，若某一种方法不灵，就应换用另一种钓法。

2. 用双钩钓法钓光倒刺鲃

采用双钩钓法，必须在垂钓前选好适当的垂钓位置。选位的方法并不复杂，垂钓者到钓场后要在岸上高处蹲下，对水面仔细观察，如果急流附近有光倒刺鲃鱼，不久就会有鱼靠近岸边休息和觅食，即可开始垂钓，如果见不到鱼群就应变换钓位。

钓饵应根据不同的垂钓季节而选用不同的钓饵。从春末至秋末的整个钓季，都以用马口鱼作钓饵为最好。在柚子上市前，可用尚未成熟的柚子子作钓饵；待秋季红瓜子上市后，可用红瓜子为钓饵；秋末时分，可将红皮小山芋切成约 1.5 厘米见方的小块作钓饵。

双钩钓法要在主线上接两根 15 厘米长的脑线，各拴一个钓钩。一个钩上挂上马口鱼，装钩方法是：用钩尖刺穿鱼的上唇，再穿入背鳍下表皮；另一个钩穿柚子子、红瓜子或蒸熟的红皮山芋。两个钩一个挂活荤饵，一个挂素饵，任鱼儿去挑选。柚子子的装钩法是：将钩尖从子的中部刺入，再从子的侧面穿出；红皮小山芋的装钩法是：把钩尖从山芋的一端插进，往外侧轻拉，露出约 1 毫米的钩尖。

垂钓时，将双饵钩垂下任其沉入水底，并不时微微抖动钓竿，以引起鱼的注意前来吞钩。若经过一段时间仍无鱼上钩，应考虑换个钓点。若能在垂钓前撒些诱饵打窝，效果将会好得多。

3. 用弹钓法钓光倒刺鲃

这种钓法一般适宜在江河的岩石处使用。这是一种设置在岩石上的钓具，不是一件单独的钓具，而是由 5～10 根钓竿排列在一起设置的成排钓具，钓竿在岸上一字排开，从远处望去，像是一排竹排浮在水中，因而有人称之为“崖排”钓具。钓饵常采用素饵，如青草、轮藻、青菜等物。

“弹钓”，就是用一种安有弹销装置的钓竿作为钓具，它由钓竿竹桩、插销、弹销、钓线、钓钩6个部分组成。

① 钓竿。钓竿是弹性较好的小京竹或其他适宜制成钓竿的竹子，如紫竹或楠竹等，选择皮厚、节密、挺直、竹节均匀、无裂缝、无伤疤、无虫眼的竹料制成。竿的底端直径约为15毫米，顶端直径约为3毫米，竿长为2.5～3.0米。

② 竹桩。竹桩是插入水底固定插销和弹销的主要部件。

③ 插销。插销系用竹片制成，长约7厘米，厚约0.5厘米。

④ 弹销。弹销也用竹片制成，宽0.5～0.7厘米，长度为5～6厘米。

⑤ 钓线。钓线用直径0.35～0.45毫米的单股尼龙线，线的长度可根据需要而定，一般比钓竿长2～3厘米。

⑥ 钓钩。钓钩可用国产胡弓形214～216号或袖形314～316号的长柄钩，每根竿上挂1～3个钩。

以上6种部件备齐后，将钓线约40厘米处对折复捻，复捻线端结缚在钓竿顶端，钓线的中部绑结弹销，另一端绑结钓钩。插销插入竹桩顶端的销孔内，自岸向外倾斜伸出，以控制弹销。

用该法垂钓光倒刺鲃，从春末至秋末的几个月内都可进行，但以4～5月份为最好。钓点可选在江中的岩石岛或有岩石的岸边。在夏天雨多涨水使江水变浑时，应选离开主河道水流较缓和的岩石边，最好是有回水的水域作为钓点。垂钓时，垂钓者应藏身于较隐蔽的地方留心照看着钓具，一旦看见弹竿弹起，就要立即拿起抄网上前捞鱼。

（六）垂钓光倒刺鲃应注意的事项

垂钓光倒刺鲃值得注意的是：当光倒刺鲃被钩住后，往往会使出3种招数欲以逃窜：一是滚，即在钩下不断翻滚。二是跃，即带着钓钩一起跳跃，甚至会跳出水面1米多高。遇到以上这两种情况时，最重要的是要让钓线绷紧，不可松着，否则鱼就有脱钩逃走的可能。三是冲刺，即向远处极力冲出去，这是它的最后一招。这时垂钓者应顺势适当放线遛鱼，并始终保持钓竿成弓形，钓线应绷紧，坚持下去，一定能将其制服擒获。

三十六、怎样钓油四须鲃

（一）油四须鲃的生活习性

油四须鲃又称油鱼。它体厚，稍侧扁，近纺锤形，有细长的两对须，体表灰白色，属小型鱼类。

该鱼生长在云南省洱海北部及其沿岸的小水域中，生活在水体的中下层，常栖息在水草丛生的流水河段，摄食浮游小生物及软体动物，如小虾、小蚌、小螺蛳等，食性很广。

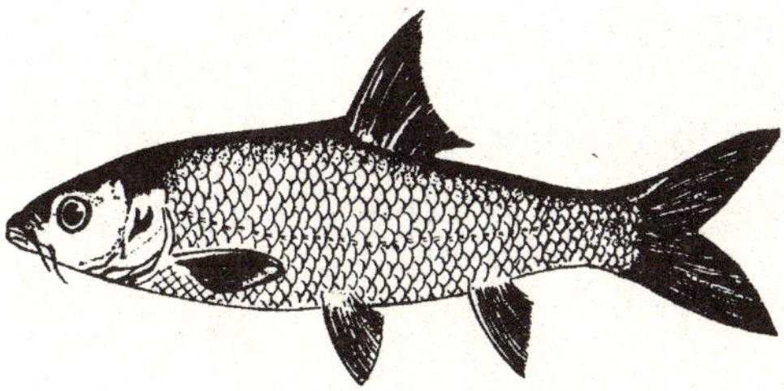

图80　油四须鲃

（二）垂钓油四须鲃的用具

钓油四须鲃可根据不同的钓场条件，或使用手竿垂钓，或使用投竿垂钓。由于油四须鲃属小型鱼类，钓具也应该选用小型的，以小巧、轻便的为宜。

若在静水水域垂钓，一般可使用长4～6米的玻璃钢手竿或自制的软手竿，配直径0.15～0.2毫米的尼龙线为钓线。钓线可与钓竿等长或稍长些，装上立式小浮漂和小型开口坠。

若在缓流水域垂钓最好使用2.5～2.8米长的轻便软投竿，在手柄附近装配上小型旋压式绕线轮或手拨轮。绕线轮上需绕上直径0.2～0.25毫米的尼龙线100米。铅坠用小型空心坠。

钓钩选用无锡生产的伊斯尼形519～520号、鹤嘴形118～120号，或鲤钩8～10号都可以。

钩组组合可采用坠下钩或坠上钩，单钩或串钩组合的方式，任何一种都行。

（三）垂钓油四须鲃的饵料

钓油四须鲃的钓饵，素饵可用米饭粒或白面团切成的小块；荤饵可用蚯蚓、小虾、蛆虫、苍蝇、小鱼苗等。由于该鱼的食性很广，不论用荤饵或素饵都能钓得到。

（四）钓点选择的秘籍

油四须鲃的钓场、钓点需根据该鱼的习性选择。钓场主要在洱海北部西岸所有流域的沿岸。钓点可选在水草比较茂密、多岩石的流水河段，或水面平静清澈的水域以及溪流入海的缓流中。

（五）油四须鲃的垂钓秘籍

若是在平静的水面垂钓，适宜用手竿浮漂底钓。在钓钩上装好钓饵放入水中，让其沉至水底，然后注意浮漂传递的动静，一旦浮漂出现突然沉没或上下颠动时，就应立即提竿起钩。

若在有缓流的水域垂钓，可以使用轻便的投竿。将装上钓饵的饵钩投入水中之后，垂钓者应将手上的钓竿不时地稍作移动，使饵料显示出活饵的样子，以引起鱼儿的注意，使其受到食物的引诱而前来咬钩。等到提竿的手感到颤动时，即可提竿起钩。这种钓法比较灵活，机动性强。虽然只有一个人一组钓具，但垂钓的范围和效果并不低于数根钓竿的定点钓，而且容易做到提竿及时，钓获的成功率高。在垂钓过程中，若等待一段时间仍无鱼上钩时，就应及时变换钓点再钓，不可呆守一处，耽误了钓获的时间。

此外，垂钓油四须鲃还需掌握垂钓的季节，该鱼的最佳垂钓时期是每年的谷雨和立秋前后，尤其应把握在油四须鲃产卵之后，最需要摄食以补充营养进行育肥的时期。这个时期油四须鲃食欲最强，也最容易被钓获。

三十七、怎样钓云南倒刺鲃

（一）云南倒刺鲃的生活习性

云南倒刺鲃又称黑脸鱼、青鱼，其体形长而侧扁，体色灰绿，全身各鳍的末梢都呈黑色。

该鱼属中型鱼类，一般体长 40 厘米，体重 2 000 克左右，最大的个体有 60 厘米长，体重达 4 000 克以上。

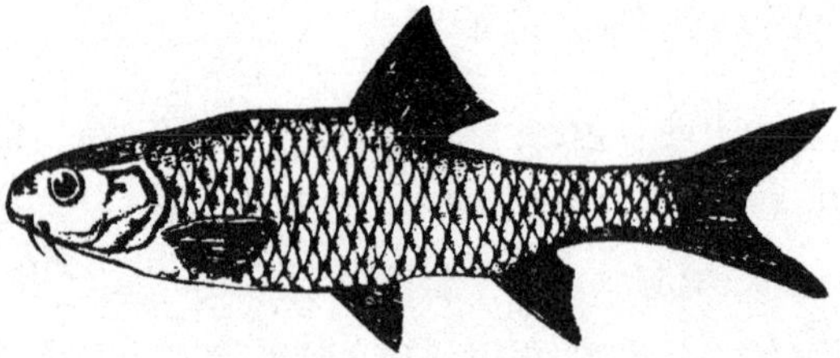

图 81　云南倒刺鲃

云南倒刺鲃分布于云南省盘江的下游以及附属水体抚仙湖、异龙湖、星云湖和阳宗海等湖泊中。该鱼喜欢生活在水流缓慢、水底为岩石或多暗礁的深水中，但在流水和静水水域中也能较好地成长。

云南倒刺鲃系草食性鱼类，一般摄食水中杂草、丝状藻类植物和其他植物的碎屑，产卵期在每年的 4 月份。

（二）垂钓云南倒刺鲃的用具

由于云南倒刺鲃是一种中型鱼类，垂钓这种鱼可用手竿也可用投竿。云南当地使用一种弹竿，采用插边垂钓法，效果也很不错。

若采用手竿钓，宜选用竿梢适当粗些的中硬度手竿，钓竿长需有 5～6 米。钓线用直径 0.3 毫米的尼龙线，线的长度应与钓竿的长度相同。钓钩选用无锡产的伊斯尼形 515～516 号或鹤嘴形 114～116 号，也可用日本产 9～12 号鲤钩。铅坠可用开口坠，配上单体立式的长浮漂。

如采用投竿，可选用 2.5～3 米长的轻便投竿，装配上小型绕线轮，用直径 0.3 毫米的钓线，线的长度需 100 米左右。

钓钩可用和手竿相同规格的，可用 2 个或 3 个钩组成的串钩，连接在坠子的上方。铅坠宜采用 30～40 克重的。

（三）垂钓云南倒刺鲃的饵料

垂钓云南倒刺鲃的钓饵，不一定限于素饵，虽然该鱼属于草食性鱼类，但它和草鱼有相似之处，也兼食一些动物性饵料。所以，垂钓这种鱼可用蚯蚓、蚌肉、螺蛳肉、虾以及白面团等。

（四）垂钓云南倒刺鲃的季节

垂钓云南倒刺鲃首先要选准恰当的垂钓季节，这种鱼以每年的4～10月份为最佳钓季。在一天中，以清晨和傍晚上钩率最高。

（五）钓点选择的秘籍

云南倒刺鲃喜欢栖息于深水的湖湾中，钓点宜选在水底多石的水域或周围有砂石的泉水出口处附近；湖边有陡峭的岩壁，或有岩石延伸至水底的近岸处，也是设置钓点的理想水域。

（六）云南倒刺鲃的垂钓秘籍

1. 用手竿钓法钓云南倒刺鲃

用手竿垂钓，在钓点选好后，要先在钓点上投撒诱饵。诱饵可将螺蛳连肉带壳捣碎，掺入一些砂土，捏成小团，投入钓点。垂钓前，要根据钓点内水的深度，将浮漂调节至与饵钩的距离相当，使饵钩正好落至接近水底，以便鱼儿容易发现。为了提高鱼的上钩率，垂钓者可同时使用2～3副手竿垂钓。

在饵钩投入水中下沉至水底后，垂钓者要密切注意浮漂的动静。当鱼儿上钩时，浮漂显示出上下跳动几次后即被拖入水中，这时应立刻提钩。

2. 用投竿钓法钓云南倒刺鲃

用投竿垂钓，应将钓钩拴接在坠子上方，且离坠子远一些。这样饵钩投出后，坠子落底，钓线即会绷紧，饵钩就可以离水底有一段距离，这样可以避免钩线挂底。用投竿垂钓也和用手竿一样，一人垂钓也不妨使用几副投竿，以扩大垂钓的范围，增加鱼上钩的机会。

由于云南倒刺鲃属中型鱼类，一般上钩的鱼重量都在1 000～2 000克之间，有时也可钓到4 000～5 000克个体较大的鱼。在钩住这样的大鱼之后，需要及时放线和收线，拉锯似地与其周旋很长一段时间，才能将鱼遛得疲乏，最后把它抄上岸来。

3. 用弹竿崖排弹钓法钓云南倒刺鲃

崖排弹钓是这个地区群众常用的一种独特钓法，以一种有弹销装置的钓竿为钓具。崖排弹钓是指在露出水面的岩石或湖中的小岛上，将特制的弹竿成排地插着垂钓。弹竿由钓竿、竹桩、插销、弹销、钓线、钓钩6个部分组成，与弹钓法钓光倒刺鲃钓具一样。

用这种钓法垂钓云南倒刺鲃，每年从3～11月份都可进行，但以4～5月份最容易钓到，上钩率最高。

垂钓时，可带弹钓竿10副以上，以轮藻、青菜或蚌肉、螺蛳肉为饵，选择江河有岩石的岸边或露出水面的岩石岛作为钓点。将钓竿插在岸边石缝中固定，然后将竹桩插入距钓竿1.3～1.7米的水中，再拉弯钓竿，使其形成弓形，把弹销斜扣在竹桩和插销之间，然后将装好钓饵的钓钩抛入竹桩外的水中。按照这样的做法，一次可插10多副钓竿。当鱼吞饵时，必然会拉动弹销，弹钓竿即自动弹起钩挂住鱼嘴，将鱼钩出水面，垂钓者即可收鱼。

三十八、怎样钓大鳍刺鳑鲏鱼

（一）大鳍刺鳑鲏鱼的生活习性

大鳍刺鳑鲏鱼属于小型鱼类，一般只有5～10厘米长。它头尖、体短、侧扁而高，似棱形，和鳊鱼的体形很相似，但更高；其鳞片也比鳊鱼大；背上靠后处有较长而高大的背鳍，其大鳍的名称可能由此而来。大鳍刺鳑鲏鱼是一种分布很广的鱼类，很多水系的附属湖泊、小河皆有分布。

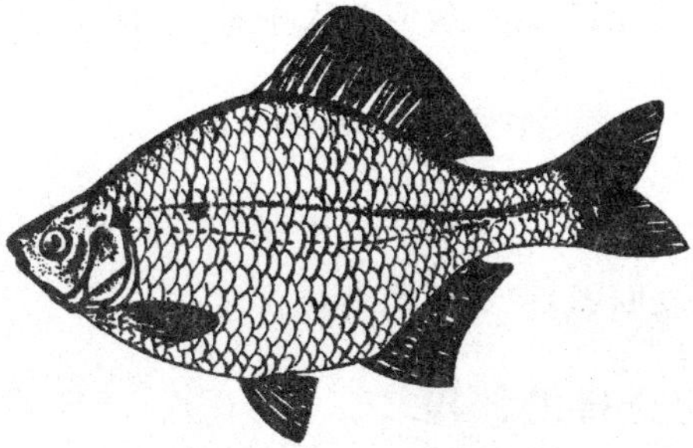

图 82　大鳍刺鳑鲏鱼

该鱼喜栖息于缓流和泥质的水域，特别喜欢在水草丛中安身。每年春末，水温开始升高时，就可在溪河的浅水处见到它。该鱼摄食以高等植物的叶类和藻类水草为主要食物，但较大个体的鱼，也吃摇蚊的幼虫等动物性饵食，甚至还捕食幼鱼和小型鱼类。

大鳍刺鳑鲏鱼有许多亚种，如越南鳑鲏、短须刺鳑鲏、巨口刺鳑鲏、斑条刺鳑鲏、中华鳑鲏、高体鳑鲏等，它们的生活习性基本相同。

这种鱼是最容易垂钓的鱼种之一，较适宜初学者垂钓。

（二）垂钓大鳍刺鳑鲏鱼的用具

垂钓大鳍刺鳑鲏鱼所用的钓竿，不同于钓其他鱼的钓竿，只需用一根 1 米多长的软竹梢竿就行，这是因为它个体很小，在近岸的浅水处大多数是 5～7 厘米长的小鱼。钓线可用直径 0.1～0.15 毫米的尼龙线，其长度只需比竿稍长一些。钓钩可用鹤嘴形或胡弓形小钩。浮漂可用白色羽毛梗做的线浮漂或棒形的小浮漂，再配上小型的开口坠。但浮漂的浮力宜大于坠子的重量。

若在离岸稍远的深水处垂钓，可钓到长 10 厘米左右的鱼。这时宜用4～5米长的软性手竿，配上直径0.2毫米左右的钓线。钓钩可换成比上述钓钩大一号的钓钩；铅坠可用与上述铅坠相同规格的；浮漂可用稍长一些的立式浮漂，其浮力也应略大于坠子的重量。

（三）垂钓大鳍刺鳑鲏鱼的饵料

由于大鳍刺鳑鲏鱼的食性较杂，荤素饵料均可使用，如蚯蚓、红虫、饭粒、嫩玉米粒、麦面团、玉米面团等。

（四）钓点选择的秘籍

大鳍刺鳑鲏鱼最喜欢栖息在水草丛中，所以钓点应选在靠近岸边有较多水草的水域，尤其是那些有河蚌生活着的地方。此外，有进水口的池塘、湖泊、小溪河旁边有缓流的浅水水域，近岸处水底有较多乱石的水域，水底有木桩、树根等阻挡水势的缓流区，都可以设置为钓点，钓获的可能性比较大。

（五）大鳍刺鳑鲏鱼的垂钓秘籍

垂钓开始前，最好用小米、碎米粒或发酵的面食小碎粒作诱饵，撒入钓点的水中，以吸引鱼儿来此聚集，便于鱼儿咬钩。垂钓时可以用底钓法，也可以用浮钓法。一般来说，底钓钓到的鱼个体较大，浮钓钓到的鱼个体较小。底钓时，个体较大的大鳍刺鳑鲏鱼咬钩时，常常会把浮漂徐徐地托起，很像钓鲫鱼时见到的送漂现象；浮钓时，鱼一旦咬钩，浮漂会显示出快速颤动，或显示出横向移位，有时也会出现缓缓下沉的情况。若浮钓的钓饵是面食，当发现有鱼咬钩的迹象时应立即提竿。

撒诱饵时，不要一次撒得太多，而撒的次数应多一些，这样做是不让鱼儿吃饱后离去，让它能较长时间地留在钓点附近。

若用面食作钓饵时，可将面食搓成绿豆大小的颗粒上钩，因面食在水中易散开分化，所以要经常不断地更换新饵。若用红虫作钓饵，只需用单条红虫装钩就够了，不必多用。

三十九、怎样钓卷口鱼

（一）卷口鱼的生活习性

卷口鱼又称老鼠鱼、鼠头鱼，是我国南部水系的特产。

该鱼属定居性和穴居性鱼类，不洄游，即使在产卵期也坚持在原地生活而不洄游，这与其他鱼种有所不同。它喜栖息在岩石底下的深水河段或岩石的洞隙中，当江水浑浊时，很少游出洞隙。

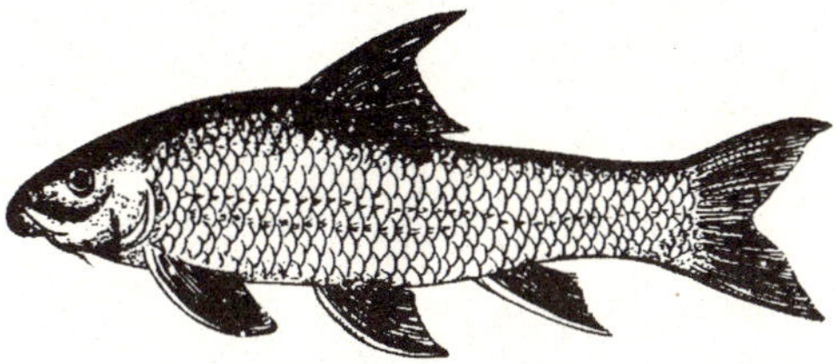

图83　卷口鱼

卷口鱼属杂食性鱼类，以摄食底栖动物为主，主要食物为淡水壳菜和河蚬，兼食水蚯蚓、硅藻、淡水海绵以及河底泥沙中的有机物碎屑。它的摄食量会随季节变化而不同，以冬季摄食量最大，其次是春、秋两季，到了夏季水温较高，它进食就很少。

卷口鱼个体比较均匀，大鱼的个体重量为1 000克左右。卷口鱼和鲈鱼、鳜鱼、斑鳠鱼自古以来被称为“四大名贵河鲜”，是古时供奉帝王的御用食品之一。它具有一个优点，就是生命力较强，在活水中可以生存很长时间，因而可以家养，垂钓者很乐于垂钓该鱼。

（二）垂钓卷口鱼的用具

垂钓卷口鱼可用手竿钓，也可用投竿钓，但竿体必须结实坚固，因为垂钓该鱼时需要重复甩投，钓竿不结实容易折断损坏。

手竿宜用中等硬度，要求弹性好，竿的长度宜在 4.0～4.5 米之间。钓线不宜粗，直径只需 0.25～0.30 毫米的尼龙线即可，因为鱼体较小，粗了反而不灵活；线更不宜过长，只需竿长的 2/3 就行，线短操作起来方便利落。钓钩采用一般的中小型钓钩，钩、坠的组合是在坠子下方拴 2 枚单钩。

若使用投竿钓卷口鱼，宜用长 2～2.5 米的中硬投竿和旋压式绕线轮，上面需储备直径 0.3～0.35 毫米的尼龙线 100 米左右。投竿用的钩、坠组合，应能适于船钓、岸钓等不同钓法的使用。

若用船钓，可以用坠上钩，也可以用坠下钩。用坠上钩，绑钩线要通过单天平连接在主线上，免得绑钩线与主线缠绕。如用坠下钩，绑钩线要通过返捻环连接在主线上。坠子以用茄形坠为好，坠的重量视水流的大小而定：若水流急，宜用重坠；若水流缓，宜用轻坠。

若用岸钓，以用串钩较好，可在主线上缚结 3～5 枚单钩。

（三）垂钓卷口鱼的饵料

垂钓卷口鱼的钓饵，可用蚯蚓、小泥鳅、小杂鱼，也可用饭粒或面食作钓饵，有时也能取得较好的效果。

（四）钓点选择的秘籍

卷口鱼为穴居性定居鱼类，喜欢栖息在河流有沙砾碎石的环境、水底的低洼处、两条水流汇合处附近，以及主流道大石块受到水流冲击后引起的漩涡下游 1 米左右的水域，这些地方都可以作为好钓点，凡易于形成穴居条件的地方均可作为钓点。

（五）卷口鱼的垂钓秘籍

卷口鱼游动和摄食的动作都比较缓慢，垂钓时，饵钩要尽可能下到鱼的近旁。如果在垂钓时发现有卷口鱼跃起，应该记住那个跃起的地方，接着把饵钩甩到鱼跃起之处的上游，让它随水流正好送到鱼的近旁，这样较容易引起鱼的注意，引它咬钩。当鱼吞钩后，如果提钩时没有钓到，鱼儿就会游向下游，钻进看不见的水底去，在短时间内再也不肯出来，导致垂钓失败。

钓卷口鱼大多是用甩竿的方法，在甩竿时一定要注意动作轻盈敏捷，避免动作笨拙，使饵钩落水时发出较响的声音把鱼惊跑。但是，吞饵未成而逃走的鱼，过了一段时间后仍然会回到原地觅食，所以不要轻易离开刚才的钓点。

上面介绍的是在陆地上垂钓卷口鱼的方法。另外还有一种钓法是：在江河或水库上乘船用投竿垂钓。垂钓者可从船舷或船尾处将饵钩放入水中，不用抛得很远。

垂钓躲藏在树根底下的卷口鱼时，为了避免钓线挂在树枝上，需把钓线改短，或把线绕一部分在钓竿上，然后再下钩。

另外，除用真饵垂钓外，也可以使用拟饵钩垂钓，用拟饵钩垂钓时，宜由下游往上游拖钓。垂钓时切勿将自己的身影映入水中，把鱼惊跑。在垂钓过程中还应保持安静，避免来回走动，更不可大声喧哗。

四十、怎样钓圆口铜鱼

（一）圆口铜鱼的生活习性

圆口铜鱼又称方头水密子、麻花鱼、方头水鼻子、肥沱。该鱼体形修长，背部显著隆起，头部尖小而宽，后半身瘦长而扁平，吻钝圆而突出，有一对长而粗壮的颌须，须端可伸至鳃盖的后缘。背鳍不大但尖而长，生长在背部隆起处，无硬刺。尾鳍叉形，胸鳍发达。该鱼因其体侧具有明显的黄铜色光泽，又因它每到春季就群集于岷江的支流大渡河，而该河又叫铜河，故而得圆口铜鱼之名。

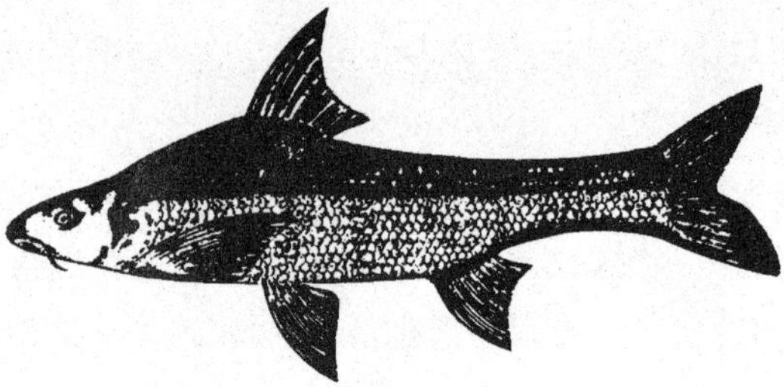

图 84　圆口铜鱼

圆口铜鱼主要分布在湖北省宜昌至四川省宜宾的长江上游水段，金沙江、乌江、岷江、嘉陵江等支流也有出产。该鱼喜欢栖息在水流湍急的河流底层，属底栖性鱼类，常集群活动，每年在水温适中时期生活在长江上游、金沙江、岷江等支流中，天冷群居在干流深水的底层岩石洼洞处避寒越冬。

圆口铜鱼既摄食动物性饵料，也摄食植物性饵料，属杂食性鱼类，主要摄食软体动物和水生昆虫，以及高等植物的碎片和流入江河中的动植物残渣碎屑，有时也吃小鱼、泥鳅和蟹、虾等小生物。

圆口铜鱼属长江上游重要的经济鱼之一，其个体一般重 500～1 000 克，最大的可达 4 000 克。

和圆口铜鱼相似的种类还有金鳅、水密子等，其生活习性和分布区域大体相似，故不另作介绍。

（二）垂钓圆口铜鱼的用具

垂钓圆口铜鱼有几种钓法，需使用不同的钓竿。

1. 钓竿用具

① 插接式竹制投竿。这种竿可以自制，是以当地产的竹竿制成的。要求是：有弹性，竹节短而密，整根竹的受力均匀，竿的长度为3.0～3.5米，可制成2节或3节式的，以便于携带。钓竿上装几个钢丝的导线眼，离钓竿根部约15厘米处装绕线轮。

钓线宜选用直径0.3毫米的透明尼龙线，线长100米左右。钓钩选用钩门0.5厘米宽、钩长1.5厘米的两个长柄钩。坠子采用通心坠，坠重25克左右，它和钩的组合是：一枚钩绑扎在坠的上方，另一枚钩绑在坠的下方，两者距离为30～35厘米。

② 叉子竿。这种竿是用长1米左右结实的细木杆或坚实的硬竹竿制成。在这种竿的尖端和手柄上方各装置一个陶瓷或不锈钢棒做成的叉子，作绕线用。钓线用3股捻合起来的尼龙线，这种线的拉力要大，长度70～100米。用直径0.3毫米的透明尼龙线作绑钩线，其长度为15～20厘米。钓钩用2枚长度1.5厘米、钩门宽0.5厘米的长柄钩，两钩间的距离约30厘米。坠子用重量50克的空心坠，装在两个钩中间的主线上。这种钓竿很适宜在水流湍急的江河中垂钓。

③ 大轮短竿。这种钓竿长为1米左右，用结实的木杆或竹竿制成，在手柄的上方装配一个较大的绕线轮，其直径为25厘米左右，由硬质木材或塑料制成。其他如钓线和钓钩，都和叉子竿上所用的相同。

2. 拖钓投竿

这种投竿需选用硬度大而结实的竿，因为圆口铜鱼属中型鱼类，具有较大的力量，上钩后会竭力挣扎，因而钓具的配备应当考虑到这种情况。钓线需用直径0.5毫米的尼龙线，线长120～150厘米。绑钩线用直径0.3毫米的透明尼龙线，长度为10厘米左右。钓钩宜选用长柄钩，可用4～5枚钩子组成串钩,钩与钩之间的距离为20～25厘米。配用坠子的重量为50克左右,坠子连接在钓钩的上方,距离最上面的钩子约30厘米。

3. 延绳钓的钓具

延绳钓的钓具是一种民间自制的钓具,由干线、钓钩、绑钩线、沉石和小船5个部分组成。

① 干线。干线用直径2～2.5厘米、长150～250米的红棕绳或尼龙绳,在干线上每隔1～1.5米用直径0.8毫米、长30厘米左右的捻合尼龙线绑结一枚钓钩。

② 钓钩。钓钩的大小相当于无锡生产的鹤嘴形115号钩。绑钩的数量根据干线的长度确定,一般少则50个,多则100～200个。

③ 绑钩线。绑钩线用直径0.3～0.35毫米的尼龙线两股捻合而成,长约30厘米,一端绑钓钩,一端连接在干线上。

④ 沉石。这是绑在干线两端的石头,每块重量为1 200克,作用是让展开的干线两端固定在水底,使干线不会缩合在一起。

⑤ 小船。小船是供垂钓者在水上进行延绳钓作业用的载体,小船不需太大,便于移动。

(三) 垂钓圆口铜鱼的饵料

钓圆口铜鱼的钓饵,可用钓点附近挖出来的蚯蚓,也可用油葫芦、蝼蛄、蟑螂、蜻蜓等昆虫,但最好的钓饵是经过加工的猪里脊肉。加工方法是:将猪里脊肉切成细长条,用芝麻油和红色色素浸泡1～2天后使用。这种钓饵放入水中后,目标显著,很容易被鱼看见,而且香味重,对圆口铜鱼的吸引力很大。这种钓饵还有一个最大的优点是结实,耐水泡,且不会被水冲脱钓钩。装钩时,要将肉条全部穿入钩中,注意不能露钩。

（四）钓点选择的秘籍

在冬天，圆口铜鱼一般都在干流的深水处越冬，不出来觅食，其他季节栖息在江河水流湍急的底层，但也常在缓流处游弋觅食。所以，如果用手竿和竹制投竿垂钓，钓点应选择在江河水流的转弯处或岸边，但最好是选在溪流与江河干流的交汇处，因为这里饵料丰富，鱼儿喜欢在这样的地方游弋觅食。使用手竿和竹制投竿垂钓也适合在河道地形复杂、乱石堆积的石洞以及石块形成的空隙旁边的水域设钓点。

若用叉子钓和大轮短竿钓，适宜在水流湍急的河道垂钓，但最好的钓点是在长期停靠的大船近旁，因为这样的地方经常有生活废水和垃圾倾倒入水，形成丰富的饵料场，加上有大船作掩护，比较隐蔽安全，鱼儿喜欢在这样的地方活动、觅食。

垂钓时要乘小船划到停泊的大船上游，等小船停稳后，将饵钩投在大船的近旁，然后再放线垂钓，让钓饵、钓钩借助水流带到大船下面的水底，可以收到较好的钓绩。

在长期停泊的大船附近，也可以采用拉砣钓法，钓点可选在两条船之间的夹缝中，垂钓者站在上游的船上，放线让它漂流进下游的船底垂钓。

（五）圆口铜鱼的垂钓秘籍

1. 用投竿底钓法钓圆口铜鱼

投竿底钓又可分为定点钓和拖钓两种钓法：

① 定点钓。定点钓就是将饵钩投出后让其沉入水底的钓法。采用这种钓法，可以同时用几副钓竿垂钓。在饵钩投出并落底后要注意观察竿尖的动态。这种钓法有一个很值得注意的问题：在江河或溪流中垂钓时，由于四面毫无遮挡，即使风力不大，也会受到风浪的影响，再加上水流的影响，竿尖往往会出现或大或小的颤动或移位，易误认为是鱼已吞

钩。反复不适当地提钩,会贻误鱼儿上钩的时机,影响钓绩。当鱼儿咬钩时,钓线会猛然拉紧,随即把竿尖拉得下弯,或者是钓线突然松弛,只有遇到这种情况时,才需及时提竿。

② 拖钓。拖钓就是在饵钩投出并落底之后,不要让它沉在水底静止不动,而是要缓缓地一边提收钓线,一边微微抖动,使饵钩在深层水体中做曲线运动,以诱鱼上钩。在提收的过程中,要让饵钩左右摆动,尽可能达到目标显著的目的。当鱼上钩时,会突然向外拉线,提竿的手会有明显的感觉,这时应立即提竿。

投竿找鱼钓的方法也属于拖钓的方法之一。圆口铜鱼喜欢在水流湍急的岩石处活动,所以可以将饵钩放出,在岩石的空隙处"找"鱼钓。

2. 用叉子竿和大轮短竿拖钓圆口铜鱼

采用叉子竿和大轮短竿拖钓,只是充分利用其钓竿的坚硬度和灵活性进行沉底拖钓,在钓法上与前述并没有太大的差异。在使用这种方法时,当经过一段时间仍未见有鱼上钩时,应更换水域重新施钓。

3. 用延绳钓法钓圆口铜鱼

采用延绳钓法,由于饵钩数量多,事先要准备较多的钓饵。蚯蚓、小虾、螺蛳肉、蚌肉、各种昆虫及其幼虫都可作为钓饵使用。这种钓法重要的是选择下钩的水域,应该选水草稀少、水流比较缓和、水深为1.5～2米的开阔水域,或有砂石底质的水域垂钓。下钩前,先要把钓饵全部装在钩上,装每个钩时,都应把钩尖露出。

延绳钓可以由两个人组合,这样可以互相帮助,由一人掌舵划船,另一人下钩作业。下钩开始时,先要将干线一端的沉石放入水底,然后缓缓划船,依次将钓钩一一放下去,最后将干线另一端的沉石放入水中。这时下钩的工作就已完成,即可回家休息。

下钩的时间最好是在傍晚天黑以前进行,一般可在第二天早晨去取钩收鱼。若在旺季,也可以在半夜去起一次钩,卸鱼后再补装钓饵,重新下钩,到第二天早晨再去取钩收鱼。

在上船出发前，必须先准备好一个三爪锚钩，装上3.5～4米长的竹竿作钩柄。起钩时，需先用这种锚钩钩起干线，再将干线拉至端点，提起沉石，将其解开，然后将干线和钩盘收好放进竹篮内，钓钩依次一一挂在篮子口上，同时摘取钩上的鱼。最后将钓具整理好，以备下次使用。

四十一、怎样钓碌鱼

（一）碌鱼的生活习性

碌鱼又称大头鲤、大首鱼，它的头既宽又大，头的长度大于身体的高度，和鳙鱼的头有些相似，嘴大而唇薄，且无胡须，身体稍扁而腹部较圆。背部灰黑色带有绿色，腹部银白色，除背部外，胸部、腹部、臀部、尾鳍之下均呈橘红色，整个身体和鲤鱼很相像。个体最大的可达2 000克。

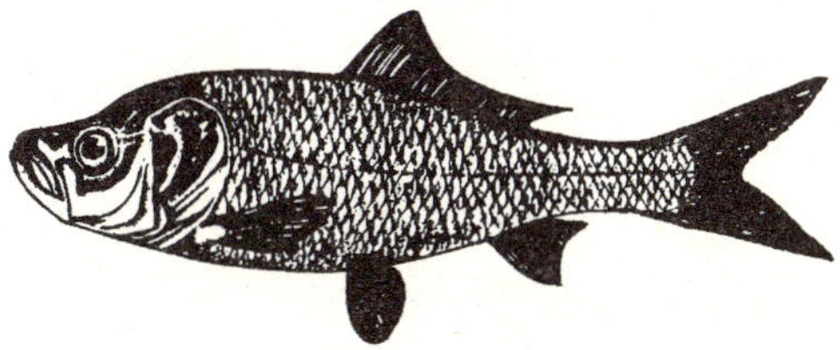

图85　碌鱼

该鱼大多分布在珠江水系源头南盘江附属水体星云湖和杞麓湖内。怒江水系有其亚种洱海大头鲤。

碌鱼性情活跃，常活动于水的中上层，网捕比较容易，但它游动起来比较迅速，喜栖息于湖泊水质清澈的敞水区。它以浮游动物为主食，即以枝角类和桡足类为主，但也吃少量丝状藻和轮虫，兼食小虾和水生植物的碎屑。

碌鱼性成熟期较早，雌雄鱼在1龄即有部分性成熟，到2龄就已全部性成熟，每年的4～9月份是其产卵期，产卵盛期在5～6月份。该鱼产卵量大，500克重的雌鱼产卵量可达13万粒之多，属黏性卵。

（二）垂钓碌鱼的用具

垂钓碌鱼一般采用两种钓法：一种是手竿锚钩钓的方法，另一种是投竿底钓的方法。

1. 手竿锚钩钓具

手竿锚钩钓选用5～6米长的钓竿，竿梢要求较粗、较硬。钓线用直径0.35～0.40毫米的尼龙线，线的长度与钓竿相同。用该钓法需置备锚钩，锚钩的柄长3～3.5厘米，是一种没有倒刺的钩，需配制两枚，一枚连接在钓线线端，另一枚连接在其上方30厘米左右处的钓线上。

2. 投竿底钓钓具

投竿底钓需用长度为2～2.5米的轻便投竿，配上小型绕线轮。钓线用直径0.3毫米的尼龙线，线长需100米左右。钓线上装6～8枚钩成为组钩，钓钩选用无锡生产的丸袖形717号或伊斯尼形516～517号钩。坠子用空心坠，坠重25～30克。坠子的下方连接组钩，组钩与坠子的距离为10厘米左右，以适于沉底为准。

（三）垂钓碌鱼的饵料

垂钓碌鱼，其钓饵以素饵为主，素饵应具备两个特点：一是应具有浓郁的腥味，二是经水浸泡后能很快溶解成粉状。这种素饵一般用玉米粉、蚕豆粉和鱼虫粉调和配制而成，或用蚯蚓粉、蚕蛹粉加少许面粉配制。制作这种素饵时，需将3种粉先搅拌均匀，再加水捏成面团。垂钓时将它装在组钩上垂钓。

（四）垂钓碌鱼的季节

垂钓碌鱼每年4～11月份都可进行，在一天之中，以早晨和傍晚为最好的垂钓时间。若用小虾为饵，用手竿作底钓也能钓到碌鱼，不过从效果上来说，要比锚钩钓差得多。

（五）钓点选择的秘籍

垂钓碌鱼之前，先要选取较好的钓点。选钓点时要考虑碌鱼的生活习性，宜选择湖泊沿岸水面开阔的水域为钓点。在夏季用投竿垂钓时，钓点可选在离岸边30米左右有稀疏水草的浅水区；用手竿锚钩钓，要在避风向阳的岸边选择水质清澈、水底无障碍物、水深2米以上的地方作钓点。入秋以后，用投竿垂钓，钓点要选在离岸较远的深水区，因秋后水温降低，鱼儿不会到浅水的岸边来，而改栖在河中深水水域。

（六）碌鱼的垂钓秘籍

用投竿进行底钓时甩投要准，最好用几副投竿。每次更换饵食后，都应能准确地投在钓点上。由于面制的钓饵在水中浸泡一会就溶散在水中，所以经过几次更换钓饵后，钓点很自然就形成较大面积的诱窝。这样可以吸引较多的鱼来到窝点聚集，可提高上钩率。

当碌鱼咬钩时，一般来说竿梢都会出现颤动，有时绷紧的钓线会突然变得松弛，当出现上述两种情况时，都应立即提竿。

在用手竿锚钩钓时，应该先向钓点投撒诱饵，将碌鱼吸引到钓点的周围，诱饵可选用和钓饵相同的饵食。需要注意的是：在制作这种诱饵时，加水的量要适中，以正好捏成松散的团状、落水后很快散成粉状、能缓缓地沉在水下形成窝点为度。

诱饵的投量可以多一些，投过以后等待20～30分钟，便可开始将锚钩轻轻地投在窝点的上方，让它沉下去落在钓点上。这时要注意的是：

投钩要轻，切不可发出声音惊动窝点里的鱼群，以免将鱼惊跑。

当锚钩落底后，一旦发现竿尖有颤动迹象，便用腕力提竿，即可将碌鱼钩住。

采用这种锚钩钓法，应选多个钓点，两个钓点之间应保持 10 米左右的距离。

四十二、怎样钓胭脂鱼

（一）胭脂鱼的生活习性

胭脂鱼又称黄排、青胴、看塘鱼、木叶盘等。

该鱼生长较快，是一种大型经济鱼类，长江中上游的胭脂鱼大多为 2 000～2 500 克，最大的个体可达 30 千克重。

图 86　胭脂鱼

这种鱼原产于北美洲，在中美洲也有相当多的出产，我国所产的胭脂鱼是这种鱼在亚洲大陆分布的唯一品种。在我国，它主要分布在长江、闽江、金沙江、岷江等水域。每年早春二月，该鱼就上溯到长江上游诸江急流中的浅滩繁殖，到秋季气温低时，再返回到长江干流的深水处避寒越冬。

胭脂鱼喜欢栖息于江河水体的中下层。幼鱼行动缓慢，但成鱼行动十分敏捷。它性成熟期较长，一般约需6年，生殖季节为每年的3～4月份。体重10千克的雌鱼怀卵量达15万粒左右，卵呈油黄色，属沉性微黏性卵。胭脂鱼大多在天气晴朗的夜间产卵，常将卵产在水流较急的石埂、石槽、石滩上，产卵后的亲鱼就在附近流水回湾浅滩处育肥。

胭脂鱼的食性与鲤鱼有些相似，主要以底栖的无脊椎动物为天然饵料。但它食性较杂，偶尔也吃一些水底泥沙中的有机物和水底砾石上附着的硅藻及植物碎片。在江河中，它主要吞食水生昆虫，尤其对摇蚊的幼虫最感兴趣；在湖泊中，吞食软体无脊椎动物，如淡水壳菜和蚌、蚬等。

（二）垂钓胭脂鱼的用具

垂钓胭脂鱼的方法较多，一般有手竿钓、海竿钓、手感钓、无饵拖拉钓以及延绳钓等。无论采用哪种钓法，都应使用与其相应的垂钓工具。

1. 手竿钓法的钓具

手竿钓钓具中，钓竿宜用4～6米长的竹制或玻璃钢制的钓竿，中等弹性即可。

钓线可用直径0.3毫米的透明尼龙线，线的长度可与竿长相同或略长一些。

钓钩宜选用中小型短柄钩，如鹤嘴形116～118号、胡弓形216～218号或HHH袖形钩7～9号都可以。

浮漂和铅坠，只要配置适当就行，由于是进行深水钓，坠的重量应略微超过浮漂的浮力，使饵钩能正好沉近水底，但又不完全掉入水底。

2. 海竿钓法的钓具

海竿钓法的钓具，钓竿应选用3米以上的中硬竿，竿的柄部配置中型齿槽式或旋压式绕线轮。钓线用直径0.30～0.35毫米的尼龙线。钓钩选用无锡产的环形 411～413 号或鹤嘴形 111～113 号钩，可以用单钩，也可以用双钩或 3～4 枚钩组成的串钩。坠子的重量要依据垂钓水域的流速大小来确定，流速越快，坠子的重量应越重。

3. 手感钓法的钓具

手感钓的钓具，不用浮漂，全靠手感来获得鱼儿上钩的信息。钓具的设置方面应特别注意：不能被鱼看见水中的饵钩和钓线，所以钓线要用青草或其他绿色较浓的植物，在线上捋 2～3 次，使钓线染成浅绿色，与水色相近，避免鱼看见白色钓线而被吓跑。

4. 无饵拖拉钓法的钓具

无饵拖拉钓法的钓具有两种：一种是锚钩无饵拖拉钓；另一种是蜈蚣钩无饵拖拉钓。这两种钓法使用的钓线都应粗一些，因拉力较大，可避免被拉断。锚钩无饵拖拉钓的钓钩是像铁锚一样三面伸出 3 个钩或向四面伸出 4 个钩。蜈蚣钩无饵拖拉钓的钓钩是在钓线上拴 10～20 个钩，每隔 10～18 厘米拴一个钩，形成很长的一串拖拉钩。

5. 延绳钓法的钓具

延绳钓法的钓具由主线、支线、钓钩、放线轮、坠子等组成。主线用粗 3 股草绿色锦纶线，长度为 60～100 米。支线用直径 0.4～0.5 毫米的尼龙线，长度约 40 厘米。用钓钩 30～40 个，可采用无锡产丸袖形 712～713 号钩，钩与钩间的距离为 1 米。主线一端连接有与放线轮相连的一个大坠子，由于是钓大型鱼，坠重需 1 000～2 000 克重，沉入水底起固定主线的作用，主线另一端系一小坠子，沉入水底也起固定主线的作用。

（三）垂钓胭脂鱼的饵料

垂钓胭脂鱼需用诱饵，诱饵可用鸡、鸭、鱼的内脏和牛、羊的碎骨头。

钓饵可用红虫、小虾、蚯蚓、小鱼、蛆虫、地蚕、螺蛳肉、油葫芦、水蛭等。若用瘦猪肉应切成细条，用香油和红色色素浸泡 1～2 天后使用，效果也很好。素饵可用面食、饭粒、植物碎片等。若要钓较大的鱼，钓饵的体积也应加大；如用小蚯蚓、红虫、蛆虫等细小的钓饵钓大鱼时，可用红线扎成一整束后挂钩，否则引诱不到大鱼上钩。

（四）垂钓胭脂鱼的时间

垂钓胭脂鱼每年都有一段最好的时机不可错过，那就是在该鱼产卵之后的这段时间。因为这时鱼在产卵之后身体虚弱，十分需要补充营养，所以只要看见可吃的东西就会拼命抢着吃，非常容易上钩。这时必须先找到它的产卵场，并且算准产卵时间，一般都在清明到谷雨这段时间之内。

（五）钓点选择的秘籍

垂钓胭脂鱼，选好钓点是垂钓活动的重要一环。该鱼除冬季在大江大河的干流深处避寒越冬外，其他季节大多在河湾、中小河流的上游段或水流较急多卵石的河段栖息，成鱼大多在江河的上游、湖泊的进水口，或底质多砂砾有硅藻的水域栖息，在有坝的江河中，应选在下游作钓点。

除注意掌握垂钓时机外，如果在某一处钓不到鱼，应随时变换钓点，因为胭脂鱼喜欢合群，且游动较缓慢。一般来说，在某处钓到一条这种鱼后，往往还能接二连三地钓到多条鱼。

（六）胭脂鱼的垂钓秘籍

1. 用手竿钓法钓胭脂鱼

用手竿垂钓时，钓线上宜装上浮漂，因江河中的流水有一定的流速，应选用浮力较大的立式浮漂，坠也应大一些，使钓饵能沉至一定的深处，靠近鱼栖息的水层。若不用浮漂垂钓时，将饵钩投于钓点后要拉直钓线，看到竿尖猛然下弯时即可起钩。

胭脂鱼性情文静，动作稳健，吞食饵钩比较缓慢，因此垂钓时要有耐心，不可性急，不过该鱼吞食虽慢，但吐食却较快，垂钓时要注意浮漂动静，一旦发现浮漂下沉，就应眼疾手快立即起竿，稍有迟缓即会脱钩逃鱼。

其实，用手竿垂钓胭脂鱼和垂钓鲤鱼、草鱼有些相似，不同之处，只是反映在浮漂上的信号更为微弱，托漂更慢一些，黑漂也会更缓慢。

2．用投竿钓法钓胭脂鱼

用投竿钓胭脂鱼，若在岸上垂钓，一般可用固定钓点钓法，就是在选定钓点后，将饵钩甩投入钓点，待组钩沉入水底后绷紧钓线，候鱼上钩。用该法垂钓，垂钓者一人可同时用几副钓竿垂钓，这样可增加鱼儿上钩的机会。

用投竿垂钓，还可采用串钩和爆炸钩。在江河垂钓时，应将钓钩抛向垂钓者前方稍偏向下游的水域，最好能抛出 30～50 米远处。若用这种钓法，宜选用 50 克以上的通心活动铅坠，坠下必须连接能旋转的活动环。这样信号反映在竿头才会更加灵敏。

3．用手感钓法钓胭脂鱼

用手感钓法钓鱼，可以在岸上钓，也可以乘上小船垂钓，而以在船上垂钓更为有利。手感钓的特点是：不用浮漂，在饵钩投入水中后，仅凭手感来判断是否有鱼上钩，当感觉到钓线稍有动感时应快速提竿。若饵钩投入水中后迟迟没有动静，可每隔 3～5 分钟将钓线作一次牵动，以引起鱼儿对钓饵的注意。

4．用无饵拖拉钓法钓胭脂鱼

无饵拖拉钓法有锚钩钓和串钩钓两种，都是在 2 面或 3～4 面每隔 15～20 厘米拴一枚锋利的钓钩，也不用钓饵。实际上，这种钓法已不能称作垂钓，而是用强力钓鱼。其操作方法是：将串钩甩向远处钓点后，每隔 3～5 分钟用力拖拉一下，只要串钩周边有鱼，就有可能被钩钩住。

用这种无饵拖拉钓法可以在岸上操作，也可以在小船上操作，但以在小船上操作更具优越性，因为在船上操作可以选择鱼多的任何水域下钩，拖拉钓钩时，还可以使船不断向前移动，使拖拉的路途更长，钓获率更高。

5. 用延绳钓法钓胭脂鱼

这种方法是垂钓个体较大胭脂鱼的钓法，用这种钓法必须具备以下几个条件：

① 在水面广阔，水的深度一般在 1.5～3 米的水域中使用，也可在江河主流道旁水流较急处进行。

② 必须备有一条小船，因这种钓法只能在船上操作。

③ 鱼儿比较多的水域。

④ 没有水草或杂草较少的水域。

具体操作方法：先将连接在主线上的许多钓钩装上钓饵，然后将连接小坠子的一端干线放入水中，接着借助水流的冲力将全部干线（带钓饵及钓钩）逐步放完，最后将大坠子放入水底固定住。

这种钓法一般是在傍晚下钩，次日清晨划着小船去起钩取鱼。起钩取鱼时必须带上搭钩和抄网，否则难以取鱼。

由于延绳钓钓具需用很多钓钩，下钩和起钩的操作中都要特别注意防止被钓钩刺伤手，特别是在起钩取鱼时，因大鱼会挣扎蹦跳，更容易被钩刺伤，尤需注意安全。

四十三、怎样钓鲶鱼

（一）鲶鱼的生活习性

鲶鱼又称木瓜鱼、冬瓜鱼。该鱼体壮、头大宽扁，体呈圆筒形，眼睛靠前，有须 4 对，嘴旁一对粗壮而长，尾柄特长，后部细长，皮肤粗糙，体形有些像鲶鱼，但更细而修长，个体最大者身长可达 2 米。

图 87　鲑鱼

鲑鱼属底栖鱼类,生活于大江大河,我国南部的澜沧江和红河水系是其主要生长水域。该鱼性情凶猛,属肉食性鱼类,以其他鱼类为主要食饵。该鱼产卵繁殖期在每年的 5～6 月份。

（二） 垂钓鲑鱼的用具

由于鲑鱼属生性凶猛的大型鱼类,气力较大,在被钓住后,会作较长时间的猛烈挣扎,遛鱼相当费力,因而钓竿需用投竿。竿长宜选用 2. 5～3 米,竿梢要粗壮结实,竿柄上配置中型旋压式或双轴承鼓形绕线轮。

钓线宜用直径 0. 5～0. 6 毫米的尼龙线,储存在绕线轮上的线长度需有 130～150 米。

钓钩宜用较大型号的,如无锡生产的环形 411～412 号或丸袖形 712～713 号钩。若用其他钓钩,应与这两种钩的尺寸相等。

因鲑鱼大多栖息在江河的流动水域,所以不用浮漂,但需用较重的坠子,一般使用 60 克左右的坠子比较适宜。钩钩与坠子的组合宜采用以下两种方法:

① 用实心坠:即用 2～3 枚钩组成串钩,连接在坠子的上方。

② 用空心坠:即用一枚钩连接在坠子的下方,1～2 枚钩连接在坠子的上方。钩与钩之间的距离要拉开,避免相互缠绕。

在鲑鱼的产地,人们垂钓鲑鱼时一般都采用传统的独节竹竿作投竿,竿长为 2～3 米,配用的绕线轮是木制齿槽式拨轮,这种竹制的投竿虽制作简单，却很实用。

（三）垂钓鲑鱼的饵料

鲑鱼有较强的摄食欲，且食物的对象较多，如各种小鱼、小虾、飞虫和各种陆栖动物的尸体都是它的美味佳肴。垂钓时，可用粗大的蚯蚓或小鱼装钩，也可用各种家畜的内脏作钓饵。

（四）垂钓季节

最佳垂钓的季节是春、秋两季。在一天中，以清晨和傍晚或阴雨天的上钩率最高，晴朗的白天垂钓效果较差。

（五）钓点选择的秘籍

在垂钓鲑鱼之前，应先选好钓场和钓点，钓场主要在金平至河口一带河段，因为那里的环境僻静，河里饵料丰富，是鲑鱼出没最多的场所。在水面较宽的河段，钓点要选在主河道；在水面较窄的水域，钓点应选在两岸陡峭的河段中心。

（六）鲑鱼的垂钓秘籍

由于鲑鱼是底栖性鱼类，所以垂钓这种鱼主要采取底钓法。在选定钓点后，将饵钩投入钓点的水中，待坠子沉落水底后，再将钓线收紧，把钓竿架在竿架上，等待鲑鱼上钩。因鲑鱼行动比较迟钝，在等鱼上钩的过程中，垂钓者应每隔几分钟牵动几下钓线，使饵钩产生活动的样子，以引起鱼儿对饵钩的注意，引诱鲑鱼前来咬钩。

鲑鱼吞饵虽然凶猛，但它往往将饵钩吞进嘴后就卧底不动，因而咬钩动作反映在竿梢上，常常是竿梢弹动一下就不再动了。遇到这种情况时，垂钓者应立即起钩。

鱼有时咬钩后从竿梢上看不出有任何反应，但原来绷紧的线会突然松弛下来,这也是鱼上钩的迹象,应立即起钩。

另外,在钓鲃鱼时,不妨同时使用2～3副钓竿垂钓,为避免遛鱼时钓线钓钩缠在一起,钓竿之间的距离保持在12～15米,这样就可以大大增加钓获率。

四十四、怎样钓沙塘鳢

(一) 沙塘鳢的生活习性

沙塘鳢又称虎头鲨、土布鱼、竹壳、哈巴狗等,还有其他多种名称。该鱼体短而小,通体暗灰色,腹部浅灰色。前部圆,后部略侧扁,嘴大而上斜,眼睛长在顶部上位,较小。第二臀鳍与背鳍相对称,尾鳍圆,其体侧有4块肉斑。

沙塘鳢分布较广,我国的广东、广西、湖南、湖北、江西、浙江、安徽、江苏等省区都有,以广东珠江水系、广西左江、右江、桂江、郁江、柳江及长江水系的中游分布最多,其他如汉水、湘江、赣江、洪湖、梁子湖、洞庭湖、鄱阳湖、太湖、巢湖等产量也不少。

图88 沙塘鳢

该鱼属底层鱼,大多栖息在岩石中或有泥沙、杂草混杂而又比较隐蔽的浅水水域。

沙塘鳢以动物性饵料为主食。幼鱼摄食浮游动物；成鱼以摄食小虾为主，兼食各种小型鱼类及其鱼卵，也食水生昆虫与其幼虫。

这种鱼只需一年就进入性成熟期，在每年的4～6月份为产卵期，产卵的数量不多，只有几百粒，最多只有2 000粒，到了繁殖季节，雄亲鱼会发出“咕咕”的叫声，来引诱雌亲鱼。当雌亲鱼产卵后，由雄亲鱼保护鱼卵，它还会用鳍不断地扇动，激起水体流动，以促进卵的孵化。

该鱼个体较小，一般只有15厘米长，重量只有100～150克，最大的不超过200克。

（二）垂钓沙塘鳢的用具

钓沙塘鳢这样的小型鱼类，对于钓竿没有很高的要求，只要普通的手竿就行，甚至用独竹竿也能钓到该鱼。竿的长度，一般可用2.5～3.5米，以软竿比较适用。钓钩可用国产的袖形320～322号或江芦形620～621号等长柄钩。钓线可用直径0.2～0.25毫米的尼龙线，绑钩线一般为4～5厘米长。铅坠的重量要依据水流的缓急程度来决定，水流较缓时铅坠只要30～40克就够了，水流较快时可用50～60克的，在很急的水流中垂钓需用80～100克的铅坠。

钓线的长度可和钓竿等长或稍短于钓竿，钓线上端20厘米长的线，如能捻合成双股最为适用，这样可以防止钓线和竿尖缠绕在一起，而且甩投起来也能用得上劲。

组钩宜用双钩组合为好，也可以用3～4个钩组成串钩。但如果钓点附近障碍物和杂草较多，为避免缠绕，仍以用单钩比较省事。

（三）垂钓沙塘鳢的饵料

由于沙塘鳢是以肉食为主的杂食性鱼类，所以垂钓这种鱼所用的钓饵宜用蚯蚓、螺蛳肉、蚌肉、蝼蛄的幼虫、沙蚕、蛆虫、红虫等都可以。蚯蚓、红虫和蛆虫的装钩方法，和垂钓其他鱼时相同，但用沙蚕为钓饵时，装钩方法是:将沙蚕剪成两段或三段,若用前段或后段装钩,应将钩尖从剪断处插入,钩出后露出钩尖,剩下一小段头或尾伸出在下面;若用中段装钩,钩尖也从剪断处插入,露出钩尖,留下中段的 1/3 伸出在钩尖下面,以吸引鱼儿前来吞食。

沙塘鳢在幼鱼时期,食欲特别旺盛。在涨潮的时候,该鱼饥不择食地急需食物,见了钓饵就会冲上来大口吞下,但到了退潮的时候,它的食欲大大减退,对食物就要挑瘦拣肥了,只吃沙蚕尾端柔软的部分。

(四) 钓点选择的秘籍

选择钓点应先了解沙塘鳢喜欢栖留的地方。沙塘鳢鱼属底栖性鱼类,一般喜欢生活在溪流、河沟和湖泊砂质底的水域中,常常栖身于隐蔽的地方或停留在有泥沙、杂草和碎石相混杂的浅水中。

沙塘鳢的游泳能力不强,天冷时一般都潜伏在深水层的水底或石块下面越冬。选点时,可在有大石块的周围垂钓,常常可以得到较好的收获,有时能钓到 10 多条鱼。若在江河中垂钓,应观察并掌握涨潮、退潮的时间,一般在涨潮时,这种鱼会在沿岸的乱石堆和树桩、杂草周围游弋;而退潮时,会改在离岸稍远的斜坡上缓慢游动、觅食。

总的来说,这种鱼是比较贪食的,常常成群聚集在水底有隐蔽物的地方或有大石块、大树根的周围觅食。

(五) 沙塘鳢的垂钓秘籍

垂钓时,可采用不挂浮漂的手感钓法,其做法是:垂钓者将装钩后的饵钩投入水中后,要不时地缓缓移动饵钩的位置,以引起鱼儿的注意使其前来咬钩,同时密切关注手中钓竿的感觉,当感觉到钓竿有动感时,应立即提竿。由于这种鱼常常是成群聚集在一起的,当钓到该鱼后,要轻捷地将鱼提上岸,切不可让鱼在水面蹦跳挣扎,让鱼群受惊吓而逃跑,这样可以在同一个钓点连续钓上多条沙塘鳢鱼。但当在一个钓点等候较长时间而无鱼上钩时，就应改换到别的水域去钓，不应死守一处。

沙塘鳢喜欢水体清澈、透明度较好、砂砾底又有大石头的地方，由于水体清澈透明，垂钓者可以清楚地看到这种鱼成群地藏伏在水底，这时垂钓者可在其上游投竿，借助水流的力量将饵钩推进鱼群。

钓沙塘鳢还可使用双钩钓和由3～4个钓钩组成的串钩钓，这样可以增加钓获率，有时一次就能钓上几条鱼来。

四十五、怎样钓东方鲀

（一）东方鲀的生活习性

东方鲀俗称鲀鱼、吹肚鱼、气泡鱼、鲀鱼，也就是大家熟知的河豚鱼。该鱼外形比较奇特，身体前部钝圆，腹部隆起，尾部狭小，背鳍靠后接近尾部，体背和腹部均披小刺。背上有4～5条灰褐色横带纹，但其体色可随体长而改变。该鱼有剧毒，切不可钓生长在天然水域中的东方鲀食用，否则会出生命危险。

该鱼分布很广，数量也较多。它有一种和其他鱼完全不同的特性，即一旦遇到外敌时，腹部的气囊会迅速膨胀起来，使身体鼓胀成圆形，漂浮在水面上，并且发出“咕咕”的叫声，以此作自卫的手段。它被称为吹肚鱼或气泡鱼，就是由此而得名。

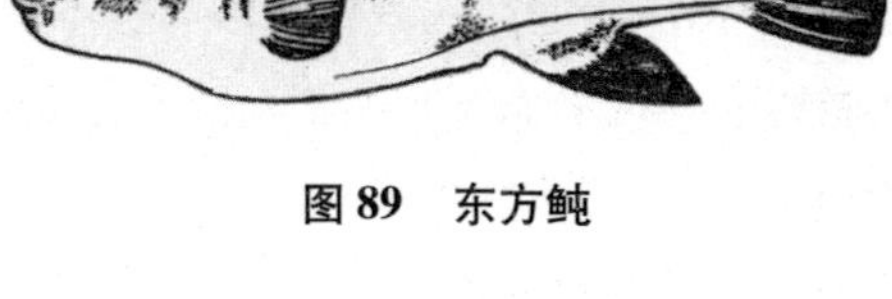

图89　东方鲀

该鱼系江海洄游性鱼类,喜欢栖息在水域的中下层。每年春末夏初气温升高之后,性成熟的亲鱼就成群地由东海游入长江口,并继续向前游动,一直游到中游江段及鄱阳湖、洞庭湖等水系中产卵繁殖。幼鱼孵出后,又向远处游动,有些幼鱼直接游向海洋,也有的留在江河、湖泊中觅食育肥,待到了第二年的春天再游向大海,春末夏初时又重复以上过程。

东方鲀性凶猛,食性很广,属于肉食性鱼类,是以动物性饵料为主的杂食性鱼类,不论海水或淡水的鱼类、虾类、蟹类、软体动物、枝角类、桡足类及昆虫的幼虫等,都是它的饵食。此外,它还摄食植物性饵料,如高等植物的叶片和丝状藻类。生活在不同水域中的东方鲀还有不同的摄食习惯,如生活在太湖内的东方鲀,以象鼻蚤为其主要饵料。

东方鲀俗称河豚鱼。它的肉味之鲜美是其他鱼类所望尘莫及的,而且它还有养血补身的功能。尽管明知该鱼有毒,由于贪吃它的美味,有些人仍旧冒险去吃。据说,日本人把河豚鱼誉为“菜中皇后”和“菜中之皇”。

必须向广大读者严肃提醒的是:河豚的皮肤、血液、内脏、生殖腺都含有剧毒,特别是肝脏和卵的毒性最大,每 100 克卵中含河鲀毒素 2 克左右。“拼死吃河”是把自己的生命当儿戏,很不值得。

近年来,我国已培育出了没有毒素的河豚,而且已经可以大量养殖,这确实是个好消息。笔者在这里介绍垂钓河豚鱼的方法,是希望垂钓者去人工饲养的池塘进行垂钓,而不是提倡去钓有毒的河豚鱼食用,这是必须说明的。

(二) 垂钓东方鲀的用具

根据东方鲀凶猛吞食的特性,可以采用两种垂钓方法:一种是竿钓,一种是延绳钓。这两种钓法所适合的垂钓水域有所不同,竿钓适用于江河口等水域,而延绳钓适宜在水面宽阔的江河上乘坐小船去垂钓。

1. 竿钓法钓具

竿钓可用手竿钓,也可用投竿钓。

① 手竿钓钓具：钓竿应选用4.5～5.5米长中等硬度的竿，竹制竿或玻璃钢竿都可以。钓线可选直径0.4～0.5毫米的尼龙线，并且必须选购拉力较大的优质尼龙线，这一点十分重要，因为东方鲀是挣扎力量较大的鱼类。绑钩线最好用细钢丝代替，因为这种鱼有极为锋利的板牙，如果用普通的线，被它咬断就会逃脱。钓钩宜用长柄钩，如无锡产的袖形315号钩或环形413号钩。铅坠可用枣形坠，配棒形浮漂。

② 投竿钓钓具：钓竿要选用硬尖竿，竿梢要粗一些，竿长以3米左右为好，竿柄部应装配大中型齿槽式或旋压式绕线轮。钓线可用和手竿同样粗细的线，但需在绕线轮上储备100～130米长的钓线，以便遛鱼之用。钓钩也可用与手竿相同的，但绑钩线仍宜用细钢丝代替。坠子宜选用船舵形或椭圆形的，配辣椒型浮漂。

③ 锚钩钓钓具：锚钩钓，是在手竿钓或投竿钓的钓钩旁边，即坠子下面再挂一根比钓钩线长3～4厘米的线，线的一端拴接一个三爪锚钩，但不必挂钓饵，只在原来的单钩上挂钓饵就行。

④ 串钩钓钓具：串钩钓并不需另外设置钓竿，也是在手竿或投竿的基础上增加串钩就行，用3～4个钩组成串钩拴接在坠子上方。每个钩的绑钩线长为5～6厘米，钩与钩之间的间距约为15厘米。

2. 延绳钓法钓具

延绳钓是一种垂钓效果很好的钓法，但设备要求较高，首先是要有一条小船，垂钓者要在船上进行垂钓操作。另外，这种钓法只适合在大江大湖水面宽广的水域施钓。

延绳钓的钓具包括干线、支线、钓钩、浮漂、沉石，还需要有铁锚、钓篮、长柄搭钩和长柄抄网。

干线是用来系结10～16个钓钩、浮漂和坠子的，要承担全部钓具的负荷，由于整个钓具需要长时间浸泡在水中，因而干线要求用强度大、耐腐蚀性能好、比较柔软的合成纤维制作。支线连接固定在干线上的连接环与钓钩，也要承受河鲀鱼的挣扎力和水流对钓钩的冲击力，其强度应大于鱼体的重量。

钓钩可用圆形钩。浮漂是一个竹制的浮筒，可用普通毛竹刮去竹青，两端留竹节制成。沉石是系在干线两端，沉底后起固定作用的石块，其重量一般为1 000～1 500克。

其他钓具还有钓篮一只、长柄搭钩一把、长柄抄网一把，以及稳定船身防止风浪冲撞的小铁锚一个。

（三）垂钓东方鲀的饵料

钓河豚鱼的钓饵，可用较大的蚯蚓、虾、蟹、鱼等小动物。河豚鱼虽然生性呆笨凶狠，但在摄食时却有与其他鱼类不同的习惯，而且味觉很灵敏。当它发现有食物时，会用板牙将饵物咬住吞进口中，接着迅速向后退缩，一边退缩一边品味嘴里食物的滋味，若食物味道不好，就会立即吐出，掉头就走。由于东方鲀有这种特别的摄食习惯，所以垂钓者在准备钓饵时，一定要选取新鲜而有光泽的动物性肉食。

（四）钓点选择的秘籍

钓东方鲀首先要找到适宜的钓点。该鱼喜欢栖息于有泥沙底质的水域，一般都在深水中游弋觅食，特别是在水温适中的水层中生活，它最喜欢的水温是12～22℃。它还喜欢在有中等透明度的水质，以及坎坷不平且生长有水草的水底藏身。

钓东方鲀的最佳季节是在惊蛰和清明这段时间。在下雨和有风浪的天气垂钓，上钩率反而会更高。

（五）东方鲀的垂钓秘籍

1. 手竿钓法钓东方鲀

手竿钓的钓法和钓其他鱼没有太大的差异。该鱼摄食时需经过试探、吞进、品尝、吐出、再吞进、再吐出，最后才吞进的过程。所以，必须掌握在它吞进后正在品尝的时候起竿，才能钓到该鱼。

2. 投竿钓法钓东方鲀

用投竿垂钓东方鲀，仍然需要用新鲜的动物肉块或刚捕获的水生动物作钓饵。投竿的特点是较短、较硬，没有手竿那种长软和富有弹性的优点，但绕线轮和所储备很长的钓线，具有收线放线方便灵活的优势，可以和这种鱼进行长时间的周旋并最终制服它。值得注意的是：由于钓线很长，在钩住鱼后时刻要有收线的意向。

另一点值得注意的是：东方鲀有一种特别的自卫本领，当它被钩住之后除了拼命挣扎以外，还会迅速吸入气体，使它的身体膨胀起来，使体积增大2～3倍，胀大得像小气球似的。不过在这时，它就失去了挣扎的力量，可将它拉近岸边用抄网将它抄上来。提上该鱼之后，还应十分小心，不要在卸钩时被它非常锋利的板牙伤了手。

将钓获的东方鲀抄上岸后，一般都要进行剪齿和放气。剪齿的方法是：用一只手捏住鱼的两鳃，另一只手用锋利的剪刀或钢丝钳把它的上下齿剪去半截。放气的程序是：用一根筷子粗细、长25～30厘米的不锈钢管从鱼的胃部、腹部，使它的嘴不能合拢，气和水就会慢慢从管中排出，直至正常状态。

3. 锚钩钓法钓东方鲀

钓法上并无特别之处，增加锚钩的作用是：当东方鲀被钩住之后，会极力挣扎，很可能会被锚钩钩住而无法挣脱，所以锚钩是起着帮助的作用。使用锚钩钓法最重要的就是只要鱼接触到了饵钩，不管它是否已将饵钩吞入口中，都要快速提竿，即使没有被钓钩钩住，也会被锚钩钩住而不得逃脱。

4. 串钩钓法钓东方鲀

串钩钓可在手竿上使用，也可在投竿上使用。钓钩可用3～4个，将每个钩都拴在铅坠的上面，也可将2～3个钩拴在坠子的上面，一个钩挂在坠子的下面，也就是钓线的顶端，钩与钩之间、钩与坠子之间的距离应在15厘米左右。垂钓时可以在3～4个钩上挂不同的饵食任它挑选。

5. 延绳钓法钓东方鲀

延绳钓法一般适宜在小船上进行，船上可乘2人或3人协同放钩，垂钓时间以每年的3月或4月份最为适宜。最适合使用这种钓法的是长江下游安徽安庆至江苏江阴这一段水域，因为这里是东方鲀产卵洄游的通道，用延绳钓的收获较大。

操作方法是：在放钩以前，首先要在所有的钩上都装好钓饵，钓饵最好是蛤蜊肉，较大的蛤蜊肉可切成1厘米宽、2厘米长的小块挂在钩上，使钩尖略向外露出一点。将上好饵的钩线按顺序盘在钓篮里面，放钩时不致缠绕。

放钩时，要注意风向和水的流向，应遵循下风、顺水放钩的原则。先将沉石、锚和浮漂放入水中，再从船头将钓篮内的钓钩依次放入水中，若干线有转弯处，要结缚一块沉石放下，以固定住干线。最后在干线末端附近连接小浮子绳，并放下一块沉石。

若在鱼较多的地区，半夜里就可起钩取鱼，然后再重新放钩，一般情况下，在第二天早晨收钩就行。

四十六、怎样钓鳝鱼

（一）鳝鱼的生活习性

鳝鱼又称黄鳝、长鱼、罗鳝。其体形呈蛇形，体长可达50厘米，黄褐色，具有黑色斑点，头大，口大，唇厚而眼小，无胸鳍和腹鳍。背鳍和臀鳍低平与尾鳍相连，很不显眼。该鱼生长较快，生命力强，即使离开水也不易死亡，常在沟渠、泥塘和稻田中生活。

鳝鱼善于打洞，因在田埂上打洞，会使水稻田的水流失危害庄稼，被

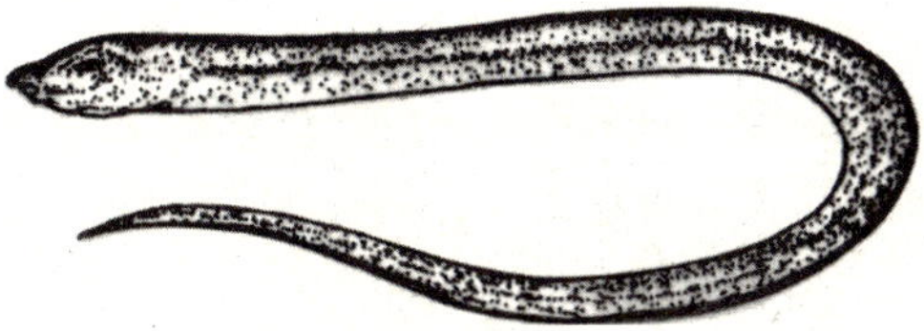

图 90　黄鳝

农民视为害鱼。它常在田边、池塘、河沟沿岸打洞穴居，洞口距水面 2～10 厘米不等，其深度可随着水位下降而向下折转加深。越冬时，为避寒冷，常将洞穴掘到深达 1 米以上，有时可深达 2～3 米。该鱼的个体，最大者可达 2 000 克。

鳝鱼一般在夏初水温达 15℃时从洞中钻出，在深秋水温降至 10℃时停止摄食，霜降后即深居洞内，不再外出活动。为了安全过冬，往往会用泥土将洞口塞严，仅留一个小通气孔通气，然后进入休眠状态，到第二年惊蛰后开始苏醒出洞觅食。该鱼的适温为 18～25℃，在这样的水温中，摄食旺盛，也是垂钓的最好季节。

鳝鱼主要分布在亚洲的东部和南部，我国除西部高原外各地都有分布。它适应性较强，离水后能以口腔辅助呼吸。它不喜游动，喜在阴凉潮湿的洞中休息，夜间出来活动、觅食。江河沿岸的石桥墩、石坎、石堤岸和码头石块的空隙，常是它的居住处。

（二） 垂钓鳝鱼的用具

1. 硬钩钓具

钩的做法是：选用一根长约 0.5 米、直径 0.9～1.2 毫米的钢丝制作（也可用自行车轮上的钢丝代替）。先将钢丝的一头磨尖，弯成钩子形状（钩尖长约 7 毫米、门宽为 6 毫米），钩柄上端安一个木把子（或将另一端用钳子弯成圈形，圈的大小正好可套入手指，圈的方向与钩子的弯向最好一致）。若固定在木柄上，钢丝可以短些。

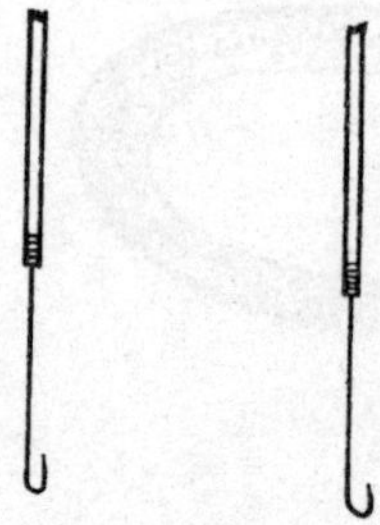

图 91　钓鳝鱼的硬钩

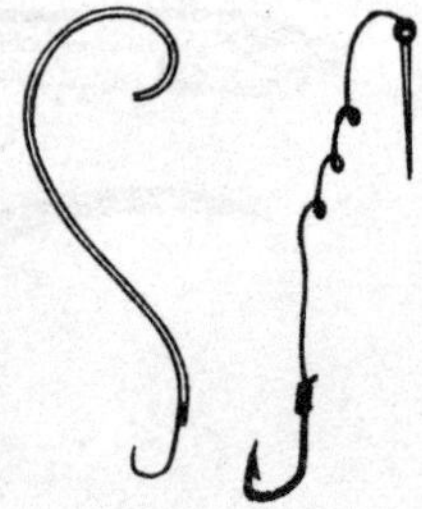

图 92　钓鳝鱼的软钩

2. 软钩钓具

可以用 12～14 号的钓钩，或 13～15 号 HHH 渔业专用钩，在钩柄上拴一根 8 磅以上的尼龙线（约 70 厘米长），钓线的另一端拴在 15～20 厘米长的小木棒或小竹棒上。

3. 引钩钓具

用一根手指粗的细竹竿，竹竿头上绑扎一段类似 12 号铁丝般粗细的钢丝，穿上蚯蚓即成。该钩用于水草茂密、钢丝钩难以下钩的地方，用来引出鳝鱼，再用钢丝钩引钓，极为方便。使用得法，也可直接用该钩将鳝鱼钓上来。

此外，还可用 8 号粗铁丝做成叉子形状（最好焊制），铁丝的另一端可用细铁丝固定，再以电焊焊牢，必要时作叉鳝鱼之用。

4. 竹夹子

钓到鳝鱼，在把鳝鱼从洞穴中拉出来后，最好要用竹夹子夹住它的颈部再拖上岸来。这是因为该鱼身体极滑，用手捉很容易让它跑掉，如没有竹夹子，可在手指上绕几圈布条子，然后去抓鱼，才不会让到手的鳝鱼滑走，空欢喜一场。竹夹子的做法是：用 3 片 4～5 毫米厚、10～12 毫米宽、150～200 毫米长的竹片，在中间钻一个小洞，用螺丝穿过小

图 93　竹板制夹子

洞将3片竹片串牢固定起来,然后将3片竹片的上半截用小锯锯成犬牙状,一副可交叉开合成的剪子形夹子就做成了。

如果没有竹夹子也没有布条,可以稳住钓钩暂时不动,等上1～2分钟后鳝鱼会松下劲来,这时可乘其不备,突然上提,把它顺利地拖出洞来。

(三) 垂钓鳝鱼的饵料

鳝鱼属肉食性,主要捕食小鱼、小虾、昆虫、蝌蚪、蚯蚓和较大的浮游动物,摄食活动主要在夜间进行,只有在水温较高的季节才在白天出洞觅食。施钓时,其钓饵主要用鲜活整条的青色大蚯蚓。

(四) 钓点选择的秘籍

鳝鱼属于底层鱼类,擅长在溪河、池塘、湖泊边沿的泥地上打洞穴居,在稻田的田埂边上也常有它的窝子。但也有不少鳝鱼是在混浊的泥土底层洞穴中栖息,白天它大多在洞中穴居不出,夜间才出洞觅食。

繁殖时期的鳝鱼,其洞穴常见的有两种:一种是有泡洞,一种是无泡洞。

有泡的鳝鱼洞,洞口的水面上会浮着一个直径6～15厘米大小、由一团泡沫组成的浮巢,很容易识别。值得注意的是:鳝鱼的浮巢与一种叫作斗鱼的浮巢有些相似,两者容易混淆。两者的差异只是斗鱼的浮巢一般较小,外观呈灰白色,看不到鱼卵,而鳝鱼的浮巢比较大,仔细观察可看出有鱼卵。

有泡洞中的鳝鱼性情比较凶猛,而且大多是比较粗壮的雄性鳝鱼,这种黄鳝摄食时会很干脆地将钓饵一口吞下,所以钓起来很容易得手。

无泡的鳝鱼洞,洞口的水面上没有浮巢,洞也较小,居住在这种洞中一般都是比较细小的雌性鳝鱼,因此,识别无泡洞的洞穴比较困难。水稻田田埂和稀泥中的田螺洞以及多种昆虫的洞穴都和无泡的鳝鱼洞外观差不多,很容易混淆。但仔细观察,还是可以加以区别的:无泡的鳝鱼洞一般较深,而且洞口和洞内都比较光滑,有时还可见到洞中冒出细小的气泡。

垂钓者寻觅鳝鱼时,可在江河、池塘或湖泊边沿的石缝中和泥壁上寻找,也可沿着田埂埂壁一边走一边察看,在水稻田田埂旁边洞穴中的鳝鱼,常常比江河、池塘、湖泊边沿的还要多,而且钓起来也容易得多。

寻找鳝鱼的洞穴并不困难,因为鳝鱼的洞穴不会距离水平线太远,一般都在水平线以下几厘米的水中,或在水平线以上几厘米处,大多不会超出10厘米。

(五)鳝鱼的垂钓秘籍

1. 鳝鱼鱼星特点

黄鳝的鱼星是它头伸出水面呼吸时产生的,每个鱼星如豌豆般大,3～5个不等。

2. 硬钩钓法

钓鳝鱼不论用什么钓法,都必须先选好钓点,决不能在没有鳝鱼的水域里去放空炮。那么,怎样选择合适的钓点呢?首先要知道鳝鱼是藏身在洞中的,不像钓其他鱼那样用诱饵撒窝子就能下钩。

鳝鱼栖身的洞穴,一般都在沟渠、池塘、湖泊边,有些水稻田田埂边的洞穴中也有它的居处,还有就是江河的石桥墩、木排、石坝、码头的石块空隙中,在没于水中的树根、芦苇、茭白等根下,也有鳝鱼栖居。在这些地方去找鳝鱼洞穴作为钓点,容易成功。另外,鳝鱼也会泛星,它的星小的像弹珠大小,大的像杯口大小的一团泡沫,这是由于食欲刺激它后,口部张开吐出的气体,或者是它在产卵期产下的卵子。若发现有这样的泡沫在洞穴不远处出现,那么这里就必然有鳝鱼生活在洞中。

安装钓饵时,将钩尖从大蚯蚓的口部钩入,然后垂直钩柄,将整条大蚯蚓都抹至钩柄上,使钩尖直抵大蚯蚓的尾部,像一条笔直而细长的蚯蚓（钩尖已隐藏在蚯蚓体内）。钓鳝鱼用的蚯蚓，应选粗壮且带有腥臭气味的为好。

鳝鱼的洞穴，一般与水面相平，或高于水面 1～3 厘米处（这是由于水面涨落的关系），不会相差太大。鳝鱼进出洞口时，会在洞口的泥土上留下一些新鲜的痕迹，若断面粗而大，说明洞中有大鳝鱼；细而小，说明鳝鱼也较小。由于鳝鱼都是单独生活的，所以一个洞穴只有一条鳝鱼。

垂钓时，人站在岸边，然后将鱼钩轻轻探入洞内，并将饵钩缓缓颠动，时进时退，直至引出鳝鱼咬钩。一般来说，鳝鱼是贪食的，只要一闻到蚯蚓的气味，就会出来寻找它爱吃的食物，当看到蚯蚓时，会将饵钩一口咬住并向洞内拉，这时垂钓者的手会有所感觉，此刻应把钓钩向前猛推一下，并稍微扭转一下钓钩的角度，使钓钩能较深地钩牢鳝鱼，不让它逃脱，接着就可立即提钩，提钩时的动作要不紧不慢，才能顺利地把鳝鱼拉出洞来。提钩时，切不可过急过猛，否则会把鱼嘴拉豁而脱钩。

3．软钩钓法

软钩钓法不像硬钩钓法那样是用一根不能弯曲的钢丝，以致不能放进较深的鳝鱼洞内。软钩钓用的钓具像钓其他鱼的那样，是有竿、有线、有钩的，只是竿和线都很短而已。所谓“软”，是指在钩的上方有一段粗钓线，可以随意地将钩放进洞穴较深的部位去引诱鳝鱼上钩。此外，软钩钓法的竿，不必由垂钓者拿在手上，而是插在地上的。

软钩钓法的钓具，是用一段长 15～20 厘米粗铁丝作“钓竿”，一头系着和竿等长的粗钓线，线上系着普通的钓钩（钩门选用较宽、较大的）。垂钓开始时，先在钩上穿好饵，用叉子将饵钩送入鳝鱼洞内，钓线另一头系扎在一段约 20 厘米长的粗铁丝上，把钓钩放在洞口后，接着把铁丝另一端插进离洞口不远的泥土中（必须插牢）。

软钩钓法并不限定在一个洞口进行诱钩，可以同时在 3～5 个洞口用同样的几副钓具下钩。当将饵钩全都放进洞后，要在每个洞口附近逐个察看，一旦发现钓线被拖下去了，并且在不停地动着时，说明鳝鱼已将饵钩吃进嘴里，这时即可把鳝鱼拖拉出洞，在拖拉出一段后，就用竹夹子将它夹牢，提上岸放进鱼篓。若没有竹夹子，应在手指上缠上布条防滑，再把它抓牢拎上岸来。

4. 篾笼诱捕法

篾笼诱捕法是用8～10个用篾竹片编制成的圆筒状笼子，笼子的直径为7～9厘米，长为36～40厘米，两头各留有杯口大的孔，在笼口上各用一个幔子塞住，幔子留有6～7厘米长的竹片倒须。在笼子的两头塞上幔子后，若有鳝鱼钻进去，就出不来，该法就是用这样的“机关”来诱捕鳝鱼的。

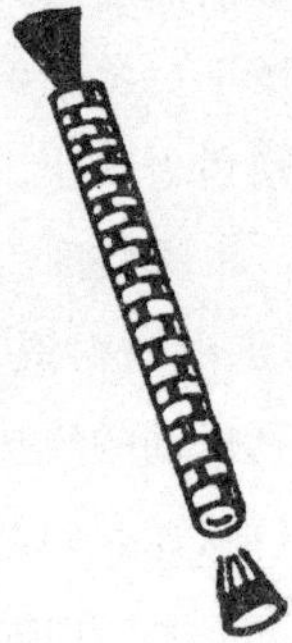

图94 竹篾制鳝鱼笼

诱捕的做法是：在每个篾笼里放进2～3条粗壮而活着的青蚯蚓，用夹子夹住每条蚯蚓的半截身子，以防其钻出逃走。蚯蚓放进篾笼后继续不断地蠕动着，由于篾笼是编织成的，有很多细小的洞眼，从外面可以看见笼内的蚯蚓在蠕动，更容易闻得着蚯蚓散发出的气味，当鳝鱼听见蚯蚓的声音或闻到气味时，就会出来寻食，当发现笼内有活蚯蚓时，鳝鱼便会钻进笼内去吃食，但进去之后就再也找不到出口出来，只好让垂钓者前来收捕。

篾笼一般在黄昏时安放，在洞穴附近靠水面处将篾笼用绳子捆好固定在岸边，第二天早上去收鱼就行。篾笼的数量没有规定，一般垂钓者可用5～10个，专业捕鳝者可用数十个甚至百余个。在我国南部几个省份，常可见到这样的专业捕鳝者，用一根扁担挑上堆得高高的篾笼，约有100个以上，沿着江河、池塘各处流动诱捕，收益甚好。

5. 人字笼诱捕法

这种捕鳝法大多用在夏季小麦收割后，翻地漫水继而插秧的季节，江南诸省有些农民，特别是专业渔民常用这种方法诱捕鳝鱼。用这种方法诱捕鳝鱼，只是在置备竹笼时花费大些，但好处很多：一是捕者省力，不用熬夜，可得到很好的休息；二是效果好，收益高，而且笼子可以重复使用多年,比较合算。这种笼子还可以用作捕捉河虾,一笼两用,利用率也比较高。

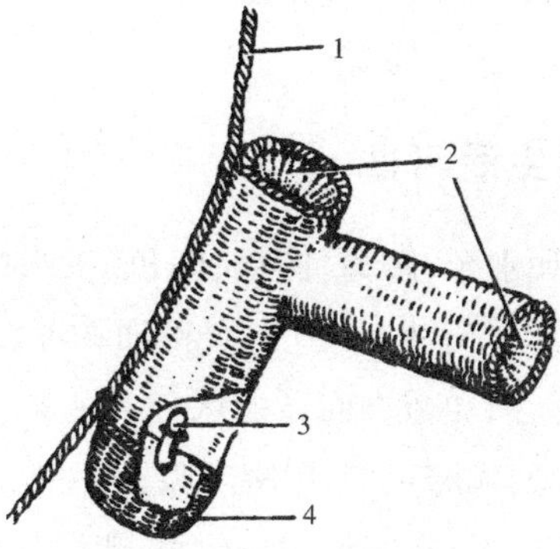

图 95 竹篾制人字形鳝鱼笼

1. 草绳, 2. 进口, 3. 饵料, 4. 盖。

这种竹笼呈人字形,由两节用细篾丝编扎而成的竹笼子相连而成,每节竹笼的直径约 10 厘米,长度为 30～35 厘米。人字形竹笼的顶端和一个下端各有一个直径约 4 厘米的进口,进口的内部排有 4～5 厘米长的竹片,形成漏斗的形状。这种漏斗状的进口,是特意留着让鳝鱼入笼的,但它进去之后就不能出来(因为只有进口,没有出口)。

人字形竹笼的另一个下端有一个笼盖,可以打开,也可以关拢,是放置诱饵和收鱼时用的。开始操作时,将捆扎住的大蚯蚓作为诱饵放入笼内,以引诱附近洞内的鳝鱼进入笼内。

这种竹笼一般是几十个、甚至百余个用长绳连接在一起,像是一条长龙,所以又被人们称为"鳝龙"。由于江南诸省水稻田中的鳝鱼较多,所以人们常在傍晚时将笼子放在水稻田中,让笼子全部或部分浸在水稻田里,每隔 2～3 米放置一个笼子,到第二天早晨来收鱼就行。丝笼捕鱼简单方便,收获颇丰。

四十七、怎么钓甲鱼

（一）甲鱼的生活习性

甲鱼名称很多，如水鱼、脚鱼、团鱼、圆鱼、王八，学名为鳖。甲鱼其实不是鱼，在动物界属于脊索动物门、脊椎动物亚门、爬行纲龟鳖目鳖科。它虽和鱼类为伍，但和鱼有明显的区别。鱼的基本特征是，生活在水中，且多数体表有鳞，靠鳍运动，以鳃呼吸；而甲鱼有四条腿，会游也会爬，用肺呼吸，背上有硬甲，有能伸缩的长颈，却没有鳍和鳞片。

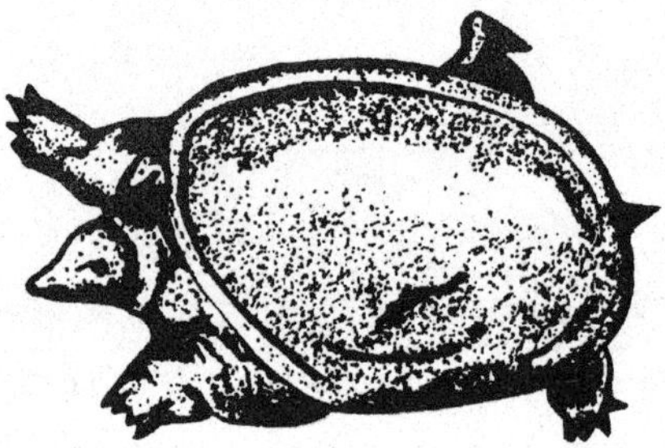

图 96　甲鱼

甲鱼的生理特征是：头部前端有尖长的吻，体表有柔软革质，体表淡青灰色或灰黄色，散布黑点，边缘有厚实的裙边，腹部乳白色，指趾间有发达的蹼，内侧三指，有爪。甲鱼寿命较长，但生长缓慢，一般 1 000～1 500 克的甲鱼，需要 5 年才能长成。民间有句俗语，叫作“人长 10 岁，鳖长 1 斤”，这话虽不很准确，但能说明其生长速度较慢，而且繁殖成活率也很低。但甲鱼寿命很长，俗语云“千年王八万年龟”。甲鱼浑身是宝，它的甲、肉、血、卵、胆都有药用价值。

甲鱼是杂食性动物，不仅很贪食，而且很耐饥，可在4～5个月的冬眠期内不进食。正因为它有这种特别的食性和耐性，使它能在各种严酷的自然环境中生存下来，繁衍生息。甲鱼摄食和生长的适宜水温是20～33℃。15℃以下停止进食。一年四季的活动规律是："春上发水爬上滩，夏日炎炎潜柳荫，秋天来临入水底，冬季寒冷钻深潭"。因此，钓甲鱼适宜的季节是每年的4～10月份，夏秋之间，又以7～8月份为最佳时机，特别是在天气闷热，雨过天晴之时垂钓效果更好。

甲鱼大多生活在河湖、池塘、溪沟及水库中，常年生活在水的底层，喜欢清洁的水域，属冷血动物。因甲鱼生活的自然环境中天敌很多，为了保护自己，它特别机敏：①行动很机敏。若在水中遇到危险时，它会迅速潜游逃跑；若在岸上遇到危险时，它会迅速向水中逃跑。②听觉很灵敏。从外表上看，甲鱼好像是没有耳朵的，其实它有内耳，对各种声音和地表的震动十分敏感。常见有捕捉甲鱼者用吹口哨或鼓掌来引其出水，甲鱼听见声音后便伸出头来侦察一下，当发现有人时，便立即潜逃。③视力很敏锐。甲鱼在安静的环境中有时浮出水面觅食时，只要发现周围有飞鸟或其他动物活动，便立即躲避起来。

（二）甲鱼的垂钓用具

1. 钩钓法用具

钩钓法用的钓具和钓鲫鱼用的钓具大体相同，一般可选较长的钓竿，钓线可用直径3毫米左右的尼龙线。

浮子用12～16毫米的羽梗散子浮，这种浮子目标大，容易显示动静。浮距在4～6厘米之间。

钓钩可用中型的朝天钩，钩的口面宜宽些，钩齿宜用较长的。用这种钓具既可钓甲鱼，也能钓到鲫鱼。

2. 无竿针钓法用具

这种钓法不用钓竿，而是用一块浮力较大又较结实的泡沫塑料块代替钓竿，垂钓时，泡沫塑料块浮在水面上，担负着钓线和钓饵的重量，它既起着钓竿的作用，又起着浮漂的作用。泡沫塑料块的大小与一块肥皂盒大小差不多即可。

这种钓法用的钓钩很特别，是直的而不是弯的，是用一根小号缝衣针制成，只要将缝衣针穿线的一端磨成针锋就行。也可以用一根2厘米长的钢丝，两头稍微磨尖些就行。用钢丝比用针更好，因为钢丝可以在中间敲一个凹痕，拴钓线比较方便且牢固。

钓线可用3号的尼龙线，长度要根据垂钓水域的深度决定，若水深1米，宜用90厘米长的钓线；若水深2米，需用190厘米长的钓线。

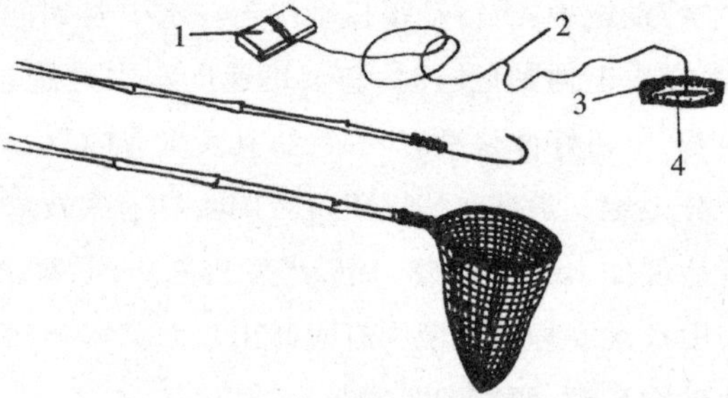

图97 钓甲鱼的工具

1. 泡沫塑料块，2. 钓线，3. 猪肝，4. 针

此外，还需置备两件附属钓具：

① 长把搭钩：用一根2.5～3米长、直径3厘米粗的竹竿，竿头固定一个用8号铁丝弯成的钩子，将钩尖锉尖锐。

② 长把尼龙抄网：用一根和搭钩同样长、同样粗的竹竿，竿头固定一个铁圈（直径30厘米），装上尼龙布制成抄网。

（三）甲鱼的垂钓饵料

1. 垂钓甲鱼的诱饵

一般不用诱饵。如发现甲鱼踪迹，可将鸡、鸭、鹅等内脏，用细纱布或窗纱包住下窝；或用猪、鸡、鸭、鹅等动物的新鲜血液拌入煤饼灰，搓成团打窝，诱引鳖进窝，鳖一旦进窝后决不肯轻易离去。

2. 垂钓甲鱼的钓饵

钓饵有动物内脏、牲畜肉，而鳖最爱吃的是动物肝脏，又以鲜猪肝为最佳钓饵，也可用粗大的黑蚯蚓作饵。

（四）钓点选择的秘籍

甲鱼喜欢生活在湖泊、水库、池塘肥水和腐殖质丰富的水域，它常常在天晴无风时浮出水面呼吸空气，每隔3～5分钟就要呼吸一次，气温越高，它需要呼吸的次数越多。另外，它还有爬上岸晒太阳的习惯，一是为了取暖；二是晒干背壳，以避免青苔繁殖，特别是可利用阳光杀灭寄生在身上的小虫和细菌。

甲鱼除经常上岸觅食外，每年6～7月份要在水塘边的泥沙中产卵，所以常常会在岸上留下足迹，若发现其足迹，就可以判断这个水域有甲鱼存在，而且可估测到甲鱼个体的大小。

有一个很重要的经验是：在选择钓点时要向住在水塘周围的群众了解，这个水塘近些年是否干涸过。只有多年没有干涸过的水塘才会有甲鱼，而且有较多的甲鱼，因为甲鱼生长很慢，500克的甲鱼需要4～5年才能长成，而年年干涸的水塘，是不可能有甲鱼的。另外，要尽量找没有过多水草的水域作为钓点，这是因为水草多的地方不好下钩，即使已经钓到了甲鱼，也很难把它弄上岸来。而且水草多的水域，甲鱼不容易发现钓饵，达不到垂钓的目的。

还有几条可作参考的经验是：

① 甲鱼喜欢生活在有点活水的水塘中，钓点要尽可能选在有活水的水塘。

② 甲鱼爱栖息在隐蔽、僻静的水域。

③ 甲鱼喜爱温暖和有阳光晒到的水域。

④ 在气温较高时，甲鱼喜欢在浅水滩活动和觅食，在气温低时，甲鱼只在深水处活动和觅食。

⑤ 甲鱼害怕风吹，在有风的天气垂钓，应选择避风的水域。

⑥ 钓甲鱼的季节，一年之中以夏季最为适宜，一天之中以中午最为适宜，因为中午气温高，甲鱼活动最频繁，食欲也最旺盛。

⑦ 要认真观察水域中是否有泛起的鱼星，水塘岸边是否有甲鱼爬行过的足迹，若有，便是好钓点。

⑧ 根据甲鱼听觉、视觉灵敏和胆量较小的习性，在天气晴朗、阳光明媚时垂钓，千万不可让人影映入水塘中，否则会使甲鱼深藏水底，不敢出来觅食。

⑨ 在暴雨过后，呈三叉型的河口是理想的钓点。

⑩ 要在人迹稀少的水塘寻觅甲鱼的踪迹，那里有理想的钓点。

（五） 甲鱼的垂钓秘籍

1. 甲鱼鱼星特点

甲鱼的鱼星是甲鱼在水底爬行时产生的，鱼星密集，呈双行带状或圈状，大小不等，移动缓慢。

2. 手竿钓法

采用和钓其他鱼一样的钓法，也需在钓点附近用碎蚯蚓或动物的肝、肠等碎粒打窝，若该水塘甲鱼多，过一会儿就会有多只甲鱼前来觅食，当在水面上出现鱼星时就将装上饵料（一般宜用动物肝为钓饵）的钓钩沉入水底，并不时让钓竿作微微移动，以引诱甲鱼上钩。当甲鱼到达窝点时又吃又扒，水面上会冒出像碗口大的鱼星，并伴有青苔和植物的碎屑。

当浮漂上出现鱼已动钩的信息时，不可着急起钩，因甲鱼吞钩有个较长的过程，它不像有些鱼那样猛然一口吞下饵钩，而要经过嗅闻并接触饵料，在确认合乎口味时，才会慢慢张口咬食，但仍是慢条斯理、咬咬停停，浮漂上会2～3次显示出捧捧沉沉的迹象。一定要等甲鱼把饵吞到一定深度时才能起钩。另外，甲鱼一旦吃到喜爱的食物时，是决不会轻易放过的，不必担心它会吐出来，迟些提钩也不要紧。

在起钩过程中，甲鱼不像其他鱼那样容易被拎上岸来，它上钩后常会四爪抓地，像是挂底，这时切勿硬拽，待其自己移动时顺势提出水面。有经验的垂钓者事先制作一个比钓竿底把略大一圈的铁环，上面缠上棉线，放在辣椒水里浸泡多时，随身携带。如遇甲鱼抓住地面时，将环套入钓竿底把，轻扬钓竿后部，使环顺竿、线滑动，直至水底到甲鱼嘴边，甲鱼受不了辣椒味的刺激而松爪企图逃跑，这时即可顺势上提。在提出水面时它会四脚乱抓，甚至会咬断钓线逃走，此时最好用长把抄网把它罩住，才能比较可靠地拉上岸来。

3．无竿针钓法

用无钓竿针钓法钓甲鱼，在出发前，要带上20～30副制作好的钓具。每副钓具各用1根1～2米长的钓线，线的一端扎牢在缝衣针或2.5厘米长的钢丝中间部位，线的另一端拴牢在浮力较大的肥皂盒大小的泡沫塑料块上。钓饵用动物肝(2.5厘米长、筷子般粗细)。

到达钓点后，先在钓针上穿上钓饵，然后在每个预先看好的钓点附近，用长把搭钩钩起泡沫塑料块，拎起钓线和饵针轻轻放入水中。面积小的水塘放3～5副钓具；面积大、估计甲鱼多的水域可放6～7副钓具，并可同时在3～4处安放。

把饵针全部下好后，即可在水塘岸边巡回察看，若发现泡沫塑料块在不停地动着，或者移动了位置，表明已有甲鱼在吃钩了。这时用一只手拿起长把搭钩，钩起塑料泡沫块向上起针，当甲鱼刚要被提出水面时，另一只手及时将长把抄网伸到甲鱼的下方，将甲鱼抄入网中，拖上岸来。

用直针是怎样钓起甲鱼的呢？说起来道理很简单：当甲鱼把穿着动物肝的饵针吞下后，它会立即往水下沉去拖着食物逃走，但饵针由于受到拉力的影响，从竖位转向横位，横着的饵针卡在甲鱼的喉部，既咽不下去，也吐不出来。这时，饵针的两头刺进它的肉内使它十分疼痛，甲鱼就不能再用力拖拉，只能用四脚在水中尽力划动，这反而使它更容易被拉出水面。

甲鱼被拉上岸后，要把饵针从甲鱼喉内拔出来，还需要懂点窍门才行。把甲鱼放在地上后，立即踩住它的背壳，然后一只手将钓线向上拉紧，甲鱼的头就会全部伸出来，另一只手抓紧甲鱼的颈子，使针刺穿甲鱼颈部，用剪刀靠近针处将线剪断，针便能顺利地拿出来了。这时还需注意，抓甲鱼颈子的手千万不能松开，一直要将它放进鱼篓后才能松手。否则，手一松，它就会飞快地逃走，使人望鱼兴叹。

4．插竿钓法

准备20～30根约50厘米长、手指粗的竹竿、竹签或树枝，每根拴3米长的多股锦纶线一根，线的另一端系一枚4号缝衣针，将钓线扎牢在针的中间部位。钓饵用鲜猪肝，事先切成4～5厘米长、小手指粗细的

图98　插竿钓示意

条，平摊在通风处，使其表面结膜。钓针从猪肝条的中间穿入，将钓针埋藏在中间。夜晚将插竿插在甲鱼栖息出没水域的岸边水里，每隔 10 米左右插一副钩，第二天早晨再来收鱼就行了。只要有甲鱼咬钩，除非咬断鱼线，一般是无法逃脱的。因为甲鱼是顺长条吞进钩饵，钓线是系在缝衣针中间，所以当甲鱼想逃跑时，缝衣针必然会横着卡住它的颈部而无法挣脱。

5. 鳖枪钓法

鳖枪钓法，实际上就是串钩拖钩，这种钓法不用钓饵也不用浮漂，只需用一根约 1.5 米长的硬木棍，上面装一个约直径 25 厘米的绕线用的大转轮，转轮的轴心应十分活络。当铅坠带着钓线上的串钩甩投出去时，转轮上绕着的线要能哗的一声将 50～60 米的线及时放出去。

这种钓法操作起来非常简单，但却需要有一定的技术。

说是简单，是因为只要把铅坠瞄准发现甲鱼处投掷过去就行。接着就摇动转轮把子，将钓线和一长串的钓钩拉回来，不论是甲鱼的头部、脚部、尾部、裙边或甲壳部位，只要被钓钩搭上，就会被钩住并被拖到岸边来。当然，如果能备有长把搭钩和长把抄网，那就可以不太费事地把甲鱼兜上岸来。如果一次落空，可以把钓线收回后继续甩投出去。

说需要有一定的技术，是指甩钩的准确性，如果甩不准，让甲鱼跑掉，那就太可惜了，虽然还可再甩，但鱼已逃掉，只能是无的放矢。

因此，使用这种钓具的垂钓者，平时必须经过一段相当长的时间去练习，才能掌握住准确投中目标的技术，做到百发百中。

6. 鱼叉投掷法

使用鱼叉投掷法捕甲鱼，有一个最重要的条件是，捕鱼者必须是个捕鱼行家，不仅能投掷鱼叉，而且还必须投准目标，只有经过长期练习的人才能做到，这比用气枪射击的难度还要大得多。

使用这种方法捕甲鱼，存在一个如何隐蔽的问题。因为投掷者必须靠近池塘才能刺中目标，如果离得很远，即使看见甲鱼在水中出现，也不能把鱼叉投到那么远。解决这个问题的办法，一是设置人工屏障，二是采集一些带绿叶的树枝，插在岸边的地上作隐蔽人体的屏障。

7. 七叉叉鳖法

七叉叉鳖法操作比较简单。在水温较高的夏季，是甲鱼行动最活跃的季节，这时甲鱼常在池塘或河床的底部爬行觅食，在它张口摄食时，就会有鱼星冒上水面，这时捕者可手持锋利的七齿鱼叉，对准冒水泡处猛戳下去，有可能将甲鱼叉住提上岸来。

到了深秋和冬季，水温下降至5℃以下时，甲鱼开始潜藏在僻静的深水处或枯枝烂草积聚的水底淤泥中，这时捕者可持七齿鱼叉朝这些水域的底部一下一下地戳刺，采用地毯式戳刺，很可能会刺中甲鱼。

还有一种由多人多叉同时作业的做法：由 3 人或 4 人同乘一条小船，每人手握两把尖叉，沿着船舷边依次向池塘或河床底部戳下去。只要有甲鱼冬眠在水底，就很可能被戳着，因为多人多叉，戳及的面相当大，刺中的可能性就较大，如果在出现鱼星处进行，那就十拿九稳了。

四十八、怎样钓螯虾

（一）螯虾的生活习性

螯虾又称沼泽地红龙虾、淡水小龙虾，原产美洲，隶属于节肢动物门，甲壳纲，河虾科，原螯虾属。

该虾体长一般为 7～14 厘米，体重20～60 克，全身分为头胸部和腹部两部分，头胸部粗大，呈筒状，腹部短小，背腹稍扁，腹肢缺内附肢。体表骨骼很坚硬，各体节之间以薄而坚韧的膜相连，使体节可自由活动。在头胸甲前端中央延伸出发达的额角，呈三角形。头胸甲不与口前板愈合，前 3 对步足呈螯状，后 2 对步足呈爪状，第 1 对螯足最大，是进攻和

图 99　螯虾

御敌的武器，第 4 对和第 5 对步足末端呈单爪形。因此，虾周身健美，威武雄壮，近年来人们把它与金鱼一样，作为观赏型虾类饲养，其观赏效果甚佳。

螯虾具有适应性和繁殖力都较强的特点，我国长江流域 10 多个省、市均有分布，广泛生活在淡水湖泊、河流、池塘、水沟中，常在堤边靠近水面的树根、杂草下面打洞穴居，洞深 30 厘米左右，一般呈直筒状向下倾斜，有时也会利用蟹洞和鳝鱼洞居住。螯虾栖息的地点常有季节性移动现象，在冬季和早春都是穴居，春天水温上升，它大多在浅水处活动，盛夏水温较高就向深水处活动。

螯虾的游泳能力较差，只能作短距离的游动，常在水草丛中攀缘爬行，当受惊或遭受敌害侵袭时，便会举起两只大螯摆出格斗的架势，一旦钳住后不会轻易放松，只有将其放到水中才会松开。

螯虾利用空气中氧气的能力很强，是其他虾类难以具备的本领，它离开水体可以 10 多个小时不死。在水中时，它常侧卧在水面，头胸甲一面露出水面进行呼吸，有时步足撑起，将头胸甲全部露出水面。

螯虾在幼体时，体色为青色，生长速度很快，一般 2～3 个月即长成大螯虾，体色逐渐变红。虾的体色常随栖息的环境而变化。

螯虾食性杂，捕食能力很强，在生长发育阶段摄食各种浮游生物和水藻，成年螯虾以动物性食物为主，如蛙类、甲壳类、动物的内脏及尸体等。

（二） 螯虾的垂钓用具

1. 用钓钩钓螯虾的工具

该钓法所用的钓竿、钓线、浮漂等，与用“常规钓钩法”钓沼虾的工具一样，只是制作钓钩时，要选用比自行车飞轮丝稍粗一些的钢丝，或用7号绣花针代替。制作时将细钢丝截成3厘米长的段子(4～6段)，退火后弯制成钓钩，其形状与钓沼虾的钓钩略有不同。

组钩组装时，穿好浮漂，坠距钓钩的距离为8～10毫米，这样可使长柄钩垂在水下呈约40度角，钩尖始终朝上。

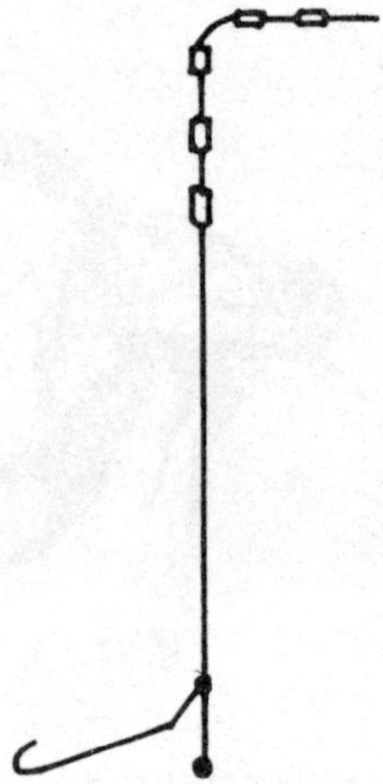

图100 钓鳌虾钩组示意

2. 用无钩钩钓鳌虾的工具

该法所用的钓具比较简单，只需用5～6根约2米长的芦苇秆作钓竿，每根竿的竿头拴上1～1.5米长的细尼龙线或锦纶线，既不要钓钩也不要浮漂(也可以用浮漂)。其他辅助工具是：一把同钓竿长度相当的抄网、小水桶、饵盒等。

(三) 垂钓鳌虾的饵料

可用炒香的麦麸作为诱饵。

用钓钩钓鳌虾时，钓饵以细小的红蚯蚓为主。用无钓钩法钓鳌虾时，钓饵以青蛙剥皮后的肉为最好。

(四) 选择钓点

鳌虾主要生活在浅水区的水草和水生植物丛中。钓点可选择码头附近的岸边，或水草较多、比较安静的岸边。

(五) 鳌虾的垂钓秘籍

1. 用钓钩钓鳌虾法

垂钓前，撒些炒香的麦麸入水打窝，有几支钓竿就撒几处窝子。调好浮漂，一般水面上保持2粒，水下保持3粒，每两粒浮漂间的距离约5

毫米。装好钓饵后即可下钩，虾和蟹吃钩时，在浮漂上的反应是：浮漂徐徐向一旁移动，一般无送漂或拖漂的剧烈动作，当移动8～10厘米时，垂钓者即可提竿，这时准能钓到一只大螯虾或大螃蟹。用几支钓竿垂钓时，需将几支钓竿插在岸边，来回照看提竿。

2. 无钩钓螯虾法

这种钓法的钓具制作容易，除前面介绍的用细竹竿作钓竿外，也可用芦苇秆作钓竿，因为螯虾很轻，不需要去购置8～10号的钓竿，这样很经济合算。

垂钓前，撒些炒香的麦麸入水打窝，等待约1分钟后，即可在每根钓线的下端横拴上钓饵（半只剥去皮的青蛙肉或整条大蚯蚓），放入有水草或杂草旁的水域，不时作微微抖动，也可将几根钓竿间隔4～5米排在地上。当螯虾注意到食物时，会立即上前，先用触须碰碰，再用第二对螯足摸摸，然后才爬到钓饵前，用第一对螯足捧起食物，慢慢啃食，只有在饥饿时它才会拼命啃食，所以垂钓者在看到钓线有时被拉直或浮漂微微晃动时不宜立即提竿。这时，垂钓者可以一手拿起抄网伸于竿梢旁，另一手轻轻地、慢悠悠地提起钓竿，将青蛙肉往水面上提。正吃得津津有味的螯虾，这时是无论如何也不肯放弃到了嘴边的美食，它宁愿让自己与食物一起上升。当垂钓者发现钓饵接近水面，上面挂着螯虾时（切不可将虾提出水面，否则它会放弃食物，掉入水中逃走），应立即将抄网伸入水中螯虾的下方，连虾带饵一起抄入网中拉上岸来。